다중언어 가정에서의
효과적인 언어학습

Learning to Read and Write
in the Multilingual Family

Xiao-lei Wang 저 | 박성만 역

학지사

Learning to Read and Write in the Multilingual Family
by Xiao-lei Wang

| 역자 서문 |

    다중언어 및 다문화 사회인 캐나다의 몬트리올에서 영어와 불어 그리고 모국어인 한국어까지 배우는 두 자녀를 양육하면서 항상 다중언어 자녀양육에 대한 구체적이고 실질적인 조언이 필요했다. 이 책을 번역하게 된 것은 바로 이러한 요구를 가진 많은 부모에게 직접적인 도움이 되는 이론적 정보와 실질적인 조언을 제공하고자 함이다. 특히 저자는 이 책을 통하여 다중언어 읽고 쓰기 능력 발달과정을 방대하고 상세하게 설명하고 있으며, 다중언어 읽고 쓰기의 과정 이해, 부모의 능동적인 계획의 중요성, 영유아기 · 유년기 · 청소년기의 연령대별 전형적인 학습과 발달의 특징 그리고 직접적인 실행과제를 구체적으로 제시하고 있다.

    이 책은 다중언어 및 다문화 가정에서 읽고 쓰는 법에 대한 체계적인 소개와 함께 저자가 두 자녀를 양육하며 겪은 경험과 자녀의 다중언어 읽고 쓰기에 도전하고 시행했던 부모들의 다양한 사례를 소개하며 부모들 각자가 처한 환경에서 자녀의 다중언어 능력 발달을 도울 수 있도록 인도하고 있다.

    이 책은 실제로 다문화 가정에서 자녀들의 다중언어 읽고 쓰기 능력 발달에 대해 고민하고 있는 부모뿐만 아니라 자녀가 다중언어를 사용하도록 노력하는 모든 부모 그리고 다문화 및 다중언어를 연구하는 연구자들에게도 종합적인 이해를 돕고 실질적인 도움을 주는 훌륭한 안내서가 될 것이다.

    이 책을 번역하는 동안 많은 조언을 준 다중언어 자녀를 키우는 아내와 다중언어 읽고 쓰기 발달을 직접 경험하고 있는 두 자녀 그리고 원고 교정을 위해 애써 주신 단국대학교 조상우 교수님에게 감사의 말씀을 드린다. 또한 출판과 편집을 위해 애써 주신 학지사 김진환 사장님과 편집부 여러분에게 깊은 감사를 드린다.

2017년 1월
박성만

| 저자 서문 |

나의 첫 번째 책 『Growing Up with Three Languages: Birth to Eleven』이 출판된 이래로 나는 부모들로부터 많은 이메일을 받았다. 그중 많은 분이 다중언어를 구사하는 자녀들의 읽고 쓰는 문제에 대하여 질문을 하였다. 일부에게는 답장을 했지만 대부분의 경우에는 답장을 하지 못하였다. 나는 이 책이 내가 대답하지 못한 질문에 대한 답이 되기를 희망한다. 또한 이 책이 출판될 수 있게끔 나에게 질문을 해 준 모든 분께 감사한다.

오랫동안 나는 직접 혹은 온라인으로 다중언어 구사 자녀를 양육하는 부모들과 만나는 행복한 기회를 가질 수 있었다. 이러한 교류는 나로 하여금 다중언어 구사 자녀 양육에 대한 다양한 면을 이해하는 데 큰 도움을 주었다. 그들 중 일부는 이 책에 포함되었으며, 사례를 나눌 수 있도록 허락해 준 분들께 감사드린다.

이 책을 위해 직간접적으로 도와준 모든 분께 감사의 인사를 드리고 싶으나 공간이 충분하지 않기 때문에 몇 분만 언급하고자 한다.

우선 나의 큰아들 레앙드르의 정신적인 지지와 편집 지원에 대해 감사의 마음을 표한다. 당시 고등학교 1학년으로서, 레앙드르는 비판력과 언어력에서 예상치 못했던 특별함과 성숙함을 보여 주었다. 시간적인 제약 때문에 그의 제안을 모두 고려할 수는 없었으나 그의 노력과 지성 그리고 그의 비평과 제안에 대해 엄마로서 진심으로 감사한다. 그의 모든 뛰어난 제안들은 나의 향후 연구에 포함시킬 것이다.

또한 이 책을 위해 건설적인 조언, 통찰력 있는 제안, 실제적인 도움을 준 이 책의 검토자에게 감사의 마음을 표현하고자 한다. 책의 집필을 위해 시간을 허락해 준 페이스대학교 캐넌장학위원회(Pace University Kenan Scholarly Research Committee)와 교육대학 학장 장학위원회(School of Education Dean's Scholarship Committee), 이 책을 위해 자료를 구하는 데 도움을 준 모톨라 도서관(Mortola Library)의 실라 후(Sheila Hu) 그리고 다방면(지적, 기술적, 가정적)으로 끊임없는 도움을 준 나의 남편 필립(Philippe)에게 감사의 말을 전하고 싶다.

나의 대학원 조교들 또한 이 책의 집필을 위해 도움을 주었으며, 특히 각 집필 단계에서 교정을 도와준 준 헤들리(June Hedley)와 메리 로즈 로베르소(Mary Rose Loverso) 그리고 이 책에 필요한 자료를 구하고 편집하는 데 도움을 준 리 후안(Li Huan)과 자오 징(Zhao Jing)을 특별히 언급하고 싶다.

마지막으로 나에게 또 다른 집필 기회를 제공한 Multilingual Matters 출판사에도 감사의 마음을 전하고 싶다.

| 차 례 |

제1장
서 론

최근에 서울에서 상해로 향하는 비행기 안에서 나는 다섯 살의 한국 여자아이인 춘희와 그녀의 어머니 박 씨(Mrs. Park)와 함께 나란히 앉게 되었다. 그 모녀는 중국에 있는 아버지와 합류하기 위해 가는 길이었다. 그들은 중국으로 파견된 아버지의 직장 때문에 중국에 정착할 예정이었다. 거의 두 시간 가까이 되는 비행시간 내내, 어린 춘희는 열심히 그림을 그리고 또 여러 가지 방법으로 한글[1]과 한자를 쓰고 있었다. 가끔씩 춘희의 어머니가 어떻게 한글을 쓰고 한자의 획을 긋는지를 자세히 보여 주었다. 그 모녀는 자신들이 하는 일을 무척 즐기고 있는 것처럼 보였다.

두 모녀의 상호작용을 보면서 나는 그 어린 소녀의 다중언어[2] 읽고 쓰기[3] 의 발달이 이루어지고 있는 것을 목격하고 있음을 깨달았다. 나는 이 정도로만 아이가 참여하고 부모가 지지한다면 춘희는 다가올 미래에 틀림없이 다중언어로 읽고 쓸 수 있으리라 생각했다.

그러나 그 모녀의 열정에 감명을 받을수록, 또 그 아이가 미래에 다중언어 읽고 쓰기 발달에 대해 낙관적이기를 원할수록 나는 과연 이 아이가 계속 그러한 열정을 유지할 수 있을 것인지, 또 그 아이의 다중언어를 읽고 쓰는 능력이 계속 발전해 나갈 것인지에 대해 걱정하지 않을 수 없었다. 이러한 비관적인 예측은 이 아이의 장래 다중언어를 읽고 쓰는 능력 발달에 대한 전적으로 근거 없는 걱정일지도 모른다. 그러나 한 어머니에게 받은 다음의 이메일 한 통을 읽고 나면 당신은 아마도 나의 걱정을 이해하게 될 것이다.

친애하는 왕(Wang) 박사님께

박사님의 책 *Growing Up with Three Languages: Birth to Eleven*[4] 을 읽게 되어 기쁘게 생각합니다. 자녀를 3개 언어 구사자로 키우신 당신의 경험을 우리와 나누어 주셔서 감사하게 생각합니다. 박사님처럼 저의 자녀를 이탈리아 어, 네덜란드 어, 영어를 사용하는 3개 언어 구사자로 키우고 있습니다. 제 모국어는 네덜란드 어이며 제 남편의 모국어는 영어입니다. 우리는 이탈리아에 살고 있습니다. 우리가 사는 주변에서는 외국어 교육을 할 수 있는 지원기관을 찾을 수가 없어서 우리는 딸에게 네덜란드 어와 영어를 집에서 가르치려고 노력해 왔습니다. 아이가 어렸을 때는 집에서 사용하는 두 가지 언어를 배워 읽고 쓰는 것에 열심이었습니다.

하지만 지금은 아이가 초등학생이 되었고, 우리 부부는 아이에게 집에서 사용하는 두 언어의 읽고 쓰기를 가르치는 데 아주 큰 어려움을 겪고 있습니다. 아이가 전혀 관심이 없기 때문입니다. 아이에게 네덜란드 어와 영어로 된 책을 읽게 하느라 종종 잔소리를 해야 하기 때문에 점점 긴장감이 높아지고 있습니다.

하루는 아이가 저에게 왜 자신에게 네덜란드 어와 영어로 읽을 것을 강요하는지에 대해 화를 내며 말하더군요. 아이는 저에게 자신은 학교에서 이탈리아 어로 읽고 있으며 그것으로 충분하다고 말했습니다. 저는 어떻게 해야 할지 모르겠습니다. 제가 계속 아이에게 네덜란드 어와 영어로도 읽을 것을 강요해야 할까요? 이것은 더 이상 선택의 문제가 아닌 것 같습니다. 그저 아이에게 그중 하나의 언어로라도 읽으라고 해야 할까요? 어떻게 아이에게 관심을 갖게 할지

> 방법을 모르겠습니다. 저는 포기하기 일보직전입니다. 하지만 그렇게 한다면
> 참 애석할 것 같아요. 박사님, 좋은 충고를 좀 해 주실 수 있나요?
>
> 안나(Anna)[5] 드림

　안나의 절망은 이상한 일이 아니다. 내가 진행한 부모를 위한 워크숍에 참석한 부모들과 서신을 통해 나와 교류한 부모들 모두 다중언어 구사 자녀를 양육해 온 경험에서 안나와 같은 감정을 겪어 왔다. 다음은 그들이 겪은 어려움과 걱정이다.

 ## 다중언어 읽고 쓰기 발달의 어려움

시간적 압박

　아이가 한 언어로 읽고 쓰기 능력을 기르기 위해서는 상당한 시간이 필요하다. 둘 이상의 언어를 습득하며 자라는 아이들의 경우에 다중언어 능력을 기르기 위해서 좀 더 많은 시간이 필요하다는 것은 말할 필요도 없다. 부모가 매일매일 생계를 책임지며 사는 것만으로도 충분히 힘이 드는 만큼 자녀에게 자신들의 모국어(heritage language)[6] 읽고 쓰기를 가르치는 것은 더욱 힘이 들게 마련이다. 많은 부모가 자녀가 모국어 읽고 쓰기 활동에 참여하기를 원함에도 불구하고 단순히 시간이 없다는 말을 하고는 한다.

　게다가 아이들의 모국어 읽고 쓰기 활동에 필요한 시간과 다른 활동(예를 들어, 스포츠, 레저 활동, 학교의 과제 등)에 필요한 시간 사이에는 항상 경쟁이 존재한다. 따라서 이러한 시간적 제약은 종종 아이들이 계승어 읽고 쓰기 발달을 지속하는 것을 방해하는 주요 요인이 되고 있다.

교수법 정보의 부족

자녀들의 모국어 읽고 쓰기 능력 향상을 도우려고 결심한 부모들은 종종 두 가지의 선택을 한다. 첫째는 지역사회에서 제공하는 계승어학교의 입학이다.[7] 그러한 학교가 지역사회에서 제공되고 이 학교에 자녀를 보낼 경제적 능력이 된다면 부모는 자녀를 지역사회 계승어학교에 보내는 것을 선택할 수 있다. 또 다른 선택으로는 부모가 자녀를 집에서 가르치는 것이다.

그러나 여기서 한 가지 문제는 지역사회 계승어학교의 교사가 대부분 자원봉사를 하는 부모들[8](나는 이들을 '부모교사'라고 부른다)이라는 점이다. 그들 중 일부는 교육을 받은 사람도 있겠지만 대부분은 교사 교육과정을 거치지 않은 사람들이다. 그중 몇몇은 단순히 자신들이 어려서 배웠던 기억을 되살리며 가르치기도 한다.[9] 그 결과 많은 부모교사들이 학생으로 하여금 필요한 지식을 얻도록 유도하는 기술이 부족하다. 그들 중 일부는 자신들의 모국에서 교사 경험이 있었을지는 몰라도 대개는 현재 거주하고 있는 나라에서의 교수법에는 익숙하지 않을 수 있다. 따라서 이러한 부모교사들은 그들의 학생이 자신들이 모국에서 겪었던 것과는 다른 종류의 경험을 다른 세상에서 겪고 있다는 것을 잘 인지하지 못할 수도 있다.[10] 집에서 자녀를 가르치는 부모 또한 비슷한 상황에 직면하게 된다.

그러므로 대부분의 자녀가 배우려는 준비가 된 반면에 모든 부모가 다 가르칠 준비가 되어 있는 것은 아니다. 그 결과 많은 아이들이 점점 실망하고 절망하여 계승어를 배우려는 동기를 잃게 된다. 부모교사와 부모의 적절한 계승어 지도교수법 지식의 부족은 아이들이 모국어 읽고 쓰기 발달에 있어서 진전을 보이지 않거나 중단하게 만드는 원인이 되기도 한다. 이에 있어서 많은 연구들이 교사의 자질과 학생의 성취도는 정적인 상관관계가 있으며[11] 교사와 교수법이 중요하다는 사실[12]을 오랫동안 나타내 왔다.

나는 일부 부모교사가 교수법 지식이 부족하다고 해서 모든 지역사회 계승어학교 교사들이 학생들의 계승어 교육에 공헌을 못하고 있다는 의미는 아니라는 것을 강조하고 싶다. 그들 중 대다수는 아이들의 계승어 교육에 크게 기여하고 있다.[13]

일치하지 않는 교수 방법

지역사회 계승어학교의 교사와 부모의 교수 방법은 아이들이 익숙한 교수 방법과 가끔 확연하게 차이가 난다. 그 결과 그들의 교수 방법은 의도치 않게 아이들의 학습 방법과 마찰을 일으키고, 아이들의 계승어 읽고 쓰기 발달을 방해한다. 다음은 샤오란 커트 크리스천슨(Xiao-lan Curdt-Christiansen)의 연구 중 몬트리올 지역사회의 중국어학교에 다니는 열 살 소년의 말을 인용한 것이다.[14]

> 저는 중국어학교가 싫어요. 너무 지루하고 한자는 외우기가 너무 어려워요. 게다가 수업 중에 아무런 활동이 없어요. 저는 그냥 졸고 있는 것 같아요. 하지만 엄마는 제가 계속 중국어학교에 가야 한다고 말씀하세요. 저는 활동이 좋아요. 그런데 중국어학교에서는 아무것도 할 수 없어요. 말하거나 쓰지는 않고, 단순히 받아쓰기만 해요. 그래서 수업 시간에 배운 모든 중국어는 제가 집에 오는 순간 잊어버려요. 그런데 제가 다니는 불어학교에서는 이야기를 만들 수도 있고, 또 그 이야기를 반 전체 앞에서 발표할 수도 있어요. 그리고 선생님들도 모두 좋아요.

이 소년의 말은 지역사회 계승어학교의 교사들과 그의 정규 학교의 언어교사들의 교수 방법의 차이점을 명확하게 지적하고 있다. 아이들이 지역사회 계승어학교나 집에서의 교수 방법에 익숙하지 않을 때 그들의 학습동기가 줄어든다는 것은 명확한 사실이다. 우리 아이들이 중국어를 읽고 쓰는 데

대한 동기를 잃어버릴까 두려워 나는 최근에 우리 두 아이를 지역사회 중국
어학교에 보내지 않고 있다. 왜냐하면 그곳의 교수 방법과 아이들의 정규 학
교의 교수 방법이 너무나도 다르기 때문이다.

아이들의 삶과 동떨어진 수업 교재

지역사회 계승어학교와 부모들이 사용하는 계승어 읽고 쓰기 교재는 종종
그들의 모국에서 들여온 것이다. 이러한 교재의 내용과 어휘는 아이들의 삶
과 동떨어진 경우가 많다. 일례로, 캐나다 지역사회의 우르드(Urdu) 언어학교
에서 사용되고 있는 교과서를 연구한 결과, 지역사회에서 사용되고 있는 읽
기 교재들이 캐나다에서 자라고 있는 아이들이 연관 짓기에는 너무 동떨어진
정치적 내용과 종교적인 신조로 가득 차 있다는 것을 발견했다.[15]

내가 진행하는 부모를 위한 워크숍에 참석했던 한 중국인 어머니는 자신
의 열두 살 난 아들이 당왕조[16] 시대의 시를 배우는 것을 거부했다고 불평했
다. 아이는 그 시를 외워서 사용할 곳이 없기 때문에 배워야 할 이유를 모르
겠다고 말했다. 그것을 배움으로써 중국어와 중국 문화의 아름다움을 느낄
수 있다는 어머니의 설득에도 불구하고 아이는 납득하지 못했다[17]고 한다.
아이의 입장에서 보면 아이가 더 일리 있을 수도 있다. 실제로 왜 그 아이가
자신의 삶과 아무 관계도 없는 수백 년 전에 쓰인 시를 배워야 한단 말인
가?[18]

연구에 따르면 아이들에게는 자신이 읽는 것을 어떻게 연결시키는지가 중
요하다고 한다.[19] 읽고 쓰기 전문가인 조안 리드(Jo-Anne Reid)와 바바라 콤
버(Barbara Comber)가 지적한 바에 따르면, 아이들의 읽고 쓰기 활동은 그들
이 당면한 문제의 분야와 내용 그리고 사회적 중요성을 의미 있게 만들 수
있느냐 하는 점을 조건으로 한다.[20] 아이들이 접하는 읽고 쓰기 교재가 자신
들의 실생활과 매우 동떨어져 있을 때 아이들은 읽을 동기를 느끼지 못한다.

실제로 계승어 학습자를 위해 특별히 제작되지 않은, 현존하는 계승어 학습
교재들은 일반적으로 성공적이지 못했다.[21]

부모를 위한 실질적인 참고도서의 부족

다중언어 구사 자녀를 어떻게 기를 것인가에 관한 부모용 참고도서가 많
이 있기는 하지만 다중언어 구사 자녀의 읽고 쓰기에 대한 문제를 전문적
으로 다루고 있는 책은 거의 없다. 몇몇 책들이 이러한 문제를 다루고 있기
는 하지만 부모들은 그 내용이 너무 일반적이거나 실용적이지 못하다고 느
낀다. 설령 부모를 위한 참고도서가 다중언어 구사 자녀의 읽고 쓰기에 대
해 가끔 언급하고 있더라도 그마저도 주로 어린 아이들에 집중되어 있고,
조금 더 나이가 있는 아이들을 위한 내용은 다루고 있지 않다. 앞에서 언급
한 안나와 같은 부모들은 부모를 위한 참고도서에서 도움을 받기 위해 필
사적이다.

지원의 부족

아이의 다중언어 읽고 쓰기 능력을 발달시키기 위해서는 네 가지 요소가
함께 이상적으로 작용해야 한다. 그 네 가지 요소는 바로 '가정' '학교' '지
역사회' '주류사회'다. 그러나 다중언어 환경의 가정에서 자라는 아이들이
이 네 가지 요소의 적절한 지원을 받는 경우는 드물다. 힘의 균형은 종종 주
류사회 언어의 발달 및 주류사회 언어의 읽고 쓰기 발달에 심하게 편중된다.
집 밖에서 아이들이 계승어 읽고 쓰기를 공부할 기회는 거의 주어지지 않는
다.[22] 학교, 지역사회, 주류사회의 다중언어 교육에 대한 지원이 없거나 부
족할 때 아이들의 다중언어 읽고 쓰기 발달에 대한 모든 책임은 부모가 짊어
진다.[23]

이 책의 목적

이 책의 목적은 부모로 하여금 자녀들의 다중언어 읽고 쓰기 능력 발달을 가능케 하는 다양한 방법을 찾도록 도움을 주는 데 있다. 자녀들이 다중언어 읽고 쓰기 능력을 갖추도록 양육해 온 부모들의 경험과 다중언어 읽고 쓰기 발달에 관련한 다양한 분야의 연구를 바탕으로, 이 책은 부모에게 영아기부터 사춘기까지 다중언어 발달 과정을 보여 준다. 또한 이 책은 가정환경 내에서 각 발달 단계별로 성취해야 할 목표 기술을 구별하여 주고, 자녀의 다중언어 발달을 도와주는 효과적인 전략을 제시한다.

하지만 나는 이 책이 지역사회 계승어학교 혹은 정규 학교 계승언어 수업의 역할에 있어 그 중요성을 감소시킬 목적이 없음을 강조하고 싶다. 나는 부모들이 이러한 교육기관과 함께 자녀의 계승어 읽고 쓰기 발달을 위해 노력하는 모습을 보게 되기를 희망한다(7장 참조). 그럼에도 불구하고 현재 많은 부모들은 학교나 지역사회 그리고 주류사회의 적절한 지원 없이 자녀에게 계승어 읽고 쓰기를 가르치기 위해 노력하고 있다. 이러한 때에 이 책은 부모들에게 즉각적인 도움을 줄 수 있다.

이 책은 집에서 계승어 읽고 쓰기를 가르치는 데 필요한 안내서 또는 자녀를 계승어학교에 보내는 부모를 위한 보충교재로 사용할 수 있다. 또한 지역사회의 계승어학교나 정규 학교에서 계승어 및 외국어를 가르치는 교사들의 참고서로도 사용할 수 있다.

 대상 아동 집단

이 책은 일반적으로 다중언어 가정환경에서 자라나는 아동을 대상으로 한다. 이 책에서 인지적 · 지적 어려움이 있거나 언어 학습장애를 가진 아동을 제외하는 주요한 이유는 다음과 같다. 우선, 다중언어 아동 인구 내에서도 그들이 처한 언어적 · 사회적 · 문화적 환경에 따라 엄청난 변수가 존재한다. 그렇기 때문에 장애의 문제를 깊이 다루지 않더라도 이러한 다양한 집단을 대상으로 언급하는 것만으로도 이미 큰 모험을 하는 것이다. 둘째로 무엇보다도 중요한 이유는, 인지적 장애와 언어 학습장애를 가지고 있는 아동에 대한 많은 문제들이 대부분 일반화될 수 없기 때문에 더욱 복잡하다는 점이다. 그렇기 때문에 장애를 가진 아동을 위한 집에서의 학습 전략에 대한 충분한 연구결과 없이 그들을 이 책에 포함시키는 것은 공정하지 않다. 하지만 인지적 장애와 언어적 장애를 가지고 있는 아동의 다중언어 읽고 쓰기 발달에 대한 문제들을 탐구하고자 하는 사람들을 위한 몇몇 유용한 참고자료를 부록 A에 수록했다.

 ## 가정에서 자녀를 가르치는 경우의 이점

자녀를 집에서 가르치는 것만이 가장 이상적인 학습 환경은 아니지만, 부모가 그들의 필요를 채워 줄 더 나은 해결책을 찾을 수 없다면 이 또한 하나의 선택이 될 수 있다. 만약 올바른 전략을 채택한다면 집에서 가르치는 것의 긍정적인 결과를 기대할 수 있을 것이다. 연구결과를 보면 학교에서 배우는 모든 필수과목을 집에서 학습한 아이가 정규 공립학교나 사립학교에서 공부한 학생보다 한 단계 더 높은 성취도를 보이고, 좀 더 나은 교육 결과를 나타내는 경향이 있다는 것을 알 수 있다. 마찬가지로 연구결과들은 모든 과정을 집에서 학습한 학생들이 가장 높은 학업 성적을 성취한다는 것도 나타내고 있다.[24] 게다가 장기간에 걸친 연구들 또한 집에서 학습한 아이가 사회성이 부족하다는 것을 증명할 명백한 증거를 발견하지 못했다.[25]

현재로서는 집에서 계승어 읽고 쓰기를 가르치는 것에 대한 명확한 이점을 나타낼 만한 연구결과가 부족하다. 하지만 다양한 문화 공동체에서 행해진 지금까지의 연구들은 학교에서 읽고 쓰는 것만이 아이들의 계승어 읽고 쓰기 발달을 위한 타당한 방법이라는 가정에 도전해 왔다.[26] 가정에서 부모가 자녀를 계승어 읽고 쓰기 활동에 잘 참여하게 할 때 아이는 그들의 계승어 읽고 쓰기 발달에 진전을 보이기 쉽다는 것을 나타내 주는 증거가 있다.[27]

따라서 집에서 계승어 읽고 쓰기를 배운 아이는 그 학습 경험으로부터 이득을 얻는다는 것을 다음의 네 가지 이유로 추측해 보는 것이 타당하다.

부모와 자녀의 관계

부모와 자녀 사이에는 특별한 관계가 있다. 부모와 함께 쌓아 온 유대관계는 자녀가 종종 부모의 말을 경청하고, 그들로부터 배우도록 동기를 부여한다.[28] 게다가 부모와 자녀 간의 상호교류 환경은 부모로 하여금 선생님을 포함한 다른 사람이 알 수 없는 자녀에 대한 다양한 면을 알게 해 준다. 부모는 확실히 다른 사람들에 비해 자녀에게 좀 더 쉽게 접근할 수 있는 특별한 이점을 가지고 있다.

실제로 자녀들이 가장 먼저 접하게 되는 읽고 쓰기 경험은 종종 집에서 부모에 의해 제공된다.[29] 점점 증가 추세에 있는 연구들은 어린 자녀의 초기 가정에서의 읽고 쓰기 경험, 인쇄물에 대한 지식, 읽기에 관한 관심[30]이 장차 이들의 읽기 활동에 대한 관심과 아주 밀접한 관계에 있음을 보여 주고 있다.[31] 자녀들의 초기 읽고 쓰기에 관한 부모의 전반적인 응답 및 호응 그리고 지원은 자녀들의 언어 및 초기 읽고 쓰기 능력 발달에 대한 가장 강력한 예측 지표다.[32]

일정, 장소 및 내용에 있어서의 유연성

각 가정에서는 각자의 상황에 맞게 일정 및 계획을 세울 수 있다. 가정에서의 읽고 쓰기 활동의 자연스러운 성질은 모든 학습이 일상적인 생활(예를 들어, 여행 중 차 안에서, 쇼핑 중에, 식사하면서) 가운데서 일어날 수 있다는 것을 의미한다. 이러한 종류의 읽고 쓰기 활동은 아무리 바쁜 부모일지라도 번거로운 시간적 부담을 주지 않는다.[33]

자녀와 부모는 다양한 언어 주제에 대해 아이의 발달 속도에 맞추어 유연하게 시간을 사용할 수 있다. 게다가 부모는 다양한 종류의 인쇄물[34]을 환경에서 쉽게 이용할 수 있다. 예를 들어, 부모는 음식물 포장지, 신문, 광고 전단지, 잡지, 종교서적 및 인쇄물, 게임이나 장난감 포장지, 텔레비전 프로그램 안내서, 쇼핑 목록, 편지, 이메일 혹은 문자 메시지, 상품 안내서를 자녀의 계승어 읽고 쓰기 활동에 활용할 수 있다.[35] 이러한 재료는 종종 자녀의 일상과 직접적인 관계가 있으며, 그들의 학습에 좀 더 의미를 주는 경향이 있다.

개개인의 필요에 적합한 지도

가정환경에서 부모는 자녀의 언어 그리고 읽고 쓰기 학습의 개별적 필요에 좀 더 집중할 수 있으며, 지도 속도나 방법 등을 그에 맞게 조절할 수 있다. 자녀는 자신이 준비가 되기도 전에 부모가 시간에 쫓겨 언어 학습을 끝내려고 서두를 필요가 없는 상황에서 좀 더 잘 배울 수 있다.

점수 중심보다는 학습 중심

가정에서의 학습 환경에서 아이들은 일반적으로 학습한 것에 대해 점수를 받거나 평가를 받지는 않는다. 또한 아이들은 자신이 잘 못하더라도 다음 단계를 진행하는 것에 대해 걱정할 필요가 없다. 따라서 아이들은 점수나 평가에 스트레스를 받는 대신에 자신의 학습 활동에 좀 더 전념할 수 있다.

게다가 부모는 자녀에게 다른 종류의 보상이나 보답(예를 들면, 칭찬이나 아이들의 직접적인 관심거리에 관련된 보상)을 통해 자녀의 흥미를 유발하는 데 도움을 줄 수 있다. 일례로 나의 둘째 아들인 도미니크(Dominique)[36]는 축구팬이자 열렬한 선수다. 도미니크가 불어(그의 계승어 중 하나)를 읽게 하기 위해서, 나의 남편은 그에게 온라인 유럽 축구 뉴스를 소개해 주었다. 그렇게 함으로써 도미니크는 그가 불어로 온라인 뉴스를 읽는다면 보다 빨리 유럽 축구 소식을 접할 수 있다는 것을 깨달았다. 이와 같은 내적인 동기(어떤 임무를 수행하기 위한 내적인 욕망)는 점수보다 좀 더 오래 지속되는 경향이 있다. [37]

앞에서 언급한 가정에서 가르치는 것의 장점을 가지고서라면, 집에서 자녀에게 계승어 읽고 쓰기 기술을 가르치는 것은 다른 가능성뿐만 아니라 자녀의 다중언어 읽고 쓰기 기술 발달을 돕고자 하는 많은 가정에게 아주 매력적인 선택이 될 수 있다. [38]

다중언어 읽고 쓰기 능력 발달의 이점

계승어의 발달과 유지에 관련된 이점은 많이 존재한다. 저명한 제2외국어 연구자인 스티븐 크라셴(Stephen Krashen)과 그의 동료들이 지적하였듯이 "계승어 발달은 탁월한 투자로 보인다. 왜냐하면 작은 노력으로 엄청난 이득을 볼 수 있기 때문이다."[39] 다중언어 구사자가 가지는 이점은 다음과 같다.

일상생활과 해외여행 때의 이점

둘 이상의 언어로 읽고 쓸 줄 안다는 것은 해외여행뿐만 아니라 일상 생활에서도 편리함을 제공한다. 한번은 학회 참석차 스위스의 뇌샤텔(Neuchatel)에서 네덜란드의 위트레흐트(Utrecht)로 가는 차 안에서 우리가 빌린 프랑스제 자동차의 계기판 서스펜션이 고장났으니 당장 수리를 받아야 한다는 메시지를 불어로 받은 적이 있다. 그날 저녁에 위트레흐트에 도착해야 한다는 시간적 압박감 때문에 나와 남편은 차를 정비소까지 몰고 가서 학회 전에 수리할 만한 시간이 없다고 걱정했다. 운전을 하는 동안 남편은 열한 살인 도미니크에게 불어로 된 자동차 설명서를 읽어 보고, 그 메시지가 올바른 것인지 확인해 보라고 했다. 한동안 설명서를 살펴본 후, 도미니크는 차의 시동을 껐다가 다시 켜면 서스펜션도 스스로 재조정된다는 것을 알아냈다. 도미니크의 불어 읽기 능력은 아주 유용했다. 덕분에 우리는 위트레흐트 학회에 제시간에 도착할 수 있었다.

이와 유사하게, 뉴욕에 사는 스무 살의 마르코는 그의 고향인 이탈리아(좀 더 정확하게 말하면 밀라노)로의 여행에서 마치 집에 있는 듯한 편안함을 느꼈다. 주된 이유는 그가 이탈리아 어로 읽고 쓸 수 있었기 때문이었다. 예를 들어, 그는 식당의 메뉴를 읽고 자신이 원하는 음식을 정확히 찾을 수 있었다. 그는 지역 신문을 읽고 도시에 무슨 행사가 일어나는지 알 수 있었으며 쇼핑을 가기 전에 전단지를 읽을 수도 있었다. 무엇보다도 그는 뉴욕에 있으면서도 이메일을 통해 그의 이탈리아 친척들과 지속적으로 교류를 할 수 있었다.[40]

학교 수업에서의 이점

다중언어로 읽고 쓰는 능력이 개인의 학업 능력에 불이익을 초래하지 않는다는 것에 대해서는 명확한 증거가 있다. 사실, 연구에 의하면 자신의 계 승어 학습에 노력을 기울이는 학생들에게는 학업적으로 명백한 이득이 있 다.[41] 물론 다중언어 구사 학생들이 학교에서 좋은 성적을 내지 못하는 경우 도 있으나 잘하는 경우가 더 많다. 계승어의 유지가 학생들이 학교에서 보다 성공적인 것과 더 높은 평점에 관련이 있다는 것은 연구를 통해 입증되었 다.[42] 둘 이상의 언어를 구사할 줄 아는 학생들이 여러 가지 인지적 과제 등 에서 한 개의 언어만 사용하는 학생들을 앞지른다는 사실이 종종 드러났었 다.[43]

게다가 학교 과목에 있어서 둘 이상의 언어를 구사할 줄 아는 학생은 자신 이 이해하는 개념을 자신의 계승어에서 학교 언어로 혹은 반대로 전이시키 는 데 이점이 있다.[44] 교육학자인 데브라 기암보(Debra Giambo)와 툰데 세치 (Tunde Szecsi)가 이에 대한 한 가지 좋은 예를 보여 주었다. 그들은 계승어로 전기회로가 어떻게 작동하는지를 이해하는 것은 학교 언어인 영어로 이해하 는 것과 동일하다고 말한다. 이와 같은 개념을 영어로 배우거나 토론할 때 이미 자신의 계승어로 이 개념을 알고 있는 학생의 경우, 이것을 영어로 배 울 때 필요한 것은 단지 새로운 어휘 정도라는 것이다.[45]

주류사회 언어의 읽고 쓰기 능력 발달에서의 이점

연구에 따르면 계승어 읽고 쓰기는 아이들의 학교 언어의 읽고 쓰기 발달 을 방해하지 않고 오히려 도움이 된다고 한다.[46] 종종 계승어 읽고 쓰기 능 력을 길러 온 학생의 경우 그렇지 않은 학생에 비해 학교 언어의 읽고 쓰기 발달에 있어서 더 앞서 나가는 것을 볼 수 있다.[47]

계승어 읽고 쓰기 지식과 기술은 학생들의 학교 언어 읽고 쓰기 발달에 있 어서 보다 풍부한 경험을 제공할 수 있다. 학생들은 자신의 계승어에서 배운 문화적 · 언어적 지식을 그들의 학교 언어 읽고 쓰기 발달의 출발점으로 사용할 수도 있다. 예를 들어, 유령 이야기를 쓰는 어린 학생은 방글라데시의 유령 이야기에서 배운 지식을 이용할 수도 있고, 시를 쓰는 학생의 경우 볼리우드 영화에 나오는 노래의 은유법을 이용하거나 풍부한 상상을 이용할 수도 있다. 또한 그들은 불교의 전통에서 비롯된 평화와 조화에 대한 이야기를 이용할 수도 있다.[48]

게다가 계승어 읽고 쓰기 습득 과정에서 얻어진 능력은 학생들로 하여금 학교 언어 읽고 쓰기 발달에 비판적인 시각을 가지고 참여할 수 있도록 도와준다.[49] 예를 들어, 이제 다섯 살인 카냐(Kanya)는 그녀의 계승어인 태국어로 된 백설공주와 영어로 된 백설공주의 단어 사용이 다르다는 것을 그녀의 반 친구들에게 말하고는 했다.[50] 그 어린 나이에 이미 카냐는 책을 읽을 때 분석적이고 비판적인 능력을 형성하기 시작했다.

따라서, 자녀의 계승어를 지지하고 그들의 문화를 존중해 주는 것은 그들의 학교 언어 및 주류사회 언어의 읽고 쓰기 발달에 실질적으로 도움을 줄 수 있다.[51] 더욱이 계승어를 통해 자녀의 읽기에 대한 태도와 생각을 발달시키는 것은 학교 언어의 발달에 직접 연결되어 이어질 수 있다.[52] 영어와 펀자브 어(Panjabi: 인도와 파키스탄의 펀자브 지방에서 사용하는 언어) 이중언어 구사자인 열다섯 살 소년 구르딥(Gurdeep)에 대한 장기적인 연구는 그의 두 언어, 즉 영어와 펀자브 어 모두의 읽고 쓰기 능력 발달에서 놀란 만한 성과를 보여 주고 있다.[53]

말하기 능력의 발달과 다른 언어 습득에서의 이점

연구에 따르면 한 언어의 읽기 능력을 습득하는 것은 그 언어의 말하기 능력 발달에도 도움이 된다는 것을 보여 준다.[54] 이는 계승어의 읽고 쓰기 능력을 배우는 것이 계승어의 말하기 능력 발달에도 도움이 된다는 것을 의미한다. 나는 나의 두 아이들이 그들이 좋아하는 불어 책에서 단어나 문장을 가져와 불어 대화에 사용하는 것을 종종 목격해 왔다.

연구에 따르면 읽기가 아이들의 계승어 소멸 방지에도 도움이 된다는 것이 증명되었다. 예를 들어, 엘레나 자레츠키(Elena Zaretsky)와 에바 바-샬롬(Eva Bar-Shalom)의 연구는 아이들의 계승어(그들의 연구에서는 러시아 어) 읽기가 그 언어의 소멸 정도를 낮춘다는 것을 증명해 준다.[55]

또한 연구에서는 계승어의 단순한 말하기 능력은 제2 혹은 제3의 언어 습득에 긍정적인 영향을 미치지 않을 수도 있음을 암시하지만, 계승어 읽고 쓰기 능력은 제3의 언어 습득에 매우 긍정적인 영향을 미친다는 것을 확실히 나타내 주고 있다.[56] 둘 이상의 언어에서 읽고 쓰기를 습득하는 과정에서 발달되는 상위언어능력, 즉 다른 언어의 특질을 분석하고 구별해 내는 능력은 다른 언어의 습득에 도움이 된다는 것이다.

계승어 문화에 접근함에 있어서의 이점

계승어 읽고 쓰기는 아이들이 다양한 계승문화 배경으로부터 풍부한 문화 자원으로 접근할 수 있도록 도와주며, 또한 아이들로 하여금 다양한 관점에서 세계를 바라볼 수 있게 한다.[57] 예를 들어, 14세의 에이드리엔(Adrienne)은 그녀의 사회 수업 시간에 그리스 책에서 읽은 정보를 이용하여 초기 에게 해 사람들에 대해 역동적인 토론을 할 수 있었다.[58]

높은 자존감과 자신감

계승어에 능숙한 아이일수록 더 높은 자존감과 자신감을 가지는 경향이 있다는 설득력 있는 증거가 있다. 예를 들면, 1,500명의 치카노(Chicano: 멕시코계 미국인) 대학생들을 조사한 한 연구는 계승어 유지는 문제가 아니라 이득이라는 결론을 내렸다. 이 연구에서 계승어의 유창성은 자존감, 미래에 대한 보다 야망 있는 계획, 목표 달성에 대한 자신감, 삶에 대한 조절 능력 등과 정적인 상관관계가 있음을 보여 주었다. 또한 이러한 모든 요소들이 학업 성적과도 긍정적인 연관이 있음을 나타냈다. 연구에 참여한 모든 참가자들은 영어에 있어서도 아주 높은 능력을 보여 주었다.[59] 또 다른 연구도 비슷한 결과를 보고했다. 자신들을 이중언어 읽고 쓰기 가능자라고 밝힌 멕시코계 미국인 8학년 학생들의 경우, 스페인 어나 영어 하나만 읽고 쓰기가 가능한 학생들에 비해 더 높은 자존감을 가지고 있음을 밝혀냈다.[60]

요약하면 다국어 읽고 쓰기 전문가인 체어맨 케너(Chairman Kenner)가 그녀의 책 『Becoming Biliterate』에서 언급하였듯이, 우리는 자녀가 다중언어 읽고 쓰기 능력을 발달시킬 수 있도록 도와줌으로써 다양한 문화적 경험을 바탕으로 한 완성된 소통자로 자라게 할 수 있다. 이 어린 자녀들은 자라서 좀 더 복잡하고 세계화된 공동체에 공헌할 수 있을 것이다.[61]

 ## 이 책의 주요 특징

부모를 적극적인 동반자로 대하기

이 책에서는 부모를 수동적인 정보의 수요자가 아닌 적극적인 동반자로 다루고 있다. 나는 계승어 읽고 쓰기 교육에 관한 쟁점들을 논의해 가는 과정에서 당신을 나의 동반자로 포함시키도록 노력할 것이다(지금부터 나는 '부모'라는 호칭이 아닌 '당신'이라는 표현을 사용하여 당신이 이 책의 진행에 직접 관여하도록 할 것이다.). 이러한 노력은 다음과 같은 과정을 통해 이루어질 것이다.

- 당신이 이미 시행하고 있는 것을 바탕으로 더욱 발전시키도록 자극하기
- 당신이 이 책에 소개된 전략을 직접 실행하고, 또 자신이 처한 특별한 상황에 이러한 전략을 어떻게 적용할지에 대해 생각해 볼 수 있는 기회를 제공하기
- 당신이 이러한 전략을 어떻게 체계적으로 교육에 반영하고 자신의 자녀에게 가장 적합하게 수정할지를 계속 생각해 볼 수 있도록 동기부여하기
- 당신이 이 책에서 내가 소개한 정보를 일시적이고 잠정적인 정보로만 활용하며, 이를 바탕으로 당신의 경험을 풍부하게 할 수 있는 새로운 정보를 탐구해 나가도록 격려하기

게다가 나는 정보의 본래 출처를 포함시키지 않는 부모용 안내 책자의 일반적인 관례를 따르지 않고, 부모들이 관련 주제에 좀 더 접근할 경우를 대비해서 본래의 출처를 의도적으로 포함시켰다. 또한, 일부 전문 용어(물론 설명과 함께)를 이 책에 포함시켜 부모로 하여금 특정한 주제에 대한 전문 연구 문헌을 찾을 경우에 좀 더 익숙해질 수 있도록 하였다.

이 책을 통해 나는 '연구자로서의 부모'[62]라는 개념을 장려할 것이다. 즉, 당신이 가정에서의 교육을 대상으로 실험을 하도록, 지금 실행하고 있는 것에 대해 숙고하도록, 다중언어 구사 자녀에 대한 연구 정보의 적극적인 이용자가 되도록 그리고 이러한 과정을 통해 당신이 자녀를 도울 최선의 방법을 찾을 수 있도록 장려할 것이다.

읽고 쓰기에 대한 전통적인 개념의 범위를 확장하기

전통적으로 'literacy'라는 용어는 주로 '개인의 읽고 쓰기 능력'이라는 뜻으로만 여겨져 왔다.[63] 하지만 지난 수십 년간 이러한 전통적인 관점의 한계와 단점에 대한 우려의 목소리가 높아져 왔다. 이 책은 literacy의 변화하는

범위를 인식하고, 자녀들이 현대 사회에서 literate한 사람으로서 역할을 하는 데 필요한 다양한 능력에 초점을 맞추고 있다. 이 책에서 제안하고 있는 활동들은 현시대의 literacy에 대한 이해를 다음과 같은 다양한 방법으로 반영하고 있다.

첫째, 이 책에서는 읽고 쓰기 능력을 단순히 문맥을 무시한 인지 발달 및 성취보다는 사회적 · 문화적 실천 및 숙련으로 보고 있다.[64] 이것은 모든 참여자(아이, 부모, 다른 가족 구성원, 지역사회 구성원)의 신념과 태도 및 그들의 습관(Habitus:[65] 사람들이 세상을 이해하며 세상과 관련짓는 데 사용하는 관점)[66]이 자녀의 읽고 쓰기 능력 발달 과정에 중심적인 역할을 한다는 것을 의미한다.[67] 이것은 또한 적합한 읽고 쓰기 활동으로 고려되는 것은 반드시 특정한 문화적 · 사회적 환경 안에서 결정되어야 한다는 것을 의미한다. 따라서 이 책에서 제안하는 활동들은 부모와 자녀가 행하는 읽고 쓰기 능력 발달의 다양한 방법에 가치를 둔다.

둘째, 이 책은 계승어와 주류사회 언어의 읽고 쓰기 능력 발달을 힘의 관계로 다룬다.[68] 이러한 힘의 관계를 인식하면서, 이 책에 있는 전략과 활동들은 자녀로 하여금 그들에게 의미 있는 읽기 및 쓰기 활동 참여를 통해 그들이 계승어 문화와 주류언어 문화의 다양한 글에서 장르, 문체, 종류의 차이점을 구별하며 습득할 수 있게 도와준다.[69]

셋째, 이 책은 읽고 쓰는 능력이 다른 영역, 즉 시각적 · 청각적 · 공간적 그리고 행동적인 영역까지도 포함한다는 의견을 시사한다.[70] 이 책에 소개된 활동들은 아이들의 삶, 즉 그림 · 노래 · 운동 · 만화 · 영화 그리고 비디오 게임을 통해 말하기 등의 다양한 의사소통 활동을 포함함으로써 전통적인 문서 위주의 형태를 넘어선다. 비록 이러한 영역들이 전통적인 읽고 쓰기 능력의 개념과 일치하지는 않더라도 이러한 활동은 아이들이 친숙한 장르와 재료들을 사용할 수 있는 기회를 제공해 주며, 그들로 하여금 의미를 문서화하여 표현할 수 있게 도와준다. 예를 들면, 비디오게임을 즐기는 아이들은 다른 방법으로 글을 전개시킨다는 연구결과가 있다. 그들의 이야기 구조는 전통적인 이야기 전개 방식(처음부터 끝까지 순서에 따라 진행되는)을 따르기보다는 순환하는 경향이 있다는 것을 보여 준다.[71]

더욱이 정보통신 기술의 발달은 우리가 읽고 쓰는 방식뿐만 아니라 우리가 의사소통하는 방식도 획기적으로 바꾸어 놓았다.[72] 인터넷이나 디지털 방식을 통해 읽고 쓰는 것은 일반 문서를 통해 소통하는 것과는 다른 방식을 필요로 한다.[73] 인터넷이나 다른 멀티미디어를 사용할 때 우리는 좁고 직선적이며 출판물 의존적인 읽기에서 벗어나야 한다.[74] 오늘날 하나의 언어만을 사용하는 어린이나 다중언어를 사용하는 어린이 모두 멀티미디어와 디지털 세계에 살고 있다. 이러한 세계에서의 읽기와 쓰기에 대한 개념은 그들의 부모 세대가 자라 온 시대와는 다른 방식으로 해석되고 시행된다.

「뉴욕타임스」의 한 기사는 미래의 디지털 시대에는 전통적인 교과서는 역사 속으로 사라질 것이라고 예견했다. 일부 교육자는 오늘날의 아이들은 제한적이고 일차원적이며 기계적인 교과서에 더 이상 흥미를 느끼지 못한다는 것을 발견했다.[75] 따라서 이 책에 소개하는 활동은 전통적인 종이 기반 문서의 수준을 넘어서고 있으며,[76] 나아가 멀티미디어 사용 능력의 습득을 다중언어 읽고 쓰기 능력 발달의 필수적인 요소로 다루고 있다.[77]

넷째, 이 책은 문서를 비평하는 능력을 문서를 해독하는 능력과 동등하게 중요한 능력으로 다루고 있다.[78] 오늘날 많은 연구자들은 문서를 분석하는 능력이 모든 아이들의 읽고 쓰기 능력 발달의 한 부분이 되어야 한다고 믿고 있다.[79] 다중언어를 구사하는 아이들의 경우에는 그들이 둘 이상의 문화와 언어에 기반을 두고 있기 때문에 보다 날카로운 시각으로 비판하는 능력이 요구된다.

본질적으로, 오늘날 사회에서 읽고 쓰는 능력을 갖춘다는 것은 다양한 범위의 읽고 쓰기 활동에 관여할 수 있음을 의미하는데, 이는 특정 활동에 꼭 맞는 일련의 기술과 과정에 기반을 둔다. 우리의 자녀가 강화되고 다양해진 읽고 쓰기 능력을 잘 습득해 나가지 못하다면 앞으로 인생에 있어서 선택의 폭이 좁아질 수도 있는 것이다.[80]

아이의 발달단계별로 필요한 전략 제공하기

이 책에서 소개하는 전략은 발달단계에 따라 영유아기(출생부터 5세까지), 유년기(6세부터 11세까지), 청소년기(12세부터 18세까지)로 나뉘어 있다. 각 단계별로 명백하게 구별되는 자녀의 학습 특징에 대해 간략히 설명하고, 각 발달단계에 적합한 전략을 소개함으로써 당신이 계승어 읽고 쓰기 교재를 선택하고 활동을 실행할 때 도움을 주고자 하였다.

다중언어 읽고 쓰기 발달을 아이의 일상생활에 접목시키기

가정에서 교육한다는 특성에 적합하도록, 이 책에 소개된 많은 계승어 학습 관련 활동은 아이들의 일상적인 활동(예를 들면, 인터넷 찾기, 편지나 메모 쓰기, 쇼핑하기, 텔레비전이나 영화 보기 등)과 접목할 수 있도록 하였다.

계획 과정 강조하기

계승어 읽고 쓰기 발달은 어려움이 많은 도전이기에 이 책에서는 당신이 계획을 실행에 옮기기 전에 계획하고 구체화하는 것의 중요성을 강조하였

다. 이를 위해 자세한 단계와 과정을 제공하여 당신이 좌절을 겪지 않도록
하였다.

계승어 읽고 쓰기 습득에 있어서 명확한 교수방법을 강조하기

이 책은 계승어 학습자의 언어 환경과 주류사회 언어 학습자의 언어 환경
사이의 차이점을 인지하면서 계승어 학습자를 위한 명확한 교수방법의 중요
성을 강조하고 있다(특히 5장과 6장). 이 책은 연구결과를 바탕으로 계승어 읽
고 쓰기 발달에 필요한 특별한 언어적 특징에 대해 신중한 교수방법을 제시
하고 있다. 더욱이 읽고 쓰기 기술은 명확한 지도 노력이 필요하기 때문에
몇 가지 효과적인 학교에서의 읽고 쓰기 교수 방법이 당신의 가정에서 고려
될 수 있도록 소개하고 있다.

가정에서의 평가전략 소개하기

전통적으로 가정에서의 읽고 쓰기 교육에 관한 사정과 평가는 큰 주목을
받지 못했다. 여기에서 사정(assessment)이란 아이가 무엇을 알고 있는지 그
리고 무엇을 할 수 있는지에 대한 증거와 자료를 수집하는 과정을 의미하며,
평가(evaluation)란 아이의 읽고 쓰기 발달에 관해 수집한 자료를 해석하고
분석한 후에 만들어지는 판단 혹은 심사 결과를 의미한다.[81] 이 책은 사정과
평가가 가정에서의 읽고 쓰기 지도의 기본을 형성한다는 점을 잘 인지하고
있으며, 가정에서 아이의 계승어 읽고 쓰기 발달의 진행 정도를 관리하며 관
찰할 수 있는 가정에 최적화된 사정 방법을 소개한다.

부모의 실제적인 경험을 존중하기

이 책에 수록된 정보의 대부분이 연구문헌에서 인용되었지만, 이 책은 자녀에게 다중언어 읽고 쓰기를 가르쳐 온 부모들의 의견과 실제적인 경험을 포함하고 있기도 하다. 이 책에는 다중언어 자녀를 가르쳐 온 많은 부모들이 등장하며, 가정에서의 읽고 쓰기 교수 방법 및 그에 대한 회상과 의견 등을 공유하고 있다. 나는 일상적으로 이루어지는 부모와 자녀의 상호 간 대화 및 교류가 존중되어야 한다고 믿는다. 연구결과와 부모의 경험 간에 차이가 있는 경우에는 두 가지 의견 모두를 제시하였으므로 당신은 두 가지 모두를 고려해 볼 수 있다.

가정과 학교의 협력을 장려하기

이 책이 가정에서의 읽고 쓰기 교육에 중점을 두고는 있지만, 계승어 교육에 있어서 가정과 학교의 관계 또한 중요하다는 것을 강조하고 있다. 따라서 이 책은 당신이 자녀의 학교 선생님과 원활하게 의사소통할 수 있도록 돕는 유용한 전략을 소개하며, 가정에서의 계승어 읽고 쓰기 교육과 자녀의 학교 교육이 잘 융합될 수 있도록 돕는 방법 또한 소개하고 있다.

 이 책의 개요

이 책은 소개하는 장을 포함하여 총 일곱 개 장으로 구성되었다. 나머지 각 장의 개요는 다음과 같다.

제2장   다중언어 읽고 쓰기 발달 과정에 관련된 복잡성 이해를 돕기 위

한 배경을 설명한다. 다중언어 읽고 쓰기의 정의를 설명하며 다중언어 읽고 쓰기를 습득하는 것이 무엇을 의미하는지에 대해서도 살펴본다. 또한 다중언어 읽고 쓰기 기술 발달에 영향을 주는 복잡한 요소들을 분석하며 다중언어 학습자 특유의 특징을 확인한다. 토론된 정보와 당신이 처한 고유한 상황의 연결을 돕기 위해서 고려해야 할 질문과 활동도 제시하고 있다.

제3장 가정환경에서의 성공적인 다중언어 읽고 쓰기 발달에 반드시 필요한 '계획'의 중요성에 대해 설명한다. 당신으로 하여금 자녀의 다중언어 읽고 쓰기 발달에 영향을 주는 다양한 요소를 자세하게 생각해 보도록 하여 앞으로 닥칠 어려움에 보다 잘 대처할 수 있게 하며, 좌절을 최소화하도록 도울 것이다. 그리고 제3장에 제시된 견해와 당신의 고유한 활동이 연계되도록 도와줄 활동도 포함되어 있다.

제4장 출생부터 다섯 살까지 아이들의 학습 특징을 다루고 있다. 이를 통해 이 시기에 가장 적합한 부모와 아이의 상호작용이 무엇인지에 대해 설명한다. 요즘 각광받고 있는 읽고 쓰기 기술(예를 들면, 디지털을 통한 읽고 쓰기 등)에도 초점을 두고 있다. 또한 가정에서 어떻게 아이들의 흥미를 끌 수 있는 재료들을 선택하고 활동을 구상해야 하는지, 또 어떻게 아이의 진행상황을 평가해야 하는지에 대한 방법을 기술하고 있다. 주요 부분마다 제시된 활동을 통해 당신은 책에서 추천하는 전략을 당신의 고유한 가정환경에서의 자녀 교육에 어떻게 접목시킬 수 있는지에 대해 배우게 될 것이다.

제5장 여섯 살부터 열한 살까지 아동의 학습 특징에 대해 언급하고 있다. 이 장에서는 자녀들이 이 시기에 발달시켜야 할 계승어 읽고 쓰기 핵심 기술에 초점을 맞추고 있다. 특히, 자녀가 어떻게 학교 언어 읽고 쓰기와 집에서 배우는 계승어 읽고 쓰기 사이의 균형을 유지해야 하는지를 설명하고

있다. 또한 가정에서의 계승어 읽고 쓰기 교재와 활동이 학교에서 배운 것을 보충해 줄 수 있어야 한다고 강조하는 동시에 평가가 우선시되어야 할 부분을 강조하여 부모가 자녀의 발달 상황을 잘 관리할 수 있도록 돕고 있다. 제시된 전략들을 자신의 상황에 맞게 적용해 볼 수 있는 활동도 포함하고 있다.

제6장　열두 살부터 열여덟 살까지 청소년기 아이들의 학습 특징에 초점을 두고 있으며, 이 시기에 아이들이 습득해야 할 가정에서 계승어 읽고 쓰기의 주요 기술들에 대해 설명하고 있다. 특히, 청소년기 아이들이 흥미를 잃지 않고 스스로 계승어 읽고 쓰기 능력을 유지 및 발전시켜 나가기 위한 동기부여 방법과 전략을 소개한다. 자녀들이 일생 동안 꾸준히 계승어 읽고 쓰기를 유지해 나갈 수 있도록 가정에서 이용할 수 있는 계승어 교육 교재와 활동을 제시하고 있다. 자녀들의 발달 상태를 확인할 수 있는 평가 방법과 실생활에 이용할 수 있는 전략 또한 배우게 될 것이다.

제7장　이 책에서 소개된 부모를 위한 가정에서의 다중언어 읽고 쓰기 교수 전략을 재점검해 본다. 점검을 통해 나타난 주요 사항들을 확인하게 될 것이다. 이 과정을 통해 이 책에서 언급된 주요 내용을 재확인하게 될 것이며, 당신으로 하여금 '비록 가정에서 다중언어 읽고 쓰기 기술을 발달시키는 것이 어려운 일이긴 하지만 충분한 지원과 헌신, 효과적인 전략을 통해서라면 불가능한 일은 아니다.' 라는 긍정적인 메시지를 남기게 할 것이다.

📚 주석 및 참고문헌

1) 한글은 세종대왕이 15세기에 발명한 글자이며 남한과 북한의 공식 문자다.
2) 이 책에서 사용되는 '다중언어자(Multilingual)'는 둘 이상의 언어를 아는 사람을 뜻한다. 일부 학자들은 '다중언어자'라는 용어가 대언어학 수준(이중언어 혹은 삼중언어를 구사하는 사람)과 소언어학 수준(하나의 언어만 구사하는 사람)을 분명하게 구분한다고 생각한다. 참조: Hoffman, C. (2001) Toward the description of trilingual competence. *International Journal of Bilingualism* 5 (1), 1-17.

   또한 Marilyn Martin-Jones와 Kathryn Jones는 왜 '다중언어자'라는 용어가 '이중언어자'보다 정확한지 네 가지 이유를 들어 설명했다. 첫째, 많은 사람들이 그들의 의사소통 범위 내에 두 개 이상의 구어 혹은 문어를 포함하고 있다. 이러한 것들은 그들의 문화유산과 관련된 언어와 문자, 지역에서 사용되는 구어체 방언 그리고 소위 말하는 '표준' 언어(예를 들어, '표준' 영어)까지도 포함한다. 둘째, '다중언어자'는 한 그룹의 범위 내에서 다양한 구어 및 문어와 연관된 의사소통 목적의 복잡성과 다양성을 나타내 준다. 셋째, '다중언어자'는 어떠한 소수언어 가정이나 지역사회 내에는(예를 들면, 웨일스 어, 구자라트 어 혹은 광동어 화자 중에서) 그 그룹 내 혹은 각기 다른 수준의 언어구사력을 가진 사람들 사이에서 그 언어의 구어와 문어를 습득하는 다양한 통로가 있다는 것을 의미한다. 마지막으로, '다중언어자'는 사람들이 사용하는 언어의 범위 내에서 그들이 말하고 쓸 때, 즉 그 언어들을 사용하고 조합할 때 '이중언어자'보다는 훨씬 유리하다는 것을 의미한다. 참조: Martin-Jones, K. (2000) Multilingual literacies. In M. Martin-Jones and K. Jones (Eds.) *Multilingual Literacies: Reading and Writing Different Worlds* (pp. 1-15). Amsterdam: John Benjamins.
3) 오늘날의 읽고 쓰기 능력의 정의는 전통적인 견해, 즉 읽고 쓰기 능력을 사회적 수준이 아닌 개인적인 수준에서 단순히 읽고 쓸 줄 아는 능력이라고 정의하던 견해의 수준을 훨씬 넘어서고 있다. 현재 읽고 쓰기 능력의 정의는 상징적인 기호를 사용하고 이해하는 데 관련된, 보다 다양하고 넓은 분야를 포함하고 있다. 좀 더 자세한 사항은 제2장을 참조 바란다. 오늘날의 읽고 쓰기 능력의 정의에 대해 좀 더 연구하기를 희망하는 사람은 다음의 논문을 참조하기 바란다.

   Gee, J.P. (2007) *Social Linguistics and Literacies: Ideology in Discourse*. London: Routledge.

   Street, B.V. and Lefstein, A. (2007) *Literacy: An Advanced Resource Book*. London. Routledge.

   Pahl, K. and Rowsell, J. (Eds.) (2005) *Travel Notes from the New Literacy Studies:*

Instances of Practice. Clevedon: Multilingual Matters.

The New London Group (1996) A pedagogy of multiliteracies: Designing social future. *Harvard Educational Review* 66 (1), 60-92.

Makin, L. and Diaz, C.J. (Eds.) (2002) *Literacies in Early Childhood: Changing Views, Challenging Practice.* Sydney: MacLennan & Petty.

4) Wang, X-L. (2008) *Growing Up with Three Languages: Birth to Eleven.* Bristol: Multilingual Matters.

5) 2009년 2월 3일 이메일 교환 내용. 안나로부터 이 이메일을 책에 수록하는 것에 대한 동의를 얻음.

6) 계승어와 계승어 학습자를 정의하는 데에는 아직까지도 학자들 사이에 이견이 있다. 일부 학자들은 이 용어에 동의하지 않는다. 다른 대체용어들(예를 들면, 이지성언어, 가정언어, 고유 언어, 이민자들의 언어 등)이 문헌에 소개되고 있다. 좀 더 자세한 내용은 다음을 참조하기 바란다: Toward a definition of heritage language: Sociopolitical and pedagogical consideration. *Journal of Language, Identity, and Education* 2 (3), 211-230.

나는 개인적으로 계승어를 주류 언어 이외의 개인과 관련된 언어라고 정의한다. 나는 이러한 정의를 Fishman의 '계승어는 영어 이외의 개인과 관련된 언어'라는 정의에서 채택하였다. 참조: Van Deusen-Scholl (2003).

또한 나는 계승어 학습자를 그들 계승어의 말하기 혹은 쓰기에 있어서 이질적인 능력을 가진 언어학습자라고 정의한다. 일부 학자들은 말은 하지 못하더라도 그 언어와 문화적 배경을 같이하는 경우도 포함한다. 참조: Cho, G., Cho, K-S. and Tse, L. (1997) Why ethnic minorities need to develop their heritage language: The case of Korean Americans.

Jim Anderson (2008) *Language, Culture and Curriculum* 10, 106-112. 'community language' 용어는 소수민족이나 지역공동체에 의해 영국에서 많이 사용되며, 'heritage language' 용어는 북미지역에서 많이 사용된다고 한다. 참조: Anderson, J. (2008) Toward an integrated second-language pedagogy for foreign and community/heritage language in m*ultilingual Britain. Language Learning Journal* 36 (1), 79-89.

이 책에서는 나는 계승어와 가정에서의 언어를 같은 의미로 번갈아 사용하였다 (*역자는 heritage language를 문맥에 따라 모국어, 가정에서의 언어, 계승어 등으로 번갈아 사용하였다.)

7) 많은 이민 공동체들이 자신들의 계승어 교육을 위해 이러한 보충 언어학교를 설립해 왔다. 이러한 학교에서는 방과 후 혹은 주말에 몇 시간씩 자신들 공동체의 문화와 언

어에 대해 가르친다. 참조: Conteh, J., Martin, P. and Robertson, L. (2007) *Multilingual Learning: Stories from Schools and Communities in Britain* (pp. 1-22). Stoke-on-Trent: Trentham Books. 이러한 학교 중 일부는 종교단체에서 운영하여 종교적인 역할을 수행하기도 한다.

8) Chao, T.H. (1997) Chinese heritage community language schools in the United States. Online source from the Center for Applied Linguistics: http://www.cal.org/resources/digest/chao0001.html

Brecht, R.D. and Ingold, C.W. (2002) Tapping a national resource: Heritage languages in the United States. Online source from the Center for Applied Linguistics: http://www.cal.org/resources/ digest/0202brecht.html

9) Ran, A. (2000) Learning to read and write at home. The experience of Chinese families in Britain. In M. Martin-Jones and L. Jones (Eds.) *Multilingual Literacies: Reading and Writing Different Worlds* (pp. 71-90). Amsterdam: John Benjamins.

10) Cruickshank, K. (2004) Literacy in multilingual contexts: Change in teenagers' reading and writing. *Language and Education* 18 (6), 459-473.

11) 이는 지역사회 계승어 언어 학교의 모든 부모 교사들이 아이들의 계승어 학습에 공헌하지 못한다는 사실을 의미하는 것은 아니다. 일부 부모교사의 경우에는 아이들의 계승어 발달에 중요한 역할을 하기도 한다. 예를 들어, 다음을 참조하라: Chen, Y. G. (2007) Contributing to success: Chinese parents and the community school. In J. Conteh, P. Martin and H. Robertson (Eds.) *Multilingual Learning: Stories from Schools and Communities in Britain* (pp. 63-85). Stoke-on-Trent: Trentham Books.

12) Darling-Hammond L. (2000) Teacher quality and student achievement: A review of state policy evidence. *Educational Policy Analysis Archives* 8, 1-48.

13) Chen, Y.G. (2007) Contributing to success: chinese parents and the community school. In J. Conteh, P. Martin and H. Robertson (Eds.) *Multilingual Learning: Stories from Schools and Communities in Britain* (pp. 63-85). Stoke-on-Trent: Trentham Books.

Gregory, E. (2008) *Learning to Read in A New Language*. Los Angeles, CA: Sage.

14) Curdt-Christiansen, X-L. (2006) Teaching and learning Chinese: Heritage language classroom discourse in Montreal. *Language, Culture and Curriculum* 19 (2), 189-207.

15) Naqvi, R. (2008) From peanut butter to Eid... blending perspectives: Teaching Urdu to children in Canada. *Diaspora, Indigenous, and Minority Education* 2, 154-164.

16) 당왕조는 중국역사 618년부터 907년까지의 기간을 나타낸다.

17) Wang, X-L. (2009) Ensuring sustained trilingual development through motivation. *The Bilingual Family Newsletter* 26 (1), 1-7.

18) 이 예시가 문화유산의 개념이나 이상을 아이들에게 물려주는 것이 중요하지 않음을 의미하는 것은 아니라는 것을 알아주기 바란다. 나의 요점은 아이들이 이러한 문화유산의 개념이나 이상에 아무런 유대관계를 느끼지 못한다면 그들은 종종 흥미를 잃는 경향이 있다는 것이다. 이러한 문화유산에 대한 지식을 전수하는 방법 및 전략에 대해서는 다음에 나오는 장들을 참조하기 바란다.

19) Larrotta, C. and Gainer, J. (2008) Text matters: Mexican immigrant parents reading their world. *Promising Practice* Winter issue, 45-48.

20) Reid, J. and Comber, B. (2002) Theoretical perspectives in early literacy education: Implications for practice. In. L. Markin and C.J. Diaz (Eds.) *Literacies in Early childhood: Changing Views, Challenging Practice* (pp. 15-34). Sydney: MacLennan & Petty.

21) Kagan, O. (2005) In support of a proficiency-based definition of heritage language learners: The case of Russian. *The International Journal of Bilingual Education and Bilingualism* 8 (2 & 3), 213-221.
Bermel, N. and Kagan, O. (2000) The maintenance of written Russian in heritage speakers. In O. Kagan and B. Rifkin (Eds.) Teaching and Learning Slavic Languages and Cultures (pp. 405-436). Bloomington, IN: Slavica.

22) Kenner, C. and Gregory, E. (2003) Becoming biliterate. In N. Hall, J. Larson and J. March (Eds.) *Handbook of Early childhood Literacy* (pp. 178-188). New York: Sage.

23) Li. G-F. (2006) Biliteracy and trilingual practices in the home context: Case studies of Chinese-Canadian children. *Journal of Early childhood Literacy* 6 (3), 359-385.
Li, G-F. (2006) What do parents think? Middle-class Chinese immigrant parents' perspectives on literacy learning, homework, and school-home communication. *The School Community Journal* 16 (2), 27-46.

24) Butler, S. (2001) The 'H' word: Home schooling. *Gifted Child Today* 23 (5), 44-50.

25) Webb, J. (1999) *Those Understood Minds: Home-Educated Children Grow Up.* The Educational Heretics Series 102. Nottingham, UK: Educational Heretics Press.

26) Edwards, V. (2009) *Learning to be Literate: Multilingual Perspectives.* Bristol: Multilingual Matters.

Martin-Jones, M. and Jones, K. (Eds.) (2000) Multilingual Literacies: Reading and Writing Different Worlds. Amsterdam: John Benjamins. Kenner, C. (2005) Bilingual families as literacy eco-systems. *Early Years* 25 (2), 283-298.

Cruickshank, K. (2004) Literacy in multilingual contexts: Change in teenagers' reading and writing. *Language and Education* 18 (6), 459-473.

Steet, B. and Street, J. (1991) The schooling of literacy. In D. Barton and R. Ivanic (Eds.) Writing in the Community (pp. 143-166). London: Sage.

27) Li, G-F. (2002) *"East is East, West is West"?: Home Literacy, Culture, and Schooling.* New York: Peter Lang.

Wang, X-L. (2008) *Growing Up with Three Languages: Birth to Eleven.* Bristol: Multilingual Matters.

28) Smetana, J.G. (1999) The role of parents in moral development: A social domain analysis. *Journal of Moral Education* 28 (3), 311-321.

29) Strickland, D.S. and Taylor, D. (1989) Family storybook reading: Implications for children, families, and curriculum. In D.S. Strickland and L. Morrow (Eds.) *Emerging Literacy: Young Children Learn to Read and Write* (pp. 147-159). Newark, DE: International Reading Association.

30) Weigel, D.J., Martin, S.S. and Bennett, K.K. (2006) Contributions of the home literacy environment to preschool-aged children's emergent literacy and language skills. *Early Child Development and Care* 176 (3 & 4), 357-378.

31) Baker, L., Scher, D. and Macker, K. (1997) Home and family influences on motivation for reading. *Educational Psychologist* 32 (2), 69-82.

32) Roberts, J., Jurgens, J., Burchinal, M. and Graham, F. P. (2005) The role of home Literacy practices in preschool children's language and emergent literacy skills. *Journal of Speech, Language, and Heritage Research* 48, 345-359.

Weigel, D.J., Martin, S.S. and Bennett, K.K. (2006) Contributions of the home literacy environment to preschool-aged children's emergent literacy and language skills. *Early Child Development and Care* 176 (3 & 4), 357-378.

33) Neumann, M., Hood, M. and Neumann, D.L. (2009) The scaffolding of emergent literacy skills in the home environment: A case study. *Early Childhood Education Journal* 36, 313-319.

34) Kuby, P., Goodstadt-Killoran, I., Aldridge, J. and Kirkland, L. (1999) A review of research on environmental print. *Journal of Instructional Psychology* 26, 173-182.

35) Martello, J. (2002) Many roads through many modes: Becoming literate in early

childhood. In L. Makin and C.J. Diaz (Eds.) *Literacies in Early Childhood: Changing Views, Challenging Practices* (pp. 35-52). Sydney: Maclennan & Petty.

36) 도미니크는 영어, 불어, 중국어를 구사한다. 참조: Wang, X-L. (2008) *Growing Up with Three Languages: Birth to Eleven.* Bristol: Multilingual Matters.

37) Deci, E.L. and Ryan, R.M. (Eds.) (2002) *Handbooks of Self-Determination Research.* Rochester, NY: University of Rochester Press.
Wang, X-L. (2009) Ensuring sustained trilingual development through motivation. *The Bilingual Family Newsletter* 26 (1), 1-7.

38) 가정에서 자녀에게 계승어를 가르치는 것에는 불리한 점도 있을 수 있다(예를 들어, 계승어를 사용하는 지역사회 공동체의 부족 및 부모의 자기 훈련 필요성 등). 하지만 이러한 부분은 다른 다중언어 가정과 상호교류의 기회를 찾으려 하는 등의 다른 계획이 마련될 때 충분히 극복할 수 있다.

39) Krashen, S.D., Tse, L. and McQuillan, J. (1998) *Heritage Language Development.* Culver City, CA: Language Education Associates.

40) 개인적인 대화(2007년 3월 20일).

41) Barradas, O. (2007) Learning Portuguese: A tale of two worlds. In J. Conteh, P. Martin and L.H. Robertson (Eds.) *Multilingual Learning: Stories from Schools and Communities in Britain* (pp. 87-102). Stoke-on-Trent: Trentham Books.

42) Garcia, H. (1985) Family offspring language maintenance and their effects of Chicano colleague students' confidence and grades. In E. Garcia and R. Padilla (Eds.) *Advances in Bilingual Education Research* (pp. 226-243). Tucson, AZ: University of Arizona Press.

43) Goetz, P.J. (2003) The effects of bilingualism on theory of mind development. *Bilingualism: Language and Cognition* 6 (1), 1-15.
Thomas, W. and Collier, V. (1997) *School effectiveness and Language Minority Students.* Washington, DC: National Clearinghouse for Bilingual Education.

44) Cummins, J. (1981) The role of primary language development in promoting educational success for language minority students. In California State Department of Education (Ed.) *Schooling and Language Minority Students; A Theoretical Framework* (pp. 3-19). Los Angeles, CA: Evaluation, Dissemination, and Assessment Center, California State University.

45) Giambo, D.A. and Szecsi, T. (2005) Parents can guide children through the world of two languages. *Childhood Education* 81 (3), 164-165.

46) Bialystok, E. (2002) Acquisition of literacy in bilingual children: A framework for

research. *Language Learning* 52, 159–199.

Geva, E. and Siegel, L. S. (2000) Orthographic and cognitive factors in the concurrent development of basic reading skills in two languages. *Reading and Writing: An Interdisciplinary Journal* 12, 1–30.

Durgunoglu, A.Y., Nagy, W.E. and Hancin-Bhatt, B.J. (1993) Cross-language transfer of phonological awareness. *Journal of Educational Psychology* 85, 435–465.

47) Riches, C. and Genesee, F. (2006) Literacy: Crosslinguistic and crossmodal issues. In F. Genesee, K. Lindholm-Leary, W.M. Saunders and D. Christian (Eds.) *Educating Language Learners: A Synthesis of Research Evidence* (pp. 64–108). Cambridge: Cambridge University Press.

48) Data, M. (2000) *Bilinguality and Literacy: Principle and Practice.* London: Continuum.

49) Cazen, C., Cope, B., Fairclough, N., Gee, J. et al. (1996) A pedagody of multiliteracies: Designing social futures. *Harvard Educational Review* 66 (1), 60–92.

50) Karen Kinston 제공(2003년 5월 21일).

51) Fitzgerald, J. (1995) English-as-a-second language learners' cognitive reading process: A review of research in the United States. *Review of Educational Research* 65, 145–190.

Wagner, D.A. (1998) Putting second language first: Language and literacy learning in Morocco. In L. Verhoeven and A.Y. Durgunoglu (Eds.) *Literacy Development in a Multilingual Context* (pp. 169–183). Mahwah, NJ: Lawrence Erlbaum.

52) Giambo, D.A. and Szecsi, T. (2005) Parents can guide children through the world of two languages. *Childhood Education* 81 (3), 164–165.

53) Minns, H. (1993) Three ten year old boys and their reading. In M. Barrs and S. Pidgeon (Eds.) *Reading the Difference: Gender and Reading in the Primary School* (pp. 60–71). London: Center for Language in Primary Education.

Minns, H. (1997) Gurdeep and Geeta: The making of two readers and the nature of differences. Paper presented at IEDPE Conference, London, 17 October.

54) Garton, A. and Pratt, C. (1989) *Learning to Be Literate: The Development of Spoken and Written Language.* Oxford: Basil Blackwell.

55) Zaretsky, E. and Bar-Shalom, E.G. (2010) Does reading in shallow L1 orthography slow attrition of language-specific morphological structures? *Clinical Linguistics &*

Phonetics 24 (4–5), 401–415.

56) Swain, M., Lapkin, S., Rowen, N. and Hart, D. (1990) The role of mother tongue literacy in third language learning. *Language, Culture and Curriculum* 3 (1) 65–81.

57) Taylor L.K. (2008) Of mother tongues and other tongues: The stakes of linguistically inclusive pedagogy in minority contexts. *The Canadian Modern Language Review* 65 (1), 89–123.

58) Jody Epstein 제공(2009년 3월 1일).

59) Garcia, H. (1985) Family offspring language maintenance and their effects of Chicano colleague students' confidence and grades. In E. Garcia and R. Padilla (Eds.) *Advances in Bilingual Education Research* (pp. 226–243). Tucson, AZ: University of Arizona Press.

Huang, G.G. (1995) Self-reported biliteracy and self-esteem: A study of Mexian-American 8th graders. *Applied Psycholinguistics* 16, 271–291.

60) Huang, G.G. (1995) Self-reported biliteracy and self-esteem: A study of Mexian-American 8th graders. *Applied Psycholinguistics* 16, 271–291.

61) Kenner, C. (2004) Becoming Biliterate. Stoke-on-Trent: Trentham Books.

62) 아이디어를 제공해 준 나의 동료 Christine Clayton 박사에게 감사를 전한다.

63) Goody, J. (Ed.) (1968) *Literacy in Traditional Societies.* Cambridge: Cambridge University Press.

Olson, D. (1977) From utterance to text: The bias of language in speech and writing. *Harvard Educational Review* 47 (3), 257–281. Ong, W. (1982) *Orality and Literacy: The Technologising of the World.* London: Methuen.

64) Street, B.V. and Lefstein, A. (2007) Literacy: *An Advanced Resource Book.* London: Routledge.

Street, B. (2000) Literacy events and literacy practices. In M. Martin-Jones and K. Jones (Eds.) *Multilingual Literacies: Reading and Writing Different Worlds* (pp. 17–35) Amsterdam: John Benjamins.

Diaz, C.J. and Markin, L. (2002) Literacy as social ractice. In L. Makin and C.J. Diaz (Eds.) *Literacies in Early Childhood: Changing Views, Challenging Practices* (pp. 3–14). Sydney: macLennan & Petty.

Hall, N., Larson, J. and Marsh, J. (2003) *Handbook of Early Childhood Literacy.* New York: Sage.

65) Bourdieu, P. (1991) *Language and Symbolic Power.* Cambridge, MA: Polity Press.

66) Barratt-Pugh, C. (2002) Children as writers. In L. Makin and C. J. Diza (Eds.) Literacies in *Early Childhood: Changing Views, Challenging Practices* (pp. 93–116). Sydney: MacLennan & Petty.

67) Diaz, C.J. and Markin, L. (2002) Literacy as social ractice. In L. Makin and C. J. Diaz (Eds.) *Literacies in Early Childhood: Changing Views, Challenging Practices* (pp. 3–14). Sydney: macLennan & Petty.

68) Hall, N., Larson, J. and Marsh, J. (2003) *Handbook of Early Childhood Literacy.* New York: Sage.

69) Martin-Jones, M. and Jones, K. (Eds.) (2000) *Multilingual Literacies: Reading and Writing Different Worlds* (pp. 4–5) Amsterdam: John Benjamins.

70) The New London Group (1996) A pedagogy of multiliteracies: Designing social futures. *Harvard Educational Review* 66 (1), 60–92.

71) Pahl, K. (2004) narrative spaces and multiple identity: Children's textual explorations of console games in home setting. In J. Marsh (Ed.) *Popular Culture, New Media and Digital Literacy in Early childhood* (pp. 126–145). New York: Routledge.

72) Hall, N., Larson, J. and Marsh, J. (2003) *Handbook of Early Childhood Literacy.* New York: Sage.

73) Markin, L. and Groom, S. Literacy transitions. In L. Makin and C. J. Diaz (Eds.) *Literacies in Early Childhood: Changing Views, Challenging Practices* (pp. 71–91). Sydney: MacLennan & Petty.

74) Hill, S. and Broadhurst, D. (2002) Technoliteracy and the early years. In L. Makin and C.J. Diaz (Eds.) *Literacies in Early Childhood: Changing Views, Challenging Practices* (pp. 269–287). Sydney: MacLennan & Petty.

75) Lewin, T. (2009) In a digital future, textbooks are history. *New York Times*, 9 August.

76) Chevalier, J.F. (2004) Heritage language literacy: Theory and practice. *Heritage Language Journal* 2 (1), 1–9.

77) Cummins, J. (2006) Identity texts: The imaginative construction of self through multi-literacies pedagogy. In O. Garcia, T. Sktunabb-Kangas and M. Torres-Guzm (Eds.) *Imagining Multiliteracy School: Language in Education and Globalization* (pp. 51–68). Clevedon: Multilingual matters.

Lotherington, H. (2007) From literacy to multiliteracies in ELT. In C. Davison and J. Cummins (Eds.) *Handbook of English Language Teaching* (pp. 809–823). Berlin:

Springer.

78) Stevens, L.P. and Bean, T.W. (2007) *Critical Literacy: Context, Research, and Practice in the K-12 Classroom.* Thousand Oaks, CA: Sage.

79) Martello, J. (2002) Many roads through many modes: Becoming literate in early childhood. In L. Makin and C.J. Diaz (Eds.) *Literacies in Early Childhood: Changing Views, Challenging Practices* (pp. 35-52). Sydney: Maclennan & Petty. Diaz, C.J., Beecher, B. and Arther, L. (2002) Children's worlds and critical literacy. In L. Makin and C.J. Diaz (Eds.) *Literacies in Early Childhood: Changing Views, Challenging Practices* (pp. 305-322). Sydney: MacLennan & Petty.

80) Stevens, L.P. and Bean, T.W. (2007) *Critical Literacy: Context, Research, and Practice in the K-12 Classroom.* Thousand Oaks, CA: Sage.

81) Tayler, C. (2000) Monitoring young children's literacy learning. In C. Barrat-Pugh and M. Rohl (Eds.) *Literacy Learning in the Early Years* (pp. 197-222). Buckingham: Open University Press.

제2장

다중언어 읽고 쓰기의
과정 이해하기

이 장에서는 둘 이상의 언어를 읽고 쓸 줄 아는 과정과 관련된 중요한 요소들을 검토한다. 즉, 다중언어 읽고 쓰기의 정의에 대해 토론하고, '다중언어 읽고 쓰기 가능자'가 된다는 것이 무엇을 의미하는지 조사한다. 또한 이를 위해 다중언어 읽고 쓰기 학습자의 독특한 특징들을 찾아내고, 그들의 능력 발달에 영향을 미치는 복잡한 요소들을 분석한다. 몇몇 중요한 읽고 쓰기 교수방법 및 의견에 기초한 가정에서의 교수법 체계에 대해서도 논의한다. 끝부분에는 다중언어 읽고 쓰기 발달에 관련된 복잡성에 대해 좀 더 깊이 생각해 보도록 함으로써 자녀와의 소통에서 겪게 될 어려움에 잘 대처할 수 있도록 도와주는 질문 및 활동을 제공한다.

다중언어 읽고 쓰기의 정의

지난 장에서 literacy라는 용어가 단순히 읽고 쓰는 기술 이상의 것을 포함하며 다른 중요한 능력들도 포함한다는 점을 지적하였다. 이번 장에서는 비슷한 의견들을 좀 더 깊이 다룰 것이며, 다중언어 literacy의 의미에 대해 간략하게 정의할 것이다.

New London Group[1]의 연구자들은 급격하게 변해 가는 세상에서, literacy의 정의는 주류 literacy와 그 문화에 초점을 맞춘 좁은 의미에서 좀 더 넓은 의미로 초점을 맞추어야 한다고 믿는다. 넓은 의미란 다양한 문화 내에서의 다양한 literacy에의 초점을 의미하며, 이는 literacy가 새로운 의사소통 기술, 예를 들면, 인터넷[2]에 의해 제공되는 다양한 형태의 의미 창조 기회를 포함하여야 한다는 것을 말한다. 이러한 점에서는 'multiliteracies'라는 용어가 'literacy'보다는 좀 더 정확하다.[3]

그러나 literacy 전문가인 브라이언 스트리트(Brian Street)는 'multiliteracies'를 생각할 때 단순히 하나의 문화에 하나의 literacy를 대입시키는 것은 피해야 한다고 경고했다. 또한 그는 다양한 방법(예를 들면, 컴퓨터 literacy, 영상물 literacy 등)과 관련된 다양한 방식의 literacy를 구별하는 것은 중요하지만, 이러한 것들이 여러 방식을 사용하는 사회적 · 문화적 관습에 실제로 어떻게 의미를 부여할 수 있는지를 고려하는 것이 더 중요하다고 강조했다.[4]

따라서 multiliteracy를 이해하는 데 있어서 중요한 초점은 사회적인 관습, 즉 아이들이 특정한 문화적 환경에서 어떻게 literacy를 사용하여 현실의 문제를 해결하고 이해하는지에 두어야 한다는 것이다. 사회적 관습을 강조하는 것은 읽기와 쓰기가 다른 문화 공동체에서 어떻게 행해지고 있는지를 이해하고, 사람들이 그들의 가치를 반영하기 위해 글로 쓰인 문서를 어떻게 이용하는지를 이해하는 데 도움이 된다. 또한 literacy가 특정한 상황에서 어떻

게 사용되는지에 초점을 둠으로써 읽기와 쓰기 실행의 다양성, 다양한 장르
와 스타일, 다양한 활동과 영역 그리고 사회적 정체성과 연결된 문서의 종류
를 인지하는 데 도움이 된다.[5]

앞에 제시된 것들을 바탕으로 multiliteracy는 잠정적으로 다음과 같이 정
의할 수 있다.

> Multiliteracy는 의미 있는 사회적 · 문화적 관습 내에서 하나 이상의
> 방법으로 둘 이상의 언어 혹은 방언으로 이루어지는 읽고 쓰기를 말한다.

이러한 잠정적인 multiliteracy의 정의와 관련된 세 가지 주요한 특징은 다
음과 같다.

- 하나 이상의 언어 혹은 방언을 사용(예를 들어, 아이가 중국어와 영어로 읽
  고 쓰는 경우 혹은 독일어와 스위스 독일어 방언을 읽고 쓰는 경우)[6]
- 하나 이상의 방법에 관여(예를 들어, 아이가 문서화된 책자와 멀티미디어 문
  서를 통해 의미를 파악하는 경우)
- 사회적 · 문화적 관습 내에서 둘 이상의 언어를 사용(예를 들어, 아이가
  아랍 어로 친척에게 편지를 쓰고, 학교에서 불어로 된 교과서를 읽는 경우)

 다중언어 읽고 쓰기 가능자란 누구인가

Multiliteracy(혹은 Multiliteracies)의 정의에 대해 간략하게 살펴보았으므로
지금부터는 다중언어 읽고 쓰기 가능자(multiliterate)가 된다는 것이 무엇을
의미하는지에 대해 알아보기로 하자. 다중언어 읽고 쓰기 가능자에 대한 흔
한 오해는 그들이 둘 이상의 언어를 유창하게, 또 각 언어를 동일한 수준으

로 읽고 쓸 것이라는 생각이다. 이 오해에 대해 언급하기 전에 다음의 세 가
지 사례를 살펴보면 도움이 될 것이다.

오움의 사례

　모로코 여성인 오움 파티마(Oum Fatima)는 학교에 다닌 적이 없고, 읽고
쓸 줄 모르며, 글로 쓰인 간단한 계산조차 하지 못한다. 하지만 그녀는 아랍 어
와 불어로 쓰인 문자를 인식하여 우편부에 의해 배달된 편지가 올바른 주소로
전달되었는지 알 수 있다.[7]

마리오의 사례

　마리오(Mario)는 멕시코 티후아나의 노동자 계층 가정에서 태어났다. 그의
부모는 그에게 아동용 책을 읽어 준 적이 없다. 하지만 그들은 마리오가 어렸을
때 종종 가족에 관한 이야기를 해 주었다. 마리오는 열다섯 살까지 멕시코에 살
았으며, 이후에 고등학교를 마치기 위해 미국으로 이주하였다. 그 후 그는 거의
20년간 샌프란시스코에서 살고 있다. 그는 스페인 어와 영어를 유창하게 구사
한다. 스페인 어는 7학년 수준으로 읽고 쓰기가 가능하며, 영어는 10학년 수준
의 읽기와 8학년 수준의 쓰기가 가능하다. 그의 이중언어 읽고 쓰기 능력은 일
상에서 필요한 업무(예를 들어, 개인적인 이메일 교신, 신문이나 잡지 읽기, 은
행 거래, 식당 운영에 필요한 장부 정리 등)를 하기에 충분하다.[8]

필립의 사례

　필립(Philippe)은 스위스에서 태어났으며 유아기를 파리에서, 유년기와
청소년기 그리고 청년기를 뇌샤텔(불어 사용 지역인 스위스 서부의 주) 근교에
서 보냈다. 필립은 태어나면서부터 불어와 독일어(독일어의 경우 스위스 독일
어 방언과 표준 독일어 모두를 포함)의 이중언어 환경에서 자랐다. 그의 부모는
집에서 그에게 스위스 독일어 방언만을 사용했으나 그의 어머니는 표준 독일어
도 습득할 수 있도록 표준 독일어로 많은 책을 읽어 주었다. 필립은 불어 사용

지역에서 자랐으며, 대학교까지 불어학교에서 공부하였다(표준 독일어는 필수 교과목 중 하나였음). 그는 스물다섯 살에 교환학생으로 미국으로 건너가 그곳에서 제3의 언어로 영어를 습득하였다. 결국에 그는 미국 대학에서 박사학위를 취득하였다. 현재 그는 3개 언어 모두 듣기, 말하기, 읽기, 쓰기의 모든 영역에서 높은 수준의 구사가 가능하다(이는 그의 대학 강의와 학술 논문 발표로 증명된다). 게다가 그는 라틴 어, 고대 그리스 어 그리고 성서 히브리 어의 읽기가 가능하다.[9]

그렇다면 이들 중 다중언어 읽고 쓰기 능력을 가지고 있는 사람은 과연 누구인가? 정답은 이들 모두가 해당한다는 것이다. 그러나 다음과 같이 이들을 다중언어 읽고 쓰기 능력 연속선상(multilingual literacy competency continuum)[10]에 놓는다면 그들의 다중언어 읽고 쓰기 능력이 명백히 다르다는 것을 알 수 있다.

낮음	보통	높음
오움	마리오	필립

오움의 경우 다중언어 읽고 쓰기 능력 연속선상의 가장 낮은 곳에 위치한다. 그녀의 다중언어 읽고 쓰기 지식은 단순히 아랍 어와 불어의 각기 다른 문자를 인지하는 수준에 한정되어 있으며, 그로 인해 올바른 주소에 올바른 편지를 전달하는 정도이기 때문이다. 마리오의 다중언어 읽고 쓰기 능력은 다중언어 읽고 쓰기 능력 연속선상의 중간쯤에 위치할 수 있다. 그는 두 가지 언어로 일상에서 필요한 일늘(예를 들면, 신문 읽기, 가게 장부 정리 등)을 저리할 수 있다. 필립의 다중언어 읽고 쓰기 능력은 다중언어 읽고 쓰기 능력 연속선상의 가장 높은 곳에 위치할 수 있다. 왜냐하면 그는 학문적인 환경에서 불어, 영어, 독일어와 그 이외의 언어를 모두 능숙하게 구사할 수 있기 때

문이다.

실제로는 다중언어 읽고 쓰기가 가능한 사람이 자신의 모든 언어를 동일한 수준으로 읽고 쓰는 경우는 매우 드물다. 예를 들어, 마리오는 영어로 읽는 것이 쓰는 것보다 수월하다. 비록 스페인 어가 마리오의 모국어이기는 하지만 영어로 읽고 쓰기가 스페인 어로 읽고 쓰기보다 우수하다. 필립은 세 가지의 언어를 모두 유창하게 구사할 수 있다. 하지만 그는 독일어로 쓰는 것보다 불어나 영어로 쓸 기회가 많기 때문에 현재 그의 불어와 영어 쓰기 수준은 독일어 쓰기보다 앞서 있다.

다중언어 읽고 쓰기 능력을 갖춘다는 것이 무엇을 의미하는지 정의하는데 있어 '전부 다인지 아무것도 아닌지'의 문제가 아니라는 것은 확실하다.[11] 오히려 이것은 다중언어 읽고 쓰기 능력 연속선상에서 제각기 다른 능숙함의 정도 문제다. 즉, 다중언어 읽고 쓰기 능력을 갖춘다는 것은 한 개인이 자신이 처한 환경에서 특정한 목적을 위해 둘 이상의 언어를 각기 다른 능숙함을 가지고 실질적으로 읽고 쓸 수 있다는 것을 의미한다.[12] 다시 말해, 다중언어 읽고 쓰기 능력자가 되기 위해서는 다음의 세 가지 주요 요소를 포함해야 한다.

- 둘 이상의 언어를 이용하여 실질적으로 읽고 쓰기
- 능숙도의 차이
- 특정한 목적

이와 같은 방식으로 다중언어 읽고 쓰기 능력을 정의하는 것은 우리로 하여금 다중언어 자체와 다중언어 읽고 쓰기 현상을 좀 더 현실적이고 성취가 능한 것으로 바라보게 해 준다. 가장 중요한 것은 이 정의가 한 개인이 일상생활에서 둘 이상의 언어에서 가지고 있는 한계가 무엇인지보다는 둘 이상의 언어를 가지고 무엇을 할 수 있느냐에 초점을 두고 있다는 것이다. 이 정

의를 마음에 새긴다면 당신은 다중언어 읽고 쓰기 구사 자녀를 키우는 데 좀
더 자신감이 생길 것이며, 다중언어라는 독특한 학습 환경에서 그들이 할 수
있는 일을 더욱 소중하게 여기게 될 것이다.

 ## 다중언어 읽고 쓰기 발달에 영향을 주는 요소

오움, 마리오 그리고 필립의 사례는 다중언어 읽고 쓰기 발달이 복잡한 현
상임을 보여 준다. 개인의 다중언어 읽고 쓰기 능력 성취에 기여하는 것에는
다양한 요소가 있다. 다음은 몇 가지 그 예다.

부모의 양육

부모의 문화적 신념

서로 다른 문화 집단과 사회경제적 집단은 읽기와 쓰기를 어떻게 배워야
하는지에 대해 각기 다른 신념을 가지고 있다. 읽기와 쓰기는 사람들에게 각
기 다른 것을 의미할 수 있다. 예를 들어, 북미에서는 교육받은 중산층 가정
의 부모들은 가정에서의 읽기를 즐거움 혹은 재미와 연관시키는 경향이 있
다. 하지만 다른 문화권에서는 읽기와 쓰기를 진지한 일로 여긴다. 다중언어
읽고 쓰기 전문가인 이브 그레고리(Eve Gregory)는 문화적 신념이 어떻게 한
아이의 읽고 쓰기 행동에 영향을 미치는지를 효과적으로 보여 주는 이야기
를 하나 들려주었다.

그녀는 영국 노샘프턴에 살고 있는 어린 소년 토니(Tony)에 대해 설명했
다. 토니의 가족은 홍콩에서 영국으로 이민을 왔다. 토니의 영어 교사는 토
니가 수업시간에 글쓰기로 여러 가지 시도를 하는 다른 아이들과는 달리, 단
어를 그대로 베끼기만 하고 싶어 하는 모습을 발견하고는 매우 놀라고 걱정

했다. 그 교사는 토니의 읽고 쓰기 행동이 정확하게 그의 가족이 기대하는 것이라는 것을 이해하지 못했다. 토니의 조부모와 부모는 읽고 쓰기를 배우는 순서는 다음과 같아야 한다고 믿었다: 단어의 의미를 이해하기 → 정확하게 발음하기 → 반복하기 → 암기하기 → 꼼꼼하게 베껴 쓰고 그 단어를 이용하여 다양한 문장 만들기.

일단 아이가 이와 같은 방식으로 능력을 증명한 후에야 그에게 책이 주어진다. 이러한 과정 없이 책을 먼저 주는 것은 책과 수고스러운 노력의 원칙 모두의 가치를 떨어뜨린다. 아이들은 반드시 체계적으로 읽고 쓰기에 대한 지식을 쌓아 나가야 하며, 책은 그러한 성실한 성취에 대한 보상이다. 책에 대한 사랑은 읽기를 배우고 난 후에야 가능한 것이지 읽기를 배우기 위해 필요한 선행조건은 아니라고 여긴다.[13]

이 사례는 부모나 부양자의 읽고 쓰기에 대한 문화적 신념과 그들이 읽고 쓰기 활동을 가르치는 방법이 아이에게 문화적 견본[14]을 제공한다는 것을 보여 준다. 또한 이러한 견본은 아이의 읽고 쓰기 수행과 그 결과물에 직접적으로 영향을 준다는 것을 시사한다.

부모의 교육 수준과 사회경제적 지위

부모의 교육 수준과 사회경제적 지위 또한 자녀의 읽고 쓰기 발달에 영향을 줄 수 있다.[15] 교육 수준이 높은 부모일수록 자녀가 좀 더 높은 수준의 읽고 쓰기 실력을 갖추기를 원한다.[16] 부모의 교육 수준이 높을수록 자녀에게 책을 좀 더 많이 읽어 주려고 하며,[17] 책을 읽는 동안에도 문맥과 상관없는 질문(현 문맥과 관련 없는 질문)을 물어보려고 하기 때문이다.[18] 연구결과에 따르면 어린아이의 이야기책 읽기와 성공적인 읽고 쓰기 발달 사이에는 매우 밀접한 관계가 있으며, 가정에서 이야기책 읽기 상호작용을 통해 형성된 읽고 쓰기 능력은 추후 학교에서의 읽고 쓰기 성취의 선행조건임을 보여 주고 있다.[19] 부모가 책을 많이 읽어 준 아이들의 경우에는 종종 그렇지 않은 아이들과 비교할 때, 보다 높은 어휘력과 인지능력을 나타낸다.[20] 많은 어휘를 알고 있는 아이들은 읽기를 좀 더 쉽게 배우며 읽기를 즐기는 경향이 있다.[21] 반면에 교육 수준이 낮은 부모는 어린 자녀에게 풍족한 읽고 쓰기 기회를 주지 못하는 경향이 있다.[22] 예를 들어, 연구결과에 따르면 부모가 고등학교를 졸업하지 않은 경우, 그 자녀가 언어발달 지체를 겪을 가능성이 높은 것으로 나타났다.[23]

　사회경제적 지위가 낮은 가정의 아이들은 사회경제적 지위가 높은 가정의 아이들과 비교할 때, 좀 더 낮은 수준의 언어 능력 및 읽고 쓰기 능력을 지니는 경향이 있다. 예를 들어, 세 살까지 정부의 복지 수당을 수령하고 있는 가정의 자녀들이 경제적으로 여유가 있는 가정의 자녀들에 비해 절반 정도 수준의 단어를 알고 있다는 연구 보고가 있다.[24]

　다중언어 자녀의 경우에는 부모가 경제적으로 윤택할 때 자녀들을 언어 학교에 보내거나 언어 개인교사를 고용할 여유가 있다. 이러한 아이들은 다중언어 교재 및 자료에 좀 더 쉽게 접근할 수 있으며, 자신의 모국으로 여행할 기회도 좀 더 많이 가질 수 있다.

부모의 가용성

　자녀의 다중언어 읽고 쓰기 발달에 영향을 주는 또 다른 중요한 요인은 부모가 자녀와 함께 이야기하며, 읽고 그리고 쓰는 데 시간을 할애할 수 있는지의 여부다. 부모가 자녀와 함께 매일 읽고 쓰기와 관련된 활동을 하는 데 들이는 시간의 양은 자녀의 다중언어 읽고 쓰기 발달 결과에 영향을 준다.[25] 예를 들어, 오하이오 주의 콜럼비스에 사는 조 씨(Mrs. Cho)의 경우,[26] 그녀의 딸 제시(Jessie)의 한국어 읽고 쓰기 발달을 돕기 위해 여섯 살부터 하루에 거의 두 시간씩 함께 시간을 보냈다. 그 결과 현재 고등학생인 제시는 한국어 읽고 쓰기에 어려움이 없다(조 씨 가정에서의 교육 방법에 대해서는 이 장의 후반부와 5장, 7장에서 좀 더 자세히 설명하겠다).

형제자매, 대가족 그리고 지역사회의 지원

아이의 다중언어 읽고 쓰기 발달에 있어서 중요한 요소인 형제자매의 지원은 대체로 주목받지 못했었다.[27] 다른 문화의 지역사회에서의 읽고 쓰기 실행을 살펴보면, 많은 가족 구성원 중에서도 형제자매가 서로 돕는 것은 계승어 읽고 쓰기를 유지하도록 하는 데 중요한 역할을 한다는 것이 명백히 드러난다.[28] 예를 들어, 이브 그레고리는 자신의 연구에서 가정에서 형제자매가 일상적인 놀이를 통해 서로의 언어와 읽고 쓰기 학습을 도와준다는 것을 밝혀냈다.[29]

대가족 구성원들(예를 들면, 조부모, 이모, 삼촌 등)의 참여는 아이의 다중언어 읽고 쓰기 발달에 있어서 또 하나의 중요한 요소다. 워싱턴 DC에 사는 11세 소녀 애슐리(Ashley)는 태어나면서부터 중국어를 사용하는 조부모와 함께 살았다. 애슐리는 다섯 살부터 중국에서 출판된 교재를 가지고 할머니에게 매일 한 시간씩 중국어를 배우고 있다.[30] 반면 애슐리의 친구인 지미(Jimmy)의 부모님은 늦게까지 일하고, 주변에는 지미의 중국어 읽고 쓰기를 도와줄 가족 구성원이 없다.[31] 이 경우 성공적으로 중국어 읽고 쓰기를 배울 가능성은 지미보다 애슐리가 높다는 것은 말할 필요도 없다.

지역사회의 지원 역시 아이의 다중언어 읽고 쓰기 발달에 중요한 요소다. 예를 들어, 뉴저지에 사는 김 씨(Mrs. Kim)는 한인 지역사회에 활동적으로 참여하고 있으며, 다른 한인 가정들과 친밀한 관계를 유지하고 있다. 그녀의 아홉 살짜리 딸인 메리(Mary)는 한인 침례교회의 성경공부 모임에 주 2회 참석하고 있으며, 매주 일요일 오후에는 한국어학교에도 참석한다.[32] 반면에 아홉 살인 에이미(Amy)는 뉴욕 교외에 살고 있지만 주변 지역에는 한인 지역사회가 존재하지 않는다.[33] 지역사회의 언어 및 읽고 쓰기에 대한 충분한 지원을 받고 있는 메리와 지역사회의 지원이 부족한 에이미의 한국어 읽고 쓰기 발달 결과가 당연히 다를 것이라는 것에는 의심의 여지가 없다.

언어를 사용할 수 있는 기회

한 아이가 다중언어 읽고 쓰기 능력을 가진 사람이 되기 위해서는 다양한 사회 활동에서 여러 가지 언어로 읽고 쓸 수 있는 기회가 많이 필요하다. 예를 들어, 런던에 살고 있는 열한 살의 레하나(Rehana)는 삶의 많은 부분에서 영어와 구자라트 어(Gujarati: 인도 서부 구자라트 지방의 언어)를 사용할 기회가 많다. 같은 학급에 구자라트 출신 학생들이 있고, 구자라트 어와 영어의 이중언어 화자를 위한 놀이 센터에 참석한다. 또한 구자라트 어와 영어를 구사하는 친구들과 함께 정기적으로 수영을 다니고, 이슬람교의 고등교육 시설(Madrasah)에도 참석한다. 레하나의 어머니는 그녀에게 구자라트 어로 된 책을 읽어 준다. 그녀의 아버지는 구자라트 어와 우르두 어(Urdu: 파키스탄의 공용어)를 사용하는 지역사회를 위한 센터의 운영에 활발하게 참여하고 있기 때문에 그녀의 집에는 항상 구자라트 어와 우르두 어로 된 많은 교재들이 있다. 게다가 그녀는 읽고 쓰기에 두 언어 모두를 정기적으로 사용한다.[34] 레하나와 같은 아이들은 주변에서 자신의 계승어를 사용할 기회가 많기 때문에 자라면서 다중언어 읽고 쓰기 가능자가 될 확률이 높다.

태도와 가치

수류사회의 문화가 비수뷰언어에 대해 가지는 일반적인 태도는 아이가 자신의 계승어를 유지할 수 있는지의 여부에 영향을 준다. 주류사회의 문화적 태도 또한 자녀가 계승어를 지킬 수 있도록 노력하는 데 영향을 준다. 어떤 언어(예를 들어, 불어)는 사회에서 인정받는 지위를 가지는 반면, 어떤 언어

(예를 들어, 우르두 어)는 그렇지 못하다. 한 언어가 사회에서 인정받을 때 아이들은 그 언어를 유지하도록 장려된다. 또한 아이들은 그 언어로 교육을 받을 기회를 많이 가지게 되며, 결과적으로 다중언어 읽고 쓰기 가능자가 될 가능성이 높다. 그러나 어떤 언어가 사회에서 인정받지 못하면 그 언어를 유지하려는 동기가 약해질 뿐만 아니라 그 언어로 교육을 받을 기회도 줄어들게 마련이다.

언어의 특징, 일치, 차이

언어의 구조 및 문자 체계의 차이는 아이의 다중언어 읽고 쓰기 발달에 영향을 줄 수 있다. 아이들은 철자법이 규칙적이거나 특정한 법칙을 따르는 언어의 경우 읽고 쓰기 능력을 빠르게 습득하는 경향이 있다고 알려져 있다.[35] 호주의 교육학자인 매리 롤(Mary Rohl)은 이에 대해 다음과 같이 설명한다.

> 알파벳 언어 체계를 가진 일부 언어들(예를 들어, 핀란드 어와 스페인 어)은 소리와 문자 사이에 아주 밀접한 관계가 있는 반면, 영어에서 그 관계는 그렇게 가깝지는 않다. cat, spring, print라는 단어처럼 소리와 문자가 규칙적으로 정확하게 일대일로 일치하는 경우가 있는가 하면 yacht, debt, colonel처럼 그렇지 않은 경우도 있다. 영어의 또 다른 복잡한 특징 중 한 가지는 소리는 같으나 철자법이 다른 경우(예를 들어, their, there, they're)와 철자법은 동일하나 발음이 다르게 되는 경우(예를 들어, 'The wind blew—바람이 불었다'와 'Wind the hose— 줄을 감아라'에서의 wind)가 있다.[36]

연구결과들은 소리와 문자의 관계가 규칙적인 언어(예를 들어, 히브리 어와 독일어)를 사용하는 아이들이 음운인식[37](언어의 음적인 특징에 대한 의식적인 인식, 예를 들어, 한 단어에서 음절의 수를 세거나 운율을 찾아내는 등의 능력)[38]

에 관련된 과제를 더 잘 수행하는 경향이 있다고 확인했다.

게다가 서로 다른 철자법 체계들은 학습자에게 또 다른 어려움을 줄 수 있다.[39] 예를 들어, 중국어를 배우는 아이는 열두 살이 될 때까지 적어도 4천 자 이상의 한자를 알아야 한다고 추정하고 있다. 아이가 습득해야 하는 문자의 수는 알파벳 체계를 사용하는 아이가 배워야 하는 문자의 수에 비하여 엄청난 양이다.[40]

또한 일부 언어에서는 소리와 문자 사이의 관계가 다른 언어만큼 명확하지 않다. 예를 들어, 중국어 한자 猫(고양이)는 [māo]라는 소리와 문자가 일치하지 않는다. 반면에 핀란드 어인 kissa(고양이)는 소리와 문자가 일치한다.

일부 학자들은 철자법 체계가 비슷한 언어일수록 그 사이에서 읽기 기술 및 전략의 전이가 잘 일어난다고 믿는다[41](일부는 이 의견에 동의하지 않을 수도 있다).[42] 나는 삼중언어 자녀를 양육하면서(나의 자녀들은 영어, 불어, 중국어의 3개 국어 화자다)[43] 서로 다른 철자법 체계들이 자녀들의 읽고 쓰기 습득 과정에서 방해가 되기도 하고, 또 도움이 되기도 하는 것을 목격해 왔다. 내 자녀들은 중국어보다 불어의 읽고 쓰기를 좀 더 쉽게 습득했다. 그 이유는 아이들의 주 사용 언어인 영어가 중국어보다는 불어와 언어적 특징이 더 비슷하기 때문이다.

어떤 언어 및 방언의 경우에는 문자 체계는 동일한 반면 구어 체계는 다르다(예를 들어, 광둥어–홍콩과 중국 남서부에서 사용되는 중국어와 보통어–현대 표준 중국어).[44] 이들 중 보통어를 사용하는 아이들은 핀인(Pinyin: 중국어의 로마자 표기법)[45] 혹은 주음부호(注音符号: 중국어 간체)[46]의 도움으로 광둥어를 사용하는 아이들보다 중국어 읽고 쓰기를 배우는 것이 수월한 경향이 있다.

간단히 말해서 다중언어를 사용하는 아이들의 언어 사이에 공통적인 언어적 특징 및 철자 체계가 형성되어 있으면 언어 상호 간 읽고 쓰기 능력 향상이 촉진되고, 그렇지 않은 경우 아이들이 다중언어 읽고 쓰기 가능자가 되는 것이 좀 더 어려울 수도 있다.

구어와 읽고 쓰기의 관계

연구에 따르면 아이의 구어 능력과 추후 읽고 쓰기 능력 사이에 밀접한 관계가 있음을 증명하는 충분한 증거가 제시되어 왔다. 높은 수준의 구어 능력과 보다 정교한 어휘력을 가지고 있는 아이들이 그렇지 못한 아이들보다 읽기를 쉽게 배울 수 있다.[47] 예를 들어, 구어의 특징(영어의 강세, 불어의 음절, 일본어의 모라―단모음 길이의 단위―등)은 언어의 쓰기 과정과 밀접하게 연관되어 있다.[48]

음운인식과 음소인식 등 아이의 구어에서 형성된 능력들은 읽기 능력과 밀접한 관계가 있다. 음운인식과 음소인식은 아이가 한 글자 내에서 문자와 소리를 이해하는 것을 나타내는 용어다. 음운인식은 범위가 좀 더 넓어서 문장을 단어로 나누거나 단어를 음절로 나누는 능력도 포함한다. 음소인식은 단어가 한 묶음의 소리로 구성되었음을 인지하고, 그 소리를 다룰 수 있는 능력이다. 즉, 음소인식이란 비슷한 소리로 시작하는 단어나 운율이 있는 단어(예를 들어, 'cat'라는 단어는 세 가지의 소리로 구성된다)[49]를 구별하는 구어 능력이다. 연구에 따르면 음운인식과 음소인식 모두 읽기를 시작하는 것과 아주 높은 관련이 있으며,[50] 이는 알파벳 체계를 가지고 있지 않은 중국어와 같은 언어에도 해당된다.[51]

읽기와 쓰기의 관계

읽기와 쓰기 능력은 서로 강하게 연결되어 있다. 비록 배우는 방법은 서로 다르지만 읽기 능력이 뛰어난 아이들이 쓰기 능력도 뛰어난 경향이 있다.[52] 그러나 읽기와 쓰기의 관계는 단방향성이 아닌 양방향성을 지니고 있으며, 읽기가 쓰기보다 항상 선행될 필요는 없다. 아이들은 읽기를 배우기 전에 쓸 수도 있고, 어느 한 부분에서의 발전이 다른 부분의 발전에 도움을 주기도 한다.

구어 사용 능력과 읽고 쓰기 능력에 두는 가치

'Oracy'라는 용어는 1960년대에 영국의 연구자이자 교육자인 앤드류 윌킨슨(Andrew Wilkinson)에 의해 만들어졌다. Oracy는 '구어 사용 능력'을 의미한다. 전통적으로 구어 사용 능력은 읽고 쓰기 능력에 비해 낮게 평가되어 왔다. 구어 사용 능력은 정형적·보수적이고 항상성의 특성이 있으며, 읽고 쓰기 능력은 관념적·분석적·객관적이라는 특성을 가지고 있다.[53] 실제로 구어 사용 능력과 읽고 쓰기 능력은 특정한 문맥에서 언어가 어떻게 사용되는지에 있어서 많은 공통적 특징을 가지고 있다. 어떤 문화 공동체에서는 다수의 읽고 쓰기 활동들이 구어 사용에 포함되어 이루어지며, 아이들은 구어에 많은 의존을 하며 읽고 쓰기를 배운다.[54]

내가 진행한 미국의 인디언 모자간 상호작용에 관한 연구에 의하면, 일부 미국 인디언 어머니들은 자녀에게 책을 읽어 주는 대신 가족 구성원에 대한 이야기를 들려준다. 그들은 구어 사용 능력을 읽고 쓰기 능력에 비해 훨씬 가치 있게 여긴다.[55]

유전적·개인적 요소

한 아이의 읽고 쓰기 능력이 어느 정도 유전적인 것인지 아니면 환경적인 것인지에 대한 문제는 여전히 논쟁의 여지가 있다. 하지만 일부 과학자들은 유전적인 요소들이 아이의 읽고 쓰기 발달에 있어서 어느 정도 역할을 한다고 밝혀냈다.[56] 유전적 성향은 일반적인 인지적 능력(예를 들어, 정보 처리 속도, 기억력, 주의력 조절 등)에 영향을 줌으로써 읽고 쓰기 발달에도 영향을 미칠 수 있다.[57] 게다가 유전적 성향은 아이들이 책을 읽는 동안에 손가락으로 가리키고 소리를 내어 읽는 등의 방식으로 책에 반응하게 함으로써 부모로 하여금 그들에게 책을 더 읽어 주게 만들 수도 있다.[58]

유전적인 요인들이 아이들의 읽고 쓰기 발달에 영향을 줄 수 있다는 사실을 이해한다면 부모가 아이의 개별적 능력과 필요에 맞추어 양자 간의 상호작용을 조절하는 데 도움이 될 수 있다. 그러나 환경적인 개입 또한 아이의 인지적 능력(예를 들어, 읽고 쓰기 능력)을 바꿀 수 있다.[59] 예를 들어, 캐럴 해머(Carol S. Hammer)와 아델 미치오(Adele W. Miccio)는 연구를 통해 저소득층 가정의 이중언어 자녀들이 초기에는 음운인식과 문자인식 과제에서 어려움을 겪지만, 처음 접하는 읽기 교육에 있어서는 이러한 능력이 강조되는 유치원에 들어가면서부터 읽기 능력을 빠르게 습득한다는 것을 보여 주었다.[60]

인지능력

읽기는 그와 관련된 인지능력이 중요한 역할을 하는 정신 작용을 수반하는 복잡한 과정이다. 읽기 위해 아이들은 소리를 인식하고, 들은 정보를 저장하고 분석하며 기억과 문제해결을 통해 그것을 다시 불러내어 재조합해야 한다. 인지능력이 뛰어난 아이들은 좀 더 일찍, 좀 더 쉽게 읽기를 배우는 경향이 있다.[61] 하지만 읽기 또한 특별히 언어에 관련된 인지능력(예를 들어, 음운인식, 어휘, 분석, 즉 소리와 부호를 의미와 연관시키는 능력 등)에 의존한다.[62]

연구에 의하면 다른 언어로 읽기 위해서는 두뇌의 다른 부분을 활성화시키는 것이 필요하다. 예를 들어, 중국어를 읽는 것은 영어와 달리 표의문자인 중국어의 시공간적 분석을 담당하는 두뇌 영역을 활성화시키는 것이 필요하다.[63]

쓰기 역시 일반적인 인지능력에 의존한다. 쓰기는 읽기와 비교하여 더 많은 작동 기억과 실행 기능을 요구한다.[64] [65] 쓰기를 잘하기 위해서 아이는 주의력 조절, 목표 설정, 계획, 철자 쓰기, 문장 쓰기, 수정 등의 작업을 해야 한다. 이러한 일들을 할 수 있는 능력은 아이의 인지능력과 밀접한 관계가 있다.

나이, 성별, 교육

연구는 아이들이 처음으로 다중언어에 접하게 되는 나이가 그들의 다중언어 읽기 발달에 영향을 준다는 것을 보여 주고 있다. 다중언어 학교에서 교육받는 아이들이 다중언어 읽기 발달에 훨씬 유리하다는 것은 분명하다. 예를 들어, 한 연구는 영어학교에 다니는 스페인 어와 영어를 구사하는 아이들과 영어만 구사할 줄 아는 아이들을 비교했는데, 이중언어를 처음 접하는 나이가 어릴수록 두 언어 모두에 있어 읽기, 음운인식, 언어 능력에 긍정적인 영향을 준다는 것이 밝혀졌다(0~3세 사이에 이중언어를 처음 접한 아이들이 3~6세 사이에 접한 아이들의 이중언어 능력을 능가했다). 놀랍게도, 두 언어로 교육을 받는 것이 영어만 사용하는 가정의 자녀들의 음소인식 능력에 도움을 주었다. 이 결과는 어릴 때 이중언어에 노출되는 것이 이중언어 읽기 발달에 있어 최적의 조건이며, 낮은 사회경제적 지위가 읽고 쓰기 발달에 미치는 부정적인 영향을 상쇄시킬 방법이 될 수 있음을 시사한다.[66]

성별에 따른 다중언어 읽고 쓰기 능력 발달의 차이도 물론 존재한다. 일반적으로 여자아이가 남자아이보다 읽기 능력이 우수한 경향이 있다. 그러나 이러한 경향은 아이들이 고등학교에 진학하면서 점차 사라진다. 예를 들어, SAT(Scholastic Aptitude Test: 미국 대학 입학시험)[67]의 언어 영역 점수에는 성별에 따른 차이가 존재하지 않는다.[68] 읽기와 쓰기에 있어서 성별의 차이는 일관적이지 않으나 여자아이가 더 앞서는 경향이 있다.[09]

그러나 성별에 따른 읽고 쓰기 능력의 차이는 일부 환경적인 요인에 의해서 발생하기도 한다. 예를 들어, 구자라트 어를 사용하는 인도의 무슬림 공동체와 같은 일부 문화 공동체에서는 남자아이들의 읽기 능력이 여자아이들보다 앞선다. 이 공동체에서는 글의 철저한 읽기와 복잡한 의미 파악을 통해 습득한 남자아이들의 종교적 지식을 높이 평가하기 때문으로 이해된다.[70] 이와 유사하게, 영국 왓퍼드(Watford) 지역의 파키스탄 지역사회에서는 쿠라닉 수업(이슬람의 경전 수업)에 있어서 학습자로서의 남녀에 차이를 둔다. 즉, 남자아이들의 기대치가 여자아이들보다 훨씬 앞선다. 부모들은 자신의 딸보다는 아들이 정규 수업을 받고, 더 오랫동안 학교에 다니기를 원한다.[71] 그 결과, 남자아이들이 여자아이들보다 읽기 능력이 월등히 앞서는 경향이 있다.

교육은 아이들이 다중언어 읽고 쓰기 능력을 습득하는 데 있어서 중추적인 역할을 한다. 아이들이 다중언어 학교에 참석할 기회가 많을수록, 다중언어 발달에 필요한 지원과 자원이 많을수록 그들이 다중언어 읽고 쓰기에서 성공할 확률이 높다. 앞서 살펴본 오윰, 마리오, 필립의 경우에서처럼, 교육 기회가 다중언어 읽고 쓰기 능력을 결정한다는 것은 분명한 사실이다.

애정, 감정, 동기부여 그리고 정체성

지원을 아끼지 않고 관심을 가지는 부모를 가진 아이들은 읽고 쓰기 능력이 더 많이 발달되고, 읽기에 대해 좀 더 긍정적인 태도를 보이는 경향이 있다. 예를 들어, 안정된 상태의 영아는 부모의 무릎에 좀 더 오래 머물면서 부모가 읽어 주는 책에 주의를 기울일 것이며,[72] 또 안정된 상태의 유아는[73] 그들의 놀이에 책을 포함시켜서 부모에게 책을 읽어 달라고 요구할 것이다. 이러한 경향은 아이들이 나중에 뛰어난 독해력을 습득하는 데 도움이 된다.[74]

아이들이 부모와 토론하며 대화하도록 할 때, 아이들은 보다 능숙한 대화자가 되는 경향이 있다. 또한 부모들이 자녀들과 공통 관심사를 가지고 자주 대화하면 아이들은 좀 더 발달한 언어 능력을 가지게 된다.[75] 긍정적인 감정은 아이의 생산성과 창의력을 향상시킨다. 긍정적인 감정은 사고 과정과 집중력 또한 넓혀 준다.[76] 기쁨과 관심이 있을 때 아이는 새로운 정보에 대해 연구하고 배우려 하며, 다양한 구상을 통해 활동에 참가하려 한다. 연구에 따르면 긍정적인 감정은 뇌의 신경 전달 물질을 조정하여 이러한 효과를 낸다고 한다. 긍정적인 감정은 인간의 작동 기억, 창의적 문제해결 능력, 유연한 인지능력, 기억을 담당하는 두뇌 영역에서의 도파민(dopamine) 증가와 관련이 있다.[77] 분노 혹은 불안과 같은 부정적인 감정은 읽기와 쓰기에 필요한 정보 처리를 방해할 수 있다. 부모가 좀 더 세심하게 관심을 기울여 아이의 읽고 쓰기를 도와준다면 아이는 활자에 좀 더 긍정적인 감정을 가지고 반응할 것이다.[78] 세심한 부모들은 아이에게 더 나은 읽고 쓰기 지도자 역할을 할 수 있다.[79] 부모와 아이가 함께 책을 읽는 동안 이루어지는 상호교류는 읽기 유창성과 읽기에 대한 긍정적인 태도를 갖게 해 준다.[80]

또한 특정한 문화와 언어에 관련된 감정은 아이가 글자와 메시지를 어떻게 다르게 인식하는지에 영향을 줄 수 있다. 이브 그레고리는 러시아 심리학자인 레브 비고츠키(Lev Vygotsky)의 말을 인용하여 국기에 대한 사전적 정의가 어떻게 다양한 독자들로부터 각기 다른 감정적 반응(예를 들어, 자긍심과 존경심을 떠올리게 하거나 반대로 수치와 부끄러움을 떠올리게 하는 감정적 반응)을 이끌어 내는지에 대해 설명했다.[81]

동기부여 또한 아이가 계승어 읽고 쓰기 활동에 참여하게 만드는 하나의 중요한 요소다. 아이들이 계승어 읽고 쓰기 활동에서 어떠한 관련성과 개인적인 의미를 찾는다면 그들은 계승어를 배우고 싶어 할 것이다. 반대의 경우 그들은 배우려는 동기를 잃게 될 것이다.

아이가 언어 집단이나 문화에 자신을 동일시하는지의 여부 또한 아이가 그 집단의 언어를 배우고 유지하려는 의지에 영향을 준다. 흔히 한 개인이 어느 집단에 속하기를 원하면 그 사람은 그곳에 소속감을 느끼는 경향이 있다.[82] 즉, 아이가 계승어를 긍정적으로 자신과 동일시하는지의 여부는 향후

아이의 계승어 습득 가능성을 예견할 수 있는 중요한 지표가 된다.[83]

가정과 학교의 협동

학교와 가정에서 협력하여 다중언어 학습을 지원할 때 아이들의 다중언어 능력은 성장할 것이다. 예를 들어, 제시의 학교 선생님들은 그녀의 한국어를 존중해 주었으며, 수업 시간에 그녀가 한국어로 쓴 글을 급우들과 나누도록 격려했다. 제시는 선생님에게 받은 지지 덕분에 그녀의 계승어와 문화에 대해 긍정적으로 느낄 수 있었다.[84] 그러나 학교와 교사의 지지가 부족한 경우 아이들이 다중언어 읽고 쓰기 능력을 기르는 것은 더욱 어려워질 것이다. 여러 연구에서도 계승어 수업이 정규 수업에 편성될 때 더욱 효과가 높다는 것이 입증되고 있다.[85]

 ## 다중언어 읽고 쓰기 학습자의 독특한 특징

일반적인 언어 학습 환경에서 아이는 어른들과 또래 그리고 각종 매체로부터 언어 학습에 필요한 충분한 자원을 공급받으며 자란다. 하지만 다중언어를 사용하는 아이들(특히 계승어에 대한 자원이 부모에게 한정되어 있는 아이들)은 앞서 언급한 것과 같은 지속적인 환경적 지원을 받지 못한다. 이러한 아이들은 다음과 같은 독특한 언어 및 읽고 쓰기 특징을 가진다.

계승어 학습자와 다른 유형의 언어 학습자의 차이점

계승어 학습자는 다른 유형의 언어 학습자와 혼동되는 경우가 있다. 그들은 집에서 계승어를 모국어로서 배우기도 하고, 부모가 집에서 계승어로만 말하기 때문에 원어민으로 간주되기도 한다. 어떤 경우에는 그들이 주류사회 언어 환경에서 살고, 또 계승어에 능숙하지 못하기 때문에 제2외국어 화자로 여겨지기도 한다. 때로는 계승어를 학교에서 하나의 외국어 과목으로 배우기 때문에 외국어 학습자로 간주되기도 한다. 연구자들이 이처럼 언어 학습자를 혼동하는 문제에 대해 오랜 기간 경고해 왔음에도 불구하고 이 문제는 아직도 해결되지 않고 있다.[86]

　계승어 학습자는 제2외국어 학습자, 외국어 학습자 그리고 원어민 학습자와 많은 공통점을 가지고 있다.[87] 그러나 이들은 서로 다르기도 하다. 비록 계승어 학습자가 계승어를 모국어로 처음 접하게 될지라도 원어민으로 모국어를 배우는 경우와는 다르다. 예를 들어, A라는 아이가 주류사회 언어가 아랍 어인 환경에서 아랍 어를 배우는 경우와 B라는 아이가 가정에서 부모에게만 아랍 어를 배우는 경우는 말의 속도나 읽고 쓰는 것의 질적인 면에서 차이가 나는 것은 당연하다. 모든 것을 고려해 볼 때 A라는 아이가 B라는 아이보다 유리하다.

　마찬가지로 계승어 학습자는 계승어와 그 문화에 대한 명시적 · 암시적 지식 정도에서 외국어 학습자 혹은 제2외국어 학습자와 차이를 보일 수 있다. 계승어 학습자는 종종 계승어를 학습하는 데 있어서 제2외국어 학습자나 외국어 학습자에 비해 숨겨진 이점을 보다 많이 가지고 있다. 연구결과들은 계승어 학습자가 외국어 학습자나 제2외국어 학습자와 같은 비계승어 학습자와 구별되는 능숙함 혹은 미숙함을 가지고 있음을 암시한다.[88] 예를 들어, 계승어 학습자들은 그들이 계승어에 대해 가진 언어적 본능 때문에 다른 유형의 학습자들에 비해 유리할 수도 있다. 이 언어적 본능은 닉 엘리스(Nick Ellis)가 편집한 『Implicit and Explicit Learning of Language』라는 책의 예화로 설명할 수 있다. 당신이 나이가 어린 영어 화자에게 그들이 모르는 단어 (이 실험을 위해 만들어 낸 가상의 단어 'wug')[89]에 대해 어떻게 복수형을 만드는지 질문을 했다고 가정해 보자. 비록 아이는 그 단어를 모르지만 'wug'의 복수형인 'wugs'를 만들어 낼 수 있다.[90] 이 예는 아이가 어려서부터 계승어 학습 모델에 노출되었다면 다른 유형의 학습자가 가지지 못하는 계승어에 대한 언어적 본능을 가지게 된다는 것을 보여 준다.

나의 큰아들인 레앙드르의 다음 사례는 이 숨겨진 장점들을 좀 더 쉽게 보여 준다. 레앙드르는 언젠가 이메일을 통해 나에게 비디오 게임을 사달라고 중국어로 졸라댄 적이 있다. 레앙드르는 중국어로는 자신의 뜻을 완벽히 전달하지 못한다는 것을 깨닫고, 우선 영어로 작성한 다음 구글번역기를 이용해 중국어로 번역하기로 했다. 그는 번역된 중국어를 좀 더 다듬어서 나에게 보냈다. 나는 이메일을 받았을 때 레앙드르가 구글번역을 수정하여 보냈다는 것을 알아챘다. 그럼에도 불구하고 나는 레앙드르가 중국어에 대한 언어적 본능을 이용하여 글을 자연스러운 중국어로(사실 그의 중국어 수정은 훌륭했다) 바꾼 것을 보고 기뻤다. 그러나 내 친구 중 한 명이(그는 중국어를 외국어로 배우고 있는 사람이다) 같은 방식으로 나에게 보낸 중국어 이메일은 어색하고 자연스럽지 못했다.

계승어 학습자에 관한 문제는 비록 겉으로는 언어적·문화적 지역이 같을지 몰라도 정치적·사회적·경제적·문화적으로는 서로 다를 수 있다는 사실 때문에 더욱 복잡해진다. 게다가 서로 매우 다른 방언들도 존재한다. 아랍 어를 예로 들자면, 아랍 어를 사용하는 20여 개 국가에서는 굉장히 다양한 변형이 존재한다.[91]

연구자인 루드밀라 이슈린(Ludmila Issurin)과 타냐 이바노바 설리번(Tanya Ivanova-Sullivan)은 계승어 학습자의 독특한 특징에 대하여 다음과 같이 명료하게 설명하고 있다(그들은 러시아 어 계승어 학습자였다).

러시아 어 계승어 학습자들은 언어 화자의 언어발달 연속선상[92]에서 혼란스러운 위치에 놓인다. 그들은 시제와 상, 격변화의 정확한 사용에 있어서 러시아 어를 배우는 영어 화자보다는 뛰어나지만 원어민 화자에 비해서는 뒤쳐진다. 또한 러시아 어의 화법 순서인 '동사+주어' 어순의 사용에 있어서는 제2외국어로 러시아 어를 배우는 학습자들보다는 뛰어나지만 러시아 어 원어민 화자에게는 뒤쳐진다.[93] [94] 이러한 결과는 우연에 의한 것이 아니라 모국어가 불완전하게 습득되었거나 제2외국어의 영향으로 어떠한 변화를 겪은 학습자의 언어적 독특함에 의해 결정된다고 보아야 한다.[95]

계승어 문화와 계승어 혼합의 어려움

아이들이 둘 이상의 철자와 문법 체계 그리고 둘 이상의 문화와 교류할 때, 그들은 다양한 세계에서 동시에 살고 있는 것이다.[96] 이 세계에서 아이들은 각기 다른 상황에서 서로 다른 문화와 언어 집단에 대한 소속감을 얻기 위해 노력한다.[97] 이 아이들이 다양한 언어와 문화에서 의미를 찾아 나가는 일은 결코 쉬운 일이 아니다.

계승어를 배우는 많은 아이들은 가정과 지역사회에서 행해지는 관습과 기술 그리고 다른 접근 방법들을 주류사회의 문화와 합치는 과정 중에 있는 것이다. 아이들은 새로운 방법으로 말과 글을 섞고 조화시키며 그 혼합된 형태의 읽고 쓰기를 적절하게 융합한다.[98]

게다가 대부분의 계승어 학습자들은 다른 세계와 다른 언어 사이에서 의미를 찾아 나가야 한다. 그들이 계승어로 말하더라도 그들의 세계관은 종종 혹은 어느 정도 주류사회의 문화에 의해 영향을 받는다. 그들은 또한 그 계승어의 관습을 잘 이해하지 못하기도 한다. 캐나다 연구자인 라핫 나크비(Rahat Naqvi)는 아이들이 캐나다 문화와 우르두 문화를 어떻게 절충해 나가는지를 다음과 같이 보여 준다.[99]

빙산의 물 밖의 부분은 아주 작은 부분이며 대부분은 물 안에 잠겨 있다. 이것은 땅콩버터와 이드(Eid: 우르두 문화에 깊이 스며 있는 전통)의 개념 비교와 유사하다. 우르두 어를 사용하는 캐나다 아이들에게 땅콩버터의 개념은 분명하게 눈에 보이는 것이며, 캐나다의 문화와 쉽게 일치시킬 수 있다. 하지만 아이들이 이드를 공부할 때, 이에 대한 개념 이해는 훨씬 깊고 복잡한 이해력을 필요로 한다.[100]

읽고 쓰기에 이르는 다양한 통로

아이들이 여러 언어들의 읽고 쓰기를 습득하는 통로는 다양하고 각기 다르다. 어떤 아이들은 계승어 읽고 쓰기를 특별한 목적을 위해 습득한다. 예를 들어, 런던에 사는 인도 지역사회의 아이들은 여러 목적을 위해 다양한 언어를 습득한다. 그들은 구자라트 어로 친척들에게 편지를 쓰고, 영어로 학교의 과제를 하며, 우르두 어로 이슬람 경전을 공부한다.[101]

어떤 아이는 주류사회 언어의 도움으로 계승어를 습득한다. 예를 들어, 메리는 한글학교의 한국어 숙제를 하기 위해 영어사전을 사용한다.[102]

또 다른 경우, 아이들이 정규 수업을 통해 계승어를 습득한다. 열두 살의 조나단(Jonathan)은 중국 북경에 있는 미국인학교에 다니며 자신의 계승어인 영어를 배운다.[103]

게다가 어떤 아이들은 계승어 읽고 쓰기를 어려서부터 배우기도 하고 늦게 배우기도 한다. 계승어와 주류사회의 언어의 읽고 쓰기를 동시에 배우는 경우도 있고 순서대로 배우는 경우도 있다.

이처럼 계승어 학습자들이 계승어 읽고 쓰기를 습득하는 통로는 정해져 있지 않으며, 그것은 자신이 속한 환경에 따라 매우 다양하다.

가정에서의 읽고 쓰기 교수방법론의 필요성

계승어 학습자의 독특한 특징을 고려할 때, 그들의 다중언어 읽고 쓰기 발달(특히 계승어 읽고 쓰기 발달)에 필요한 특별한 요구를 지원하기 위해서는 그에 적합한 교수법적 접근이 필요하다는 것은 분명하다.[104] 수많은 읽고 쓰기 교수법모델 및 가정에서의 읽고 쓰기 교수전략이 존재하기는 하지만 특별히 가정에서 계승어 읽고 쓰기 지도법에 대한 교수법 이론의 틀은 2011년 현재 존재하지 않는다. 따라서 다음에 소개하는 읽고 쓰기 교수법에 대한 방법들(가끔은 비슷한 의견도 있지만, 각각 강조하는 점은 다른)은 무엇보다 중요한 지침서 역할을 할 것이다.

첫째, 뉴 런던 그룹(New London Group)[105]은 다음과 같은 네 가지의 요소, 즉 '상황에 적합한 실행, 직접적인 교육, 비판적인 구성, 변화된 실행'을 포함하는 교수법적 방법을 제시했다.

이 요소들을 수정하여 가정에서의 계승어 읽고 쓰기 교육에 적용할 수 있다. '상황에 적합한 실행'은 계승어 읽고 쓰기 학습이 문맥이나 상황과 관련 없는 활동이 아니므로 특정한 사회적 상황에서 이루어져야 한다는 것을 나타낸다. '직접적인 교육'은 계승어 글에 스며 있는 특정한 용법과 문화적 의미를 아이들과 명쾌히 토론해야 한다는 것을 의미한다. 하지만 여기에서 '직접적인 교육'은 배우고 있는 언어에 대한 끊임없는 인식 및 지배를 의미하는 것이지 단순히 직접적 전달, 주입식 교육, 단순 암기 등을 의미하는 것은 아니다. '비판적인 구성'은 부모들이 자녀들로 하여금 계승어를 비판적인 시각으로 평가할 수 있도록 도와주어야 함을 나타낸다. '변화된 실행'이란 아이들이 '직접적인 교육'과 '비판적 구성'을 통해 습득한 지식을 잘 실행할 수 있다는 것을 보여 주는 것이다. 즉, 이러한 과정을 통해 아이들이 자신들이 배운 것을 적용하고 수정하며 단순한 글자에 대한 이해를 넘어선 지식을 바탕으로 계승어를 사용하도록 도와주어야 한다.

둘째, 돈 홀다웨이(Don Holdaway)의 읽고 쓰기 발달 이론[106]은 아이들이 읽고 쓰기 능력을 발달시키기 위해 다음과 같은 네 가지의 과정을 겪을 필요가 있다는 것을 보여 준다. 그 과정은 다음과 같이 수정될 수 있다.

- 아이는 어른의 읽고 쓰기 행동을 관찰할 필요가 있다. 예를 들어, 어른은 아이에게 책을 읽어 주고, 자신이 읽고 쓰는 모습을 아이에게 보여 줄 필요가 있다.
- 아이는 어른과 협력할 필요가 있으며, 어른은 아이와의 상호교류를 통해 그들을 격려하고 동기부여를 하며 필요할 때 도움을 주어야 한다.
- 아이는 어른의 도움으로 읽고 쓰기를 연습하면서 능력을 향상시켜야 한다.
- 아이는 자율적으로 읽고 쓰기 능력을 발휘할 기회를 가질 필요가 있다.

셋째, 마사 콤(Martha Combs)[107]에 의해 제안된 읽고 쓰기 교수법의 원리 또한 가정에서 유용하게 사용될 수 있다.

- 아이는 경험으로부터 의미를 만들어 내고, 그 의미를 다른 사람들과 적극적으로 나눔으로써 읽고 쓰기 능력을 발달시킨다.
- 아이는 어른을 본보기로 삼음으로써 자신들의 학습 과정을 관찰하며 스스로 조절하는 법을 배울 기회를 얻고, 격려받음으로써 읽고 쓰기 능력을 발달시킨다.
- 아이는 자신이 하나의 인격체로 존중받고 스스로 조절할 줄 아는 독립적인 학습자로 인정받는 환경에서, 또 의미 있고 위협적이지 않은 환경

에서 읽고 쓰기 능력을 발달시킨다.

넷째, 낸시 더프리스 구스(Nancy DeVries Guth)와 타미 프랫-파트로(Tamie Pratt-Fartro)[108]에 의해 제안된 읽고 쓰기 학습을 위한 다섯 개의 기둥이론 또한 가정에서의 읽고 쓰기 교육에 고려될 수 있다. 이 다섯 개의 기둥은 본래 학교에서 청소년을 위한 읽고 쓰기 교육을 위해 제안되었으나 나는 쓰기 영역을 포함하여 다음과 같이 수정하였다.

- 즐거움을 위해 읽고 쓰는 시간
- 읽기 자료와 쓰기 주제에 대한 선택
- 읽고 쓰기를 위한 전략요소
- 어휘 교육
- 읽고 쓰기를 위한 동기부여

다섯째, 가정에서의 계승어 교수법을 구체화할 때는 학교에서의 읽고 쓰기 교수법과 가정에서의 읽고 쓰기 교수법이 다르다는 사실을 유념해야 한다(비록 학교에서의 교육 방법 중 일부는 가정에서도 사용할 수 있다고 해도). 학교에서의 읽고 쓰기 교육과 가정에서의 읽고 쓰기 교육의 목적이 서로 다르다는 점도 염두에 두어야 한다. 학교에서의 읽고 쓰기 교육의 주요 목적은 교과목을 배우는 것이고, 가정에서의 읽고 쓰기 교육의 주요 목적은 대개 사회생활을 위한 것이다. 가정에서 읽고 쓰기를 가르치는 경우 단순히 읽고 쓰거나 표준화된 언어(종종 주류사회에서 사용하는 언어의 공식적인 형태)[109]를 가르치고 배우는 것에 그쳐서는 안 되며, 나아가 학교 밖에서의 계승어 읽고 쓰기 발달 특징을 고려하여 읽고 쓰기 교육에 대한 이해를 넓혀 가야 한다.

여섯째, 더 나아가 가정에서 가르치는 것을 생각한다면 빠르고 역동적으로 변화하는 다양한 유형의 문서 형태 또한 고려해야 한다.[110] 케이트 팔 (Kate Pahl)과 제니퍼 로우셀(Jennifer Rowsell)은 『Travel Notes from the New Literacy Studies』에서 다음과 같이 말하였다.

> 문서의 형태가 점차 다양해지고 있다. 이미지와 글이 어우러져 스크린 뿐만 아니라 아이들의 책에도 나타나고 있다.[111]

실제로 인터넷과 같은 새로운 형태의 의사소통 매체는 우리가 언어를 사용하는 방식을 도상학적 · 스크린 기반적 형태로 변화시키고 있기 때문에 이러한 변화는 계승어 읽고 쓰기 교육에도 반영되어야만 한다.

마지막으로 가정에서의 계승어 교수법을 고려할 때 다양한 교육 방법들을 유연하게 적용하는 것에 초점을 두어야 한다. 계승어 읽고 쓰기 학습자에게 적합한 방법이 최선의 방법이다. 이러한 선택적인 접근(여러 방법에서 유용한 부분만을 선택하는)을 이용하는 것이 가장 좋은 접근 방식이다. 어떤 하나의 방법이 모두에게 적합할 수는 없기 때문이다.

이러한 읽고 쓰기 교수방법에 대한 접근 방식과 생각을 고려하여, [그림 2-1]은 가정에서의 계승어 읽고 쓰기 교수법이 어떻게 구성되어야 하는가를 보여 주고 있다.

이 구성 체계는 다음과 같은 네 가지의 중요한 요소들을 포함한다.

- 관찰: 아이는 부모나 다른 어른이 일상생활에서 어떻게 읽고 쓰기를 사용하는지 관찰할 수 있어야 한다.
- 지원: 부모는 직접적인 교육의 제공, 비판적 시각으로 계승어를 공부하

도록 도와주기, 선택적인 방법을 택하기 등을 통해 아이들을 지원해 주어야 한다.

- 실행: 아이는 유의미한 사회 환경에서 다양한 방식(예를 들어, 인쇄물 혹은 다중 매체 문서 등)을 통해 계승어 읽고 쓰기를 사용할 수 있어야 한다.
- 동기부여: 부모는 자녀에게 동기부여할 수 있는 다양한 방법을 찾아야만 하며, 그들이 일생동안 계승어로 읽고 쓰도록 도와주어야 한다.

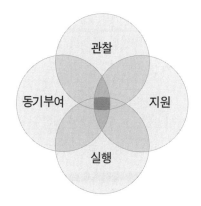

[그림 2-1] 가정에서의 읽고 쓰기 발달을 위한 교수법 구성 체계

제4~6장에서는 이러한 요소들이 가정에서 계승어 읽고 쓰기 교재를 선택하는 데 그리고 읽고 쓰기 활동을 수행하는 데 어떻게 적용되는지를 살펴볼 것이다.

요 약

이 장에서는 다중언어 읽고 쓰기 학습자와 관련된 중요한 문제를 다루었다.

우선 다중언어 읽고 쓰기란 '의미 있는 사회적·문화적 관습 내에서 둘 이상의 방법을 통해 둘 이상의 언어 혹은 방언으로 이루어지는 읽고 쓰기'라고 잠정적으로 정의하였으며, 다중언어 읽고 쓰기 가능자가 된다는 것은 '한 개인이 자신이 처한 환경에서 특정한 목적을 위해 하나 이상의 언어를 각기 다른 수준의 능숙함을 가지고 실질적으로 읽고 쓸 수 있다는 것'을 의미한다고 정의하였다.

또한 아이들의 다중언어 읽고 쓰기 발달에 영향을 줄 수 있는 다양한 요소를 확인하고 토론하였다. 이러한 요소로는 부모·형제자매·대가족·지역사회·주류사회 등의 생태학적(환경적) 요소, 계승어와 주류사회 언어의 일치와 차이 같은 언어적 요소, 유전·인지능력·감정·동기·정체성 등의 개인적인 요소가 있다. 게다가 의미 있는 사회 환경에서 읽고 쓰기를 사용할 수 있는 기회 또한 자녀의 다중언어 읽고 쓰기 습득에 영향을 준다는 것을 확인했다.

계승어 학습자의 숨겨진 이점, 독특한 언어적 행동, 그들이 겪는 어려움, 읽고 쓰기를 습득하는 다양한 방법들에 대해서도 다루었다. 가정에서의 읽고 쓰기 교육을 위한 네 가지 요소(관찰, 지원, 실행, 동기부여)로 구성된 교수법 구성 체계도 제안하였다.

당신의 과제

 **활동 및 생각해 볼 문제**

- 개인을 다중언어 능력 연속선상(multilingual proficiency continuum)에 각기 다르게 위치시키는 것의 이점은 무엇인가? 당신은 이것이 다중언어 능력을 좀 더 현실적으로 바라보게 도와준다고 느끼는가? 당신은 이 연속선상이 당신의 자녀를 다중언어 구사자로 만드는 데 도움을 준다고 느끼는가?

- 아이의 다중언어 읽고 쓰기 발달에 영향을 주는 요소들을 재검토하고, 당신과 가장 관련 있는(혹은 당신이 통제할 수 있는) 요소들을 표시해 보라. 그리고 다중언어 자녀를 기르기 위해 이 부분에 어떤 주의를 기울여야 하는지 생각해 보라.

- 계승어 읽고 쓰기를 배우는 자녀들의 독특한 특징을 이해함으로써 당신의 다중언어 자녀에게 감사함을 느끼고, 그들[112]의 어려움을 더 잘 이해하게 되었다고 생각하는가?

- 이 장에 소개된 다중언어 읽고 쓰기 교수방법들과 이에 관한 다양한 의견들을 재검토하고, 당신의 상황에서 가장 중요하다고 생각되는 요소들에 표시해 보라. 자녀를 위한 계승어 읽고 쓰기 교육을 구상할 때 그것을 적용해 보라. 또는 자녀의 계승어 교육을 위한 활동을 계획할 때 [그림 2-1]을 모델로 사용할 수 있다.

📖 주석 및 참고문헌

1) The New London Group은 영어권 국가들의 교육관련 연구자 연합체다. 이 그룹은 1994년 미국 뉴햄프셔의 뉴런던에서 만나 읽고 쓰기와 그에 대한 교육에 관련된 중요한 사안들에 대해 토의하였다. 이 그룹의 주요 의견은 다음에서 찾아볼 수 있다.
The New London Group (1996) A pedagogy of multiliteracies designing social futures. *Harvard Educational Review* 66 (1), 60-92.

2) '인터넷'은 내가 직접 추가한 예다.

3) Pahl, K. and Rowell, J. (Eds.) (2006) *Travel Notes from the New Literacy Studies.* Clevedon: Multilingual Matters.
The New London Group (1996) A pedagogy of multiliteracies designing social futures. *Harvard Educational Review* 66 (1), 60-92.

4) Street, B. (2000) Literacy events and literacy practices. In M. Martin-Jones and K. Jones (Eds.) *Multilingual Literacies: Reading and Writing Different Worlds* (pp. 17-35) Amsterdam: John Benjamins.

5) Street, B. V. and Lefstein, A. (2007) *Literacy: An Advanced Resource Book.* London: Routledge.

6) 스위스 독일어 방언 철자법에는 정해진 표준 규칙이 없다. 문어는 각기 다른 지역의 스위스 방언에 기초한다. 스위스 독일어 방언 문학에 사용되는 철자법은 대략 두 가지 체계, 즉 표준 독일어의 철자법을 최대한 따르는 것과 표준 독일어의 발음을 최대한 따르는 것으로 나눌 수 있다.

7) Wagner, D. (1993) *Literacy, Culture and Development: Becoming Literate in Morocco.* Cambridge: Cambridge University Press.

8) 2010년 1월 20일 이메일 교환 내용.

9) Wang, X-L. (2008) *Growing Up with Three Languages: Birth to Eleven* (pp. 17-18). Bristol: Multilingual Matters.

10) 비록 Hornberger의 연속 개념 틀의 주요 개념들을 이 책의 후반부에서 다중언어 읽고 쓰기 발달에 영향을 주는 요소로 언급하기는 했으나, 다중언어 능력 연속선상 (Multilingual competency continuum) 개념을 Nancy Hornberger의 『이중언어 읽고 쓰기의 연속(Continua of Biliteracy)』에서의 개념과 혼돈해서는 안 된다. 참조: Hornberger, N.H. (2003) Continua of biliteracy. In N.H. Hornberger (Ed.) *Continua of Biliteracy: An Ecological Framework for Educational Policy, Research, and Practice in Multilingual Settings* (pp. 3-34). Clevedon: Multilingual Matters.

11) Edwards, V. (2009) *Learning to be Literate: Multilingual Perspectives*. Bristol: Multilingual Matters.

12) 참고로 다른 정의들도 존재한다. 예를 들어, Nancy Hornberger는 이중언어 읽고 쓰기 능력(Biliteracy)이 '둘 혹은 그 이상의 언어를 사용하여 글로 이루어지는 의상소통이 발생하는 모든 경우'라고 정의했다.

Hornberger, N.H. (2003) Continua of biliteracy. In N.H. Hornberger (Ed.) *Continua of Biliteracy: An Ecological Framework for Educational Policy, Research, and Practice in Multilingual Settings* (p. xiii). Clevedon: Multilingual Matters.

13) Gregory, E. (2008) *Learning to Read in a New Language: Making Sense of Words and Worlds* (pp. 20-23). Los Angeles, CA: Sage.

14) Rosaldo, R. (1989) *Culture and Truth: The Remaking of Social Analysis* (p. 140). Boston, MA: Beacon Press.

15) Dickson, D.K. and Tabor, P.O. (Eds.) (2001) *Beginning Literacy with Language*. Baltimore, MD: Paul H. Brookers.

16) Federal Interagency Forum on Child and Family Statistics (2002) *America's Children: Key National Indicators of Well-Being*. Washington, DC: U.S. Government Printing Office.

17) Adams, M.J., Treiman, R. and Pressley, M. (1989) Reading, writing, and literacy. In I. Sigel and K.A. Renninger (Eds.) *Handbook of Child Psychology: Child Psychology in practice* (Vol. 4; pp. 275-355). New York: Wiley.

Fletcher, K. and Reese, E. (2005) Picture book reading with young children: A conceptual framework. *Developmental Review* 25, 64-103.

18) DeTemple, J.M. (2001) Parents and children reading books together. In D.K. Dickinson and P.O. Tabors (Eds.) *Beginning Literacy with Language: Young Children Learning at Home and School* (pp. 31-51). Baltimore, MD: Paul H. Brookes.

19) Dickinson, D.K., De Temple, J.M., Hirschler, J.A. and Smith, M. (1992) Book reading with preschoolers: Construction of text at home and school. *Reading Research Quarterly* 7, 323-346.

Snow, C. and Tabors, P. (1993) Language skills that relate to literacy development. In B. Spodek and N. Saracho (Eds.) *Yearbook in Early Childhood Education: Vol. 4 Language and Literacy in Early Childhood Education* (pp. 1-20). New York: Teachers Colleague Press.

Wells, G. (1985) Preschool literacy-related activities and success in school. In D.R.

Olson, N. Torrance and A. Hildyard (Eds.) *Literacy, Language and Learning* (pp. 229–225). Cambridge: Cambridge University Press.

20) Raikes, H., Pan, B.A., Luze, G., Tamis-LeMonda, L., Brooks-Gunn, J., Constantine, J., Tarullo, L.B., Raikes, H.A. and Rodriguez E.T. (2006) Mother-child book reading in low-income families: Correlates and outcomes during the first three years. *Child Development* 77, 924–953.

21) NICHD (2005) Pathways to reading: The role of oral language in the transition to reading. *Developmental Psychology* 41, 428–442.

Spira, E.G., Bracken, S.S. and Fischel, J.E. (2005) Predicting improvement after first-grade reading difficulties: The effects of oral language, emergent literacy, and behavior skills. *Developmental Psychology* 41, 225–234.

22) Fenson, L., Dale, P.S., Reznick, J.S. and Bates, E. (1994) Variability in early communication development. *Monographs of the Society for Research in Child Development* 59 (5), 1–189.

Hart, B. and Risle, T.R. (1995) *Meaningful Differences in the Everyday Experience of Young American Children*. Baltimore, MD: Brookers.

Hoff-Ginsberg, E. (1998) The relation of birth order and socioeconomic status to children's language experience and language development. *Applied Psycholinguistics* 19, 603–629.

Zhang, Y., Jin, X., Shen, X., Zhang, J. and Hoff, E. (2008) Correlates of early language development in Chinese children. *International Journal of Behavioral Development* 30 (2), 145–151.

23) Campbell, T.F., Dollaghan, C., Rockette, H.E., Paradise, J.L., Feldman, H.M., Shriberg, L.D., Sabao, D.L. and Kurs-Lasky, M. (2003) Risk factors for speech delay of unknown origin in 3-year-old children. *Child Development* 74, 346–357.

24) Hart, B and Risley, R (1995) *Meaningful Differences in the Everyday Experience of Young American Children*. Baltimore, MD: Brookers.

25) Wang, X-L. (2008) *Growing Up with Three Languages: Birth to Eleven*. Bristol: Multilingual Matters.

26) 2009년 12월 12일 이메일 인터뷰.

27) Anderson, J., Lenters, K. and McTavish, M. (2008) Constructing families, constructing literacy: A critical analysis of family literacy websites. *The School Community Journal* 18 (1), 61–78.

28) Kenner, C. (2005) Bilingual families as literacy eco-systems. *Early Years* 25 (3),

283-298.

하지만 다른 몇몇 연구에서는 형제자매 중 한 명은 계승어 사용을 주저하고 다른 한 명은 계승어를 사용하는 가정의 경우, 형제자매 사이의 의사소통이 다중언어 읽고 쓰기에 도움이 되지 않을 수도 있다고 주장한다. 좀 더 자세한 정보는 다음을 참조하라.

Obied, V.M. (2009) How do siblings shape the language environment in bilingual families? *International Journal of Bilingual Education and Bilingualism* 12 (6), 705-720.

29) Gregory, E. (2005) Guiding lights: Siblings as literacy teacher. In. Anderson, M. Kendrick, T. Rogers and S. Smythe (Eds.) *Portraits of Literacy across Families, Communities and Schools: Intersections and Tension* (pp. 21-39). Mahwah, NJ: Lawrence Erlbaum.

30) 2007년 3월 5일 이메일 인터뷰.

31) 2007년 2월 2일 이메일 인터뷰.

32) 2008년 3월 20일 직접 인터뷰.

33) 2009년 4월 20일 직접 인터뷰.

34) Example from Sneddon, R. (2007) Learning in three languages in home and community. In J. Conteh, P. Martin and L.H. Robertson (Eds.) *Multilingual Learning: Stories from Schools and Communities in Britain* (pp. 23-40). Stoke-on-Trent: Trentham Books.

35) Anthony, J.L. and Francis, D.J. (2005) Development of phonological awareness. *Current Directions in Psychological Sciences* 14, 255-259.

36) Rohl, M. (2000) Learning about words, sounds and letters. In C. Barrat-Pugh and M. Rohl (Eds.) *Literacy Learning in the Early Years* (p. 62). Buckingham: Open University Press.

37) Frith, U., Wimmer, H. and Landerl, K. (1998) Differences in phonological recoding in German- and English-speaking children. *Scientific Studies of Reading* 2, 31-54.
Wimmer, H. and Goswami, U. (1994) The influence of orthographic consistency on reading development: Word recognition in English and German Children. *Cognition* 51, 91-103.
Bentin, S., Hammer, R. and Cahan, S. (1991) The effects of aging and first-grade schooling on the development of phonological awareness. *Psychological Science* 2, 271-274.

38) Hoff, E. (2009) *Language Development* (p. 415). Belmont, CA: Wadsworth.

39) Edwards, V. (2009) *Learning to Be Literate: Multilingual Perspectives*. Bristol:

Multilingual Matters.

Hoff, E. (2003) The specificity of environmental influences: Socioeconomic status affects early vocabulary development via maternal speech. *Child Development* 72, 1368-1378.

40) Hanley, J.R., Tzeng, O. and Huang, H.-S. (1999) Learning to read Chinese. In M. Harris and G. Hatano (Eds.) *Learning to Read and Write: A Cross-Linguistic Perspective* (pp. 173-195). New York: Cambridge University Press.

41) Barnitz, J.G. (1982) Orthographies, bilingualism and learning to read English as a second language. *Reading Teacher* 35 (5), 560-567.

Niyekawa, A.M. (1983) Biliteracy acquisition and its sociocultural effects. In M.C. Chang (Ed.) *Asian- and Pacific-American Perspectives in Bilingual Education* (pp. 97-119). New York: Teachers Colleague Press.

Thonis, E. (1981) Reading instruction for language minority students. In *Schooling and Language Minority Students: A Theoretical Framework* (pp. 147-181) Los Angeles: Evaluation, Dissemination and Assessment Center, California State University.

42) Edelsky, C. (1982) Writing in a bilingual program: The relation of L1 and L2 texts. *TESOL Quarterly* 16 (2), 211-228.

Fishman, J.A., Gertner, M., Lowy, E.G. and Milan, W.G. (Eds.) (1985) *The Rise and Fall of the Ethnic Revival: Perspectives on Language and Ethnicity* (Vol. 37). Berlin: Mouton.

Fillmore, L.W. and Valadez, C. (1986) Teaching bilingual learners. In M.C. Wittrock (Ed.) *Handbook of Research on Teaching* (pp. 648-685). New York: Macmillan.

43) Wang, X-L. (2008) *Growing Up with Three Languages: Birth to Eleven*. Bristol: Multilingual Matters. 참조

44) 보통어는 중국, 대만['국어(玉语)'라고 불림], 싱가포르의 표준어다.

45) 핀인(Pinyin)은 중국에서 어린아이들의 중국어 읽기 학습을 도와주는 데 사용하는 표기법이다.

46) 주음부호(注音符号)는 대만에서 어린아이의 중국어 읽기 학습을 도와주는 데 사용하는 로마자 표기법이다.

47) Bialystok, E. (2002) Acquisition of literacy in bilingual children: A framework for research. *Language Learning* 52, 159-199.

48) Wang, M., Yang, C. and Cheng, C-X. (2009) The contributions of phonology, orthography, and morphology in Chinese English biliteracy acquisition. *Applied*

Psycholinguistics 30, 291-314.

49) Hall, D.P. and Cunningham, P.M. (2009) *Making Words: 50 Interactive Lessons that Build Phonemic Awareness, Phonics, and Spelling Skills.* Boston, MA: Allyn & Bacon.

50) Adams, M.J. (1990) *Beginning to Read: Thinking and Learning about Print.* Cambridge: MIT Press.
Cunningham, P. (2005) *Phonics They Use.* Boston: Allyn and Bacon.

51) Wang, M., Yang, C. and Cheng, C-X. (2009) The contributions of phonology, orthography, and morphology in Chinese-English biliteracy acquisition. *Applied Psycholinguistics* 30, 291-314.

52) Shanahan, T. (2006) Relations among oral language, reading, and writing development. In C.A. MacArthur, S. Graham and J. Fitzgerald (Eds.) *Handbook of Writing Research* (pp. 171-183). New York: Guilford.

53) Street, B. (1988) A critical look at Walter Ong and the Great Divide. *Literacy Research Center* 4(1), 1-5.

54) Heath, S.B. (1983) *Ways with Words: Language, Life and Work in Communities and Classrooms.* New York: Cambridge University Press.

55) Wang, X.-L., Bernas, R. and Eberhard, P. (2002) Variations in maternal support to children's early literacy development in Chinese and Native American families: Implications for early childhood educators. *International Journal of Early Childhood* 34 (1), 9-23.

56) Trzesniewski, K., Moffitt, T., Caspi, A., Taylor, A. and Maughan, B. (2006) Revisiting the association between reading achievement and antisocial behavior: New evidence of an environmental explanation from a twin study. *Child Development* 77, 72-88.
Harlaar, N., Dale, P.S. and Plomin, R. (2007) From learning to read to reading to learn: Substantial and stable genetic influence. *Child Development* 78, 116-131.

57) Trzesniewski, K., Moffitt, T., Caspi, A., Taylor, A. and Maughan, B. (2006) Revisiting the association between reading achievement and antisocial behavior: New evidence of an environmental explanation from a twin study. *Child Development* 77, 72-88.

58) Oliver, B. R., Dale, P.S. and Plomin, R. (2005) Predicting literacy at age 7 from preliteracy at age 4: A longitudinal genetic analysis. *Psychological Science* 16, 861-865.

59) Kraus, N. and Banai, K. (2007) Auditory-processing malleability: Focus on language and music. *Current Directions in Psychological Science* 16, 105-110.

60) Hammer, C.S. and Miccio, A.W. (2006) early language and reading development of bilingual preschoolers from low-income families. *Topics in Language Disorders* 26 (4), 322- 337.

61) Jenkins, J.R., Fuchs, L.S., van den Broek, P., Espin, C. and Deno, S.L. (2003) Sources of individual differences in reading comprehension and reading fluency. *Journal of Educational Psychology* 95, 719-729.

Whitehurst, G.J. and Lonigan, C.J. (1998) Child development and emergent literacy. *Child Development* 69, 848-872.

62) Swanson, H. L., Trainin G., Necoechea, D.M. and Hammill, D.D. (2003) Rapid naming, phonological awareness, and reading: A meta-analysis of the correlation evidence. *Review of Educational Research* 73, 407-440.

63) Liu, Y. and Perfetti, C.A. (2003) The time course of brain activity in reading English and Chinese: An ERP study of Chinese bilinguals. *Human Brain Mapping* 18, 167-175.

Tan, L.H., Liu, H.-L., Perfetti, C.A., Spinks, J.A., Fox, P.T. and Gao, J.-H. (2001) The neural system underlying Chinese logographic reading. *NeuroImage* 13, 836-846.

Tan, L.H., Spinks, J.A., Feng, C.M., Siok, W.T., Perfetti, C.A., Xiong, J., Fox, P. and Gao, J.H. (2003) Neural systems of second language reading are shaped by native language. *Human Brain Mapping* 18, 158-166.

64) 실행 기능(Executive function)은 기억에서 정보를 부호화, 저장, 인출하는 데 영향을 미치는 선택적 주의, 시연, 정교화, 조직화 같은 과정을 의미한다.

65) Ransdell, S., Levy, C.M. and Kellogg, R.T. (2002) The structure of writing processes as revealed by secondary task demands. *L1-Educational Studies in Language and Literature* 2, 141-163.

66) Kovelman, I., Baker, S.A. and Petitto, L.A. (2008) Age of first bilingual language exposure as a new window into bilingual reading development. *Bilingualism: Language and Cognition* 11 (2), 203-223.

67) SAT는 Scholastic Aptitude Test의 약자이며, 미국에서 대학입학을 위해 치러지는 시험이다.

68) Benbow, C., Lubinski, D., Shea, D. and Eftekhari-Sanjani, H. (2000) Sex differences in mathematical reasoning ability at age 13: Their status 20 years later.

Psychological Science 11, 474–480.

69) Halpern, D.F. (2000) *Sex Differences in Cognitive Abilities* (p. 94) Mahwah, NJ: Erlbaum.

70) Sneddon, R. (2007) Learning in three languages in home and community. In J. Conteh, P. Martin and L.H. Robertson (Eds.) *Multilingual Learning: Stories from Schools and Communities in Britain* (pp. 23–40). Stoke-on-Trent: Trentham Books.

71) Robertson, L.H. (2007) The story of bilingual children learning to read. In J. Conteh, P. Martin and Robertson, L.H. (Eds.) *Multilingual Learning: Stories from Schools and Communities in Britain* (pp. 41–85). Stoke-on-Trent: Trentham Books.

72) van ljzendoorn, M.H., Dikstra, J. and Bus, A. (1995) Attachment, intelligence, and language: A meta-analysis. *Social Development* 4 (2), 115–128.
Bus, A.G., Belsky, J., van ljzendoorn, M.H. and Crnic, K. (1997) Attachment and book reading patterns: A study of mothers, fathers, and their toddlers. *Early Childhood Research Quarterly* 12, 81–98.

73) 미국 공립교육에서 유치원 입학 연령은 5세에서 6세 사이이며 대부분 공립학교의 의무교육 첫 해에 해당된다. 대략 호주, 뉴질랜드 및 영국 일부 지역에서는 1학년에 해당한다.

74) Bus, A.G. and van ljzendoorn, M.H. (1988) Attachment and early reading: A longitudinal study. *The Journal of Genetic Psychology* 149, 199–210.
Pianta, R.C. and Harbers, K. (1996) Observing mother and child behavior in a problem-solving situation at school entry: Relations with academic achievement. *Journal of School Psychology* 67, 307–322.

75) Tomasello, M. (2007) Cooperation and communication in the 2nd year of life. *Child Development Perspectives* 1, 8–12.

76) Fredrickson, B.L. (2001) The role of positive emotions in positive psychology: The broaden-and-build theory of positive emotions. *American Psychologist* 56, 218–226.
Izard, C, E, (2007) Basic emotions, natural kinds, emotion schemas, and a new paradigm. *Perspectives on Psychological Science* 2, 260–280.

77) Ashby, F.G., Isen, A.M. and Turken, A.U. (1999) A neuropsychological theory of positive affect and its influence on cognition. *Psychological Review* 106, 529–550.

78) Bus, A.G and van ljzendoom, M.H. (1988) Attachment and early reading: A

longitudinal study. *The Journal of Genetic Psychology* 149, 199–210.

79) Clingenpeel, B.T. and Pianta, R.C. (2007) Mothers' sensitivity and book-reading interactions with first graders. *Early Education and Development* 18, 1–22.

80) Bergin, C. (2001) Tne parent-child relationship during beginning reading. *Journal of Literacy Research* 33, 681–706.
Bergin, D. and Bergin, C. (2011) *Child and Adolescent Development in Your Classroom.* Florence, KY: Cengage Learning(52, 58–64 페이지에 나오는 정보는 직간접적으로 이 문헌을 참고하였음을 밝힌다.).

81) Gregory, E. (2008) *Learning to Read in A New Language: Making Sense of Words and Worlds* (pp. 28–29). Los Angeles, CA: Sage.

82) Tse, L. (1998) Affecting affect: The impact of heritage language programs on student attitudes. In S.D. Krashen, L. Tse and J. McQuilan (Eds.) *Heritage Language Development* (pp. 51–72). Culver City, CA: Language Education Associates.

83) Wang, X-L. (2008) *Growing Up with Three Languages: Birth to Eleven.* Bristol: Multilingual Matters.

84) 주석 26번 참조.

85) Tse, L. (1998) Affecting affect: The impact of heritage language programs on student attitudes. In S.D. Krashen, L. Tse and J. McQuilan (Eds.) *Heritage Language Development* (pp. 51–72). Culver City, CA: Language Education Associates.

86) Valdés, G. (2001) Heritage language students: Profiles and possibilities. In J.K. Peyton, D.A. Ranard and S. McGinnis (Eds.) *Heritage Languages in America: Preserving a National Resource* (pp. 37–77). Washington, DC: Center for Applied Linguistics and Delta Systems.

87) Kagan, O. (2005) In support of a proficiency-based definition of heritage language learners: The case of Russian. *The International Journal of Bilingual Education and Bilingualism* 8 (2 & 3), 213–221.

88) Kagan, O. (2005) In support of a proficiency-based definition of heritage language learners: The case of Russian. *The International Journal of Bilingual Education and Bilingualism* 8 (2 & 3), 213–221.
Schwartz, A.M. (2001) Preparing teachers to work with heritage language learners. In J.K. Peyton, D.A. Ranard and S. McGinnis (Eds.) *Heritage Languages in America: Preserving a National Resource* (pp. 229–252). McHenry, IL: Centre for

Applied Linguistics and Delta Systems Co.

Kagan, O. and Dillon, K. (2001) A new perspective on teaching Russian: Focus on the heritage leaner. *The Slavic and East European Journal* 45 (3), 507-518.

89) 'Wug'는 영어 화자인 아이들의 복수형 및 다른 굴절 형태소 습득에 대해 조사하기 위해서 연구자인 Jean Berko Gleason에 의해 만들어진 단어다.

90) Ellis, N. (1997) Implicit and explicit language learning-An overview. In N.C. Ellis (Ed.) *Implicit and Explicit Learning of Languages* (pp. 1-31). London: Academic Press.

91) Anderson, J. (2008) Toward an integrated second-language pedagogy for foreign and community/heritage language in multilingual Britain. *Language Learning Journal* 36 (1), 79-89.

92) Dorian, N.C. (1981) *Language Death: The Life Cycle of a Scottish Gaelic Dialect.* Philadelphia, PA: University of Pennsylvania Press.

Hornberger, N.H. (1994) Continua of biliteracy. In B.M. Ferdman, R.M. Weber and A.G. Ramirez (Eds.) *Literacy across Language and Cultures* (pp. 103-139). New York: New York State University Press.

93) 이 책의 저자에 의해 설명된 부분임.

94) 이 책의 저자에 의해 설명된 부분임.

95) Isurin, L. and Ivanova-Sullivan, T. (2008) Lost in between: The case of Russian heritage speakers. *Heritage Language Journal* 6 (1), 72-104.

96) Kenner, C. (2004) *Becoming Biliterate: Young Children Learning Different Writing Systems* (p. 55). Stoke-on-Trent: Trentham Books.

97) Gregory, E. (2008) *Learning to Read in A New Language: Making Sense of Words and Worlds* (p. 25). Los Angeles, CA: Sage.

98) Robertson, L. H. (2007) The story of bilingual children learning to read. In J. Conteh, P. Martin and L.H. Robertson (Eds.) *Multilingual Learning: Stories from Schools and Communities in Britain* (pp. 41-61). Stoke-on-Trent: Trentham Books.

99) Weaver, G.R. (1993) Understanding and coping with cross-cultural adjustment stress. In R.M. Paige (Ed.) *Education for the Intercultural Experience* (pp. 122-139). Yarmouth, ME: Intercultural Press.

100) Naqvi, R. (2008) From peanut butter to Eid...blending perspectives: Teaching Urdu to children in Canada. *Diaspora, Indigenous, and Minority Education* 2, 154-164.

101) Sneddon, R. (2007) Learning in three languages in home and community. In J. Conteh, P. Martin and L.H. Robertson (Eds.) *Multilingual Learning: Stories from Schools and Communities in Britain* (pp. 23-40). Stoke-on-Trent: Trentham Books.

102) 주석 30번 참조.

103) 2009년 5월 23일 이메일 교환 내용.

104) Chevalier, J.F. (2004) Heritage language literacy: Theory and practice. *Heritage Language Journal* 2 (1), 1-9.

Kondo-Brown, K. (2003) Heritage language instruction for post-secondary students from immigrant backgrounds. *Heritage Language Journal* 1 (10), 1-25.

105) The New London Group (1996) A pedagogy of multiliteracies designing social futures. *Harvard Educational Review* 66 (1), 60-92.

Garcia, G.E. and Willis, A.I. (2001) Frameworks for understanding multicultural literacies. In P.R. Schmidt and P.B. Mosenthal (Eds.) *Reconceptualizing Literacy in the New Age of Multiculturalism and Pluralism* (pp. 3-31). Greenwich, CT: Information Age Publishing.

106) Holdaway, D. (1986) The structure of natural learning as a basis for literacy instruction. In M. Sampson (Ed.) *The Pursuit of Literacy: Early Reading and Writing*. Dubuque, LA: Kendall/Hunt.

Holdaway, D. (1979) *The Foundation of Literacy*. Sydney: Ashton Scholastic.

107) Combs, M. (2006) *Readers and Writers in Primary Grades: A Balanced and Integrated Approach* (pp. 8-22). Upper Saddle River, NJ: Merrill Prentice Hall.

108) DeVries Guth, N. and Pratt-Fartro, T. (2010) *Literacy Coaching to Build Adolescent Learning: 5 Pillars of Practice*. Thousand Oaks, CA: Corwin.

109) Cazden, C., Cope, B., Fairclough, N., Gee, J., Kalantzis, M., Kress, G., Luke, A., Luke, C., Michaels, S. and Nakata, M. (1996) A pedagogy of multilingual literacies: Designing social futures. *Harvard Educational Review* 66 (1), 60-92.

110) The New London Group (1996) A pedagogy of multiliteracies designing social futures. *Harvard Educational Review* 66 (1), 60-92.

111) Pahl, K. and Rowsell, J. (2006) Introduction. In K. Pahl and J. Rowsell (Eds.) *Travel Notes from the New Literacy Studies: Instances of Practice* (p. 9). Clevedon: Muitilingual Matters.

112) 나는 이 책에서 성별과 관련 없이 한 개인을 언급해야 할 때 he(그)와 she(그녀)를 번갈아 가며 사용하기로 하였음을 밝힌다.

제3장

능동적 계획의 중요성

이 장에서는 가정에서 자녀들의 계승어 읽고 쓰기 발달을 돕는 과정에서의 능동적 계획의 필요성과 중요성에 대해 검토한다. 당신은 서둘러 가정에서의 읽고 쓰기를 가르치기에 앞서 우선 자신의 개별적인 상황을 돌아보아야 한다. 이를 위해 당신의 실행을 이끌어 줄 가정에서의 읽고 쓰기 학습 계획을 개발해야 하며, 자녀들의 읽고 쓰기 발달 과정을 점검하도록 가정에서의 평가 방법 또한 사용해야 한다. 당신은 또한 가정에서의 읽고 쓰기 교육의 질적 향상을 위해 끊임없이 자아성찰을 하도록 스스로 독려해야 한다. 이 장의 끝부분에서 소개하는 내용에는 당신의 상황을 연관시켜 볼 수 있도록 일련의 활동과 생각해 볼 문제가 제공된다.

앤더슨 씨에게서 배운 교훈

가정에서의 다중언어 교육에 있어 계획의 중요성을 강조하고, 이러한 계획이 자녀들의 다중언어 읽고 쓰기 발달에 어떻게 영향을 주었는지를 살펴보기 위해 나는 이 장을 한 부모의 이야기로 시작하고자 한다.

앤더슨 씨(Ms. Andersson)는 1979년에 미국인과 결혼한 후 스톡홀름(Stockholm)에서 미국으로 이주했다. 2년 후 그녀는 아들을 낳았고 3년 후에는 딸도 얻었다. 그녀는 직물공장의 사장으로 근무했다. 벅찬 일정에도 불구하고 앤더슨 씨는 그녀의 자녀들을 영어-스웨덴 어의 이중언어 구사자로 기르기로 결심했다.

아이들이 어렸을 때는 그들에게 스웨덴 어로 말하고, 틈날 때마다 스웨덴 어로 책을 읽어 주었다. 그러나 앤더슨 씨는 자녀들이 스웨덴 어보다는 영어를 더 선호하는 것을 깨달았고, 그들에게 영어로 말하기 시작했다. 어느 날 그녀는 세 자녀를 모두 이중언어 구사자로 기르는 데 성공한 친구를 만난 뒤, 다시 자녀들에게 스웨덴 어로 말하기를 시작했다. 그러나 이러한 변화는 아이들에게 별 흥미를 주지 못했다. 자녀들이 초등학교에 입학하였을 때, 앤더슨 씨는 아이들이 더 이상 자신과 스웨덴 어로 의사소통을 하지 않는다는 것을 깨닫고 마침내 스웨덴 어로 말하는 것을 포기하였다.

그럼에도 불구하고 자녀들을 이중언어 구사자로 기르고자 하는 그녀의 희망이 완전히 사라진 것은 아니었다. 비록 자녀들이 스웨덴 어로 말하지는 못하더라도 그들이 최소한 스웨덴 어로 읽고 쓸 수 있도록 도울 수는 있다고 생각했다. 이에 앤더슨 씨는 스웨덴 어로 된 교과서를 구하여 자녀들과 함께 공부를 시작하였다. 하지만 그녀의 바쁜 일정 때문에 이러한 공부는 가끔씩만 이루어졌다. 그녀는 자녀들을 스웨덴 어 학습에 집중시키기 위해 끊임없이 노력하였으나 이것은 고통스러운 일이었다. 그녀는 친구에게 들은 다양한 방식을 도입해 가며 이러한 노력을 2년 정도 계속해 왔지만, 자녀들은 스웨덴 어 읽고 쓰기 능력 발달에 별다른 진전을 보이지 않았다. 앤더슨 씨는 좌절하여 결국에는 아이들의 이중언어 발달에 대한 노력을 포기하고 말았다.

앤더슨 씨는 자신의 이러한 경험을 회상하며 다음과 같이 말하였다.

나는 내가 무엇을 하고 있는지 정말로 몰랐다. 나는 많은 것들을 계획이나 방향성 없이 시도하였다. 나는 내가 어디로 향하고 있는지조차 몰랐다. 또한 어떻게 자녀들에게 흥미를 갖게 해야 하는지도 몰랐다. 내가 만약 방법을 알았더라면 나의 자녀들은 많이 달라졌을 것이다.[1]

우리는 앤더슨 씨의 경험으로부터 많은 것을 배울 수 있다. 첫째로, 앤더슨 씨는 계획을 실행하기 전에 자신의 상황을 세심하게 평가하지 않았다. 자신이 처한 상황과 바쁜 일정을 고려하지 않은 채 가정에서 자녀들에게 스웨덴 어를 가르치려고 시도하였다. 둘째로, 그녀는 교수법에 대한 구체적인 전략이 없었다(예를 들어, 친구가 사용한 교수법 전략을 자신의 상황을 고려하지 않은 채 단순히 모방하려고만 하였다). 가장 중요한 것은, 앤더슨 씨는 어떻게 자녀들에게 이중언어를 익히게 하고 이중언어 읽고 쓰기 능력을 발달시켜야 하는지에 대한 계획이 없었다.

계획은 가정에서의 읽고 쓰기 지도 및 학습에 있어서 특히 중요하다. 학교 체계와는 달리 가정에서는 부모가 따라야 할 정해진 교수방법 및 과정이 없다. 따라서 당신이 무엇을 하는지에 대해 생각해 보는 것은 당신으로 하여금 앞으로 있을 잠재적인 어려움에 대해 보다 잘 준비하게 해 주고, 불필요한 실수를 저지르지 않게 도와줄 것이며, 자신감을 갖게 해 줄 것이다.[2] 다음의 비유는 미리 계획하는 것이 얼마나 중요한지를 잘 설명해 준다.

두 젊은 커플인 자크(Jacque)와 수잔(Susanne) 그리고 피에르

(Pierre)와 재클린(Jacqueline)이 제네바에서 출발하여 암스테르담까지 여행을 하기로 했다. 두 커플 모두 이번이 처음으로 하는 장거리 여행이며, 최근에 운전면허증을 취득했다. 각자 차량을 이용하여 이틀 후에 암스테르담에 도착하기로 했다. 여행 준비에 관하여 두 커플은 다른 방식을 사용하기로 했다. 자크와 수잔은 아무런 준비 없이 자신들의 직관에 의지하여 여행하기로 했고, 피에르와 재클린은 여행 전에 철저하게 준비하기로 했다.

　피에르와 재클린은 우선 구글 지도를 이용하여 암스테르담까지 가는 가능한 경로와 소요되는 시간을 철저하게 조사했다. 또한 이용 가능한 호텔도 조사했다. 이러한 정보가 수집되고 난 후에 이 커플은 이 여행이 가능한 것인지 판단해 보기로 했다. 우선 운전 초보자로서 장거리 운전이 가능한지를 고려하고 예산 내에서 여행이 가능한지도 조사했다. 이러한 사항들을 곰곰이 생각해 본 뒤에 피에르와 재클린은 자신들의 친구인 다니엘(Danielle)을 여행에 포함시킨다. 다니엘은 경험이 많은 운전자이자 여행가이기 때문에 그들이 필요할 때 많은 도움과 조언을 줄 수 있다. 게다가 피에르와 재클린은 고속도로 통행료를 절약하기 위해서 프랑스의 고속도로(French autoroute) 대신 독일의 고속도로(Autobahn in Germany)를 이용하기로 했다. 그리고 저렴한 호텔을 찾기 위해 30킬로미터 정도 더 운전하기로 했다. 출발 당일에는 공사로 인한 교통 혼잡을 피하기 위해 일찍 떠나기로 했다.

이 여행에서 피에르와 재클린 커플이 자크와 수잔 커플보다 여행에 대한 준비가 더 철저하다는 것은 명백하다. 피에르와 재클린은 자크와 수잔보다 훨씬 수월하게, 당황하거나 좌절하지 않고 여행을 마칠 가능성이 크다. 피에르와 재클린의 여행 계획은 철저하고 적극적이다. 그들은 여행 전에 모든 것을 고려한다. 따라서 적극적인 계획 과정은 준비, 기대, 자신감을 위한 목적으로 작용한다.

부모에 의해 제공되는 언어의 읽고 쓰기 학습 경험은 자녀의 계승어 읽고 쓰기 능력 발달 결과에 분명히 영향을 주기 때문에, 당신은 자녀의 계승어 읽고 쓰기 발달을 위해 하고 있는 활동들이 최선의 결과를 가져다주기를 바랄 것이다.[3] 물론 이 과정에서 어려움도 겪게 될 것이다(피에르와 재클린도 여전히 여행에서 어려움을 겪을 가능성이 있다. 하지만 자크와 수잔보다는 그것을 잘 해결할 가능성이 크다). 이 장의 나머지 부분에서는 적극적인 계획 과정에 관련된 사항들을 다루기로 하겠다.

 ## 당신의 상황을 평가하기

부모의 가용성

만약 당신이 많은 시간을 밖에서 일하며 보내야 하는 부모라면, 여행을 자주 해야 하는 부모라면, 혼자 아이를 길러야 하는 부모라면,[4] 혹은 어떠한 이유로 자녀와 많은 시간을 보낼 수 없는 부모라면, 아직도 자녀를 다중언어 구사자로 기를 수 있다고 생각하는가? 이에 대한 대답은 '아마도'일 것이다. 자녀와 많은 시간을 보내지 못한다는 것은 실제로 그들의 계승어 읽고 쓰기 학습에 있어서 아주 심각한 문제다. 그러나 자녀와 많은 시간을 함께 하지 못한다는 것이 자녀들의 계승어 읽고 쓰기 발달에 도움을 주지 못한다는 것을 의미하지만은 않는다.

만약 당신이 자녀와 많은 시간을 보내지 못하는 부모라면, 하루에 혹은 일주일에 얼마만큼의 시간을 자녀의 계승어 읽고 쓰기 교육에 투자할 수 있는지를 현실적으로 판단함으로써 시간을 효율적으로 사용할 수 있을 것이다. 시간적 제약에 대해 의식하고 있을 때 부모들은 아이의 교육에 더 집중하고, 주어진 시간을 더 잘 사용하는 경향이 있다.

시간적 제약에 대한 문제를 다루는 또 다른 방법은, 당신의 인생에서 중요한 것의 순서를 매기는 것이다. 만약 당신이 자녀들의 계승어 읽고 쓰기 능력 발달을 삶의 우선순위 중 하나로 정한다면 당신은 어떤 방식으로든 시간을 낼 것이다. 예를 들어, 홀로 아이를 기르거나 바쁜 부모들은 첨단 기술을 통하여 계승어 읽고 쓰기 교수 학습을 할 수 있다(예를 들어, 웹카메라를 통한 읽기와 말하기, 인터넷, 이메일, 녹음해 둔 비디오 및 오디오 자료 사용하기 등).[5]

만약 당신의 가용성에 대해 진지하게 점검해 본 뒤에 자녀의 교육을 위한 시간을 충분히 낼 수 없다고 결론을 내렸다면, 당신은 여전히 다른 방법(예를 들어, 개인교사 구하기, 지역사회 계승어학교 보내기, 방과후 계승어 수업 등록하기, 국제학교 등록하기 등)을 택할 수도 있다.

부모의 능력

계승어 읽고 쓰기를 가르치는 데 있어서 당신의 능력을 파악하는 것 또한 중요하다. 1장에서 언급하였듯이, 교수법의 질이 자녀의 학습 결과를 결정한다. 어떠한 전략을 택하기에 앞서 다음 사항들에 대해 생각해 보기를 바란다.

우선 당신의 계승어 읽고 쓰기 능력을 평가해 보고 싶을 것이다. 만약 당신의 능력이 부족하다고 판단된다면 자녀의 학습 결과는 당신의 부족한 능력에 영향을 받을 가능성이 크다. 이 경우, 당신은 자녀의 계승어 읽고 쓰기 능력 발달을 위해 주위에서 다른 방법(예를 들어, 계승어학교, 앞에 언급된 각종 계승어 관련 프로그램, 당신보다 뛰어난 계승어 읽고 쓰기 능력을 가진 개인교사 혹은 다른 부모에게 도움을 받는 것 등)을 찾기를 원할 것이다. 하지만 당신의 계승어 읽고 쓰기 능력이 부족하다고 하더라도 여전히 부모로서 자녀의 교육을 지원하는 역할은 매우 중요하다. 예를 들어, 자녀가 계승어학교나 개인교사를 통해 주어진 학습을 하는 동안, 당신은 그들의 활동을 지켜보고 계승어 관련 읽기 자료를 준비함으로써 도움을 줄 수 있다. 당신은 또한 자녀들에게 동기부여를 하면서 지속적으로 학습할 수 있게 도울 수 있다.

다음으로, 당신은 가정에서 자녀를 가르치는 것에 얼마나 편안함을 느끼는지 판단해 보기를 원할 것이다. 어떤 부모는 가정에서 자녀와 함께 공부하는 것을 편하게 여기는 반면, 어떤 부모는 가정에서 자녀와 학습하는 것을 불편하게 여기는 경우도 있다. 하지만 우리는 어느 누구도 교사로 태어나지 않았기 때문에 노력을 통해 개선할 수 있다. 우리는 우리가 무엇을 하고 있는지를 끊임없이 생각하고, 경험으로부터 배우고, 또 지속적으로 학습함으로써 지식을 채워 가며 우리의 교수 능력을 완벽하게 만들어 나갈 수 있다.

부모의 지원

주변(예를 들어, 가족, 지역사회, 학교 등)에서 어떤 종류의 지원을 받을 수 있는지 평가해 보고, 접근 가능한 자원에 대해 알고 있다면 당신은 시간과 노력을 효과적으로 분배할 수 있을 것이다. 다음 질문에 대해 생각해 보며 당신이 가능한 지원이 무엇인지 생각해 보기를 바란다.

- 당신은 계승어 교육에 대한 유일한 제공자인가?
- 당신의 배우자 혹은 다른 가족들이 도움을 줄 수 있는가?
- 당신은 다른 계승어 화자(예를 들어, 유모 혹은 개인교사 등)를 찾을 수 있는가?
- 당신은 동일한 계승어 배경을 가지고 있는 친구들을 찾을 수 있는가? 그렇다면 그 친구들과 함께 팀을 구성할 수 있는가?
- 당신의 지역사회는 계승어 학교 혹은 수업을 운영하고 있는가?
- 당신은 자녀들의 읽고 쓰기 능력 발달을 위한 자료를 어디에서 찾을 수 있는가? 그리고 그 자료를 구할 상황과 여력이 되는가? 그렇지 않다면 당신의 다른 방안은 무엇인가?

앞의 질문들을 세심하게 생각해 보고, 이에 따라 당신의 전략을 계획하라. 만약 당신의 지원이 약하다고 생각한다면 당신은 가정에서의 계승어 읽고 쓰기 교육을 가능하게 할 방안을 떠올리려 할 것이다.

부모의 자녀양육에 대한 신념

2장에서 우리는 읽고 쓰기 능력 발달의 목적에 대한 부모의 자녀양육 신념이 자녀의 계승어 읽고 쓰기 학습 활동에 어떻게 영향을 미치는지를 논의했다. 여러 문화 공동체에서 행해진 많은 연구들은 자녀들의 언어와 읽고 쓰기 능력 발달에 대한 성과는 부모들의 문화적 자녀 양육 신념에 밀접하게 연관이 있다는 것을 증명해 왔다.[6] 만약 자녀가 당신의 계승어 문화와는 다른 문화권에 살고 있다면 당신은 아이를 위해 그 문화 차이에 대해 협의해 나가는 것이 중요하다.

예를 들어, 당신의 문화는 부모 중심의 교육(즉, 부모가 모든 것을 결정하는)을 강조하고, 자녀의 주류사회 문화는 아이 중심의 교육에 더 중점을 둔다면 자녀는 당신의 교육 방법에 저항할 수도 있다. 자녀의 이익을 진지하게 고민하는 한 당신이 어떠한 신념을 따르는지는 전적으로 당신의 선택이다.

자녀

자녀의 학습 특징과 필요를 이해하는 것은 그들을 효과적으로 가르치는 데 도움을 줄 수 있다. 당신이 읽고 들은 어떤 전략들이 다른 아이들과는 잘 맞는다고 하더라도 당신의 자녀에게는 적합하지 않을 수 있다. 어떤 것이 그들에게 적합한지를 측정하는 가장 정확한 기준은 바로 당신의 자녀다. 어떠한 교수 전략을 사용해야 할지 결정할 때에 당신은 자녀의 기질, 관심, 나이, 능력 등을 고려하기를 원할 것이다.

부모의 기대

비록 우리 모두는 자녀들이 최고 수준의 계승어 읽고 쓰기 능력을 갖추기를 원하지만 현실적으로는 모든 가정의 상황과 아이가 다 다르다. 2장에서 논의한 다중언어 읽고 쓰기 능력 갖추기의 어려움과 복잡함을 고려할 때 자녀를 향한 부모의 기대는 좌절과 실망을 방지하기 위해 반드시 현실적이며 실현 가능해야 한다.

게다가 만약 당신의 자녀가 둘 이상의 계승어 환경에 있다면(예를 들어, 아버지와 어머니의 계승어가 다른 경우) 자녀에게 계승어를 하나만 가르칠 것인지 아니면 둘 다 가르칠 것인지를 당신의 모든 상황을 고려하여 신중하게 생각해야만 한다. 또한 자녀가 몇 살 때부터 계승어 읽고 쓰기 교육을 시작할 것인지도 고려해야만 한다.[7]

상황을 신중하게 고려한 후에 가정에서 자녀에게 계승어 읽고 쓰기를 가르칠 수 있다고 판단되면, 다음 단계인 '적극적인 계획과정'에 대해 생각해 볼 수 있다. 이 과정은 가정에서의 실행의 지침이 되는 교수학습 방법을 개발하는 단계다.

가정에서의 능동적인 교수-학습계획 개발하기

가정에서의 읽고 쓰기 교육을 위한 계획과정에 대해서는 많이 다루어지지 않고 있다. 이것은 아마도 가정에서의 교육은 임의적이고 임시적이라는 보편적인 인식 때문일 것이다. 비록 가정에서의 교육 환경과 학교에서의 교육 환경은 다르지만, 일반적인 말하기 습득과정과는 달리 읽고 쓰기는 학습되는 능력,[8] 즉 체계적이고 일정한 목표를 가지고 노력해야 하는 과정이라는 점을 기억할 필요가 있다. 예를 들면, 앤더슨 씨는 이렇게 탄식했다.

"나는 내가 무엇을 하고 있었는지 정말 몰랐어요. 많은 것들을 계획과
방향성 없이 해 왔거든요. 나는 내가 어디를 향해 가고 있는지조차 몰랐
어요. 나는 내 아이에게 흥미를 주는 방법도 몰랐어요."

이 말은 가정에서의 교수–학습 계획을 진지하게 세워야 한다는 것을 강하
게 시사해 준다. 실제로 많은 연구들은 신중한 계획이 자녀들의 성공적인 다
중언어 읽고 쓰기 능력 발달을 성취하도록 이끈다는 사실을 보여 주고 있
다.[9]

다음은 내가 제안하는 적극적인 계획 세우기 과정이다.

① 가정에서의 읽고 쓰기 교수–학습 목표 정하기(자녀가 달성하기를 원하는
전반적인 읽고 쓰기 발달 목표, 자녀가 성취하기 원하는 분야와 이를 도울 수
있는 방법)
② 가정에서의 읽고 쓰기 발달 과정 진단 방법 정하기(자녀가 당신이 목표
하는 분야에서 얼마나 잘 성취하고 있는지를 평가할 수 있는 방법)
③ 가정에서의 읽고 쓰기 활동 계획 및 실행 계획 만들기(자녀와 함께 할 구
체적인 활동)
④ 과정과 결과 점검(당신이 계획한 활동에 자녀들이 어떻게 반응했는지, 당신
의 전략이 성공적이었는지, 다음 단계를 위해 필요한 활동은 무엇인지 등)

앞의 요소들이 순서대로 기술되어 있기는 하지만, 모두 '진행 중'인 과정
으로 다루어야만 한다. 즉, 이러한 과정은 다음에 제시하는 [그림 3-1]에서
설명된 바와 같이 시작과 끝이 명확하게 구분되어 있지 않으며, 지속적으로
함께 융합하여야 한다.

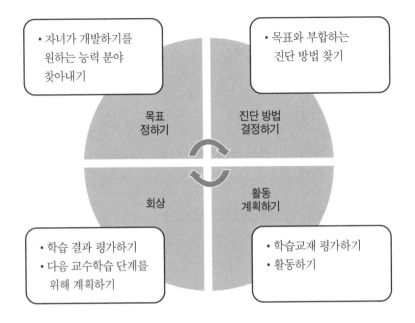

[그림 3-1] 가정에서의 읽고 쓰기 교육 계획 과정

가정에서의 읽고 쓰기 교수-학습 목표

효과적인 계획을 위해서는 명확한 목표를 세워야 하고, 명확한 목표는 당신이 가고자 하는 곳으로 인도해 주는 지도자와 같은 역할을 한다. 자녀의 계승어 읽고 쓰기 학습의 목표를 세울 때 당신의 특수한 상황에 따라 단기 목표와 장기 목표를 세우는 것이 좋다. 단기 목표란 자녀가 매일 혹은 매주 달성해야 할 목표인 반면 장기 목표는 자녀가 월간이나 분기간 혹은 연간 달성해야 할 목표다.

자녀의 교육을 위한 목표를 세울 때는 여러 가지 사항을 고려해야 한다.

첫째, 단기 목표와 장기 목표가 앞에서 언급한 요소, 즉 부모의 가용성, 능력, 지원, 신념, 자녀의 발달단계 등과 어울리는지 확인해 보아야 한다. 이러한 현실성 점검은 당신이 세운 계획이 실현 가능한 것인지를 판단하게 도와준다. 한 어머니가 자신의 열세 살 아들을 위한 계승어 읽고 쓰기 교육 계획을 나와 함께 나눈 적이 있다. 그녀는 하루에 새로운 단어 스무 개 외우기, 문법 문제 다섯 장 풀기, 일주일에 계승어 책 한 권씩 읽기를 목표로 계획을 세웠다. 이 어머니의 계획은 그녀의 환경과 비교해 볼 때 야망이 너무 컸다. 그녀의 아들은 이미 학교, 스포츠 및 음악 활동 등으로 일정이 꽉 차 있었으며 부모 모두 풀타임으로 일해야 했다. 그녀의 계획이 어떻게 끝났을지 상상해 보는 것은 어렵지 않다.[10]

둘째, 자녀를 위한 단기 목표와 장기 목표는 구체적이고 측정이 가능해야 한다. 예를 들어, '새로운 단어를 글쓰기에 사용할 수 있다'라는 목표는 구체적이고 측정이 가능한 반면, '작가의 필체를 이해할 수 있다'라는 목표는 구체적이지 못하며 측정 또한 힘들다. 자녀의 이해 능력 측정이 중요하지 않다는 의미는 아니다. 자녀의 이해 능력은 좀 더 구체적인 방법으로 측정되어야 한다는 의미다(예를 들어, 작가가 주인공의 깊은 감정을 표현하기 위해 여러 형용사를 사용했다는 것을 알아낸다든지, 작가가 독자의 주의를 주인공의 내면세계로 이끌기 위해 과장된 표현을 사용했다는 것을 알아내는 등).

셋째, 자녀가 어리더라도 함께 목표를 세우는 것이 효과적이다. 함께 계획을 세울 때 아이들은 동기부여가 되고 자신감을 얻게 된다. 예를 들어, 나의 큰아들인 레앙드르는 학교에서 내 준 많은 과제 때문에 내가 계획한 중국어 학습에 대해 불평을 한 적이 있다. 하지만 내가 계획 단계에 아이를 포함시키면서 의견을 구했을 때 아이는 내게 협력하기 시작했다. 가끔씩 그는 우리의 계획을 좀 더 효과적인 방법으로 수행할 수 있는 기발한 의견을 제시하기도 했다.

넷째, 단기 목표 및 장기 목표는 유동적이어야 한다. 계획은 아이의 학습 경험에 따라 수정될 수 있어야 한다. 만약 당신의 계획이 실현 불가능하다는 것을 깨닫는다면 주저 없이 그 계획을 수정하거나 심지어는 그 계획을 포기해야 한다.

가정에서의 읽고 쓰기 평가 방법

가정에서 계승어 읽고 쓰기를 가르치고 배우는 것의 특성상 자녀들의 발달 능력을 평가하는 것은 아주 중요하다. 이것을 통해 당신과 자녀가 하는 교육이 어떻게 진행되고 있는지 평가할 수 있기 때문이다. 전통적으로 평가는 학습 활동의 마지막에만 행해진다. 백워드 교육과정 설계모형(Backward curriculum design model)[11]은 실제 수업행위가 일어나기 전에 평가를 시행하고 있다. 교육 활동을 설계하기 전에 평가에 대해 생각해 봄으로써 활동을 할 때 목표에 중점을 둘 수 있고, 목표와 관계없는 평가를 방지할 수 있다.

또한, 아이의 언어와 읽고 쓰기 발달에 자주 사용되는 평가방법은 '규준참조 표준언어 평가'(norm-referenced standardized language tests: 다른 아이들과 비교하는)다. 가정에서 학습하는 아이를 '규준참조 표준언어 평가'를 사용하여 평가하는 데에는 여러 가지 문제가 있다. 우선 다양한 가정환경에서 읽고 쓰기를 배우는 아이들에게는 '규정'이 없다. 또한 '규준참조 표준언어 평가'는 실생활에서 아이들이 사용하는 읽고 쓰기 능력을 반영하지 않는다. 따라서 가정환경에서 계승어 읽고 쓰기를 학습하는 아이에게 '규준참조 표준언어 평가'를 사용하는 것은 적절하지 못하다. 호주의 교육자인 콜렛 테일러(Collette Taylor)는 아이들에게 읽고 쓰기 능력 발달을 보여 줄 많은 기회가 주어져야 한다고 믿는다. 그녀는 아이의 발달과 학습을 돕는 중요한 열쇠는 다양한 방법을 이용하여 아이들의 능력을 평가하고, 그 발달 과정을 기록하여 그들에게 새로이 이해하게끔 하는 것이라고 강조한다. 구어적 · 문어적 · 기

술적·문학적·극적 표현, 이 모든 것들이 읽고 쓰기 능력을 증명하는 데 기여한다.[12]

　가정에서 계승어 읽고 쓰기를 학습하는 아이의 특성을 고려하여, 자녀들의 계승어 읽고 쓰기 발달을 평가하기 위한 방법으로 다음과 같은 여섯 가지의 평가 방법을 제시하고자 한다. 5장과 6장에서는 유년기와 청소년기에 필요한 부분을 만족시키기 위해 추가적인 평가 방법을 제시할 것이다.

관찰일지

　자녀와 계승어 읽고 쓰기 활동을 할 때 당신은 관찰일지를 작성할 수 있다. 관찰일지 작성의 가치는 자녀가 달성한 중요한 발전과 개선이 필요한 부분들을 파악할 수 있다는 데 있다. 관찰일지는 자녀의 계승어 읽고 쓰기 학습 중에 일어나는 것들을 기록하는 것이다. 관찰일지에는 표준화된 방식은 없다(간단하거나 혹은 복잡하거나). 일단 시작하게 되면 자신만의 방식을 찾게 될 것이다.

　다음은 관찰일지의 한 예시이며, 이를 틀로 하여 당신의 필요에 따라 가감하여 사용할 수 있다.

관찰 일자	
학습 활동 및 과제	
아이의 동기부여	
아이의 학습 행동	
아이의 학습 결과	
향후 활동 계획	
기타	

점검표

당신은 또한 가르친 부분에 대해 자녀들이 발전을 보였는지를 확인하기 위한 점검표를 사용할 수 있다. 점검표는 학습 후에 아이가 그 능력을 습득하였는지 신속하게 확인할 수 있는 방법이다. 다음은 점검표의 예다. 당신의 필요에 따라 이것을 수정할 수 있다.

가르친 능력 및 분야	습득	미습득	기타
능력 1	○		
능력 2		○	
능력 3	○		
능력 4		○	

형제자매 상호점검

자녀들이 계승어에 어느 정도 숙달되었다면 당신은 형제자매끼리 비평 혹은 점검을 해 주도록 요구할 수 있다. 예를 들어, 한 자녀에게 문단을 읽게 하고, 다른 자녀에게 단어들이 정확하게 발음되었는지 물어볼 수 있다. 또한 서로 철자나 문법을 확인할 수도 있다. 종종 나이가 더 많은 형제자매나 계승어에 좀 더 능숙한 형제자매가 도움을 준다. 하지만 나이가 어리거나 계승어에 조금 덜 능숙한 형제자매도 중요한 역할을 한다. 그들은 학습 상대이자 검토자로서 학습에 도움을 줄 수 있다.

자기 평가

당신은 자녀들이 자신의 학습과 발달 상황을 스스로 점검할 수 있는 능력을 기르도록 도울 수 있다. 자녀에게 자신이 학습한 내용을 다시 점검해 보게 하라. 예를 들어, 다음과 같은 표는 자녀들이 자기 평가에 활용할 수 있다. 이 표는 자녀가 스스로 자신의 문서 읽고 이해하기 능력을 평가해 보고자 할 때 도움이 될 것이다.

날짜	
문서 제목	
이해한 것	
이해하지 못한 것	
도움이 필요한 부분	
문서를 통해 전반적으로 배운 것	
기타	

이 도표는 나이가 조금 있는 자녀에게 보다 유리하지만 어린 자녀도 글이 아닌 말을 통해 이러한 도표로써 스스로 평가하는 방법을 배우게 될 것이다. 자기 평가의 이점은 자녀들이 자신의 평가에 스스로 기여함으로써 그리고 개선이 필요한 부분을 스스로 찾아냄으로써 동기부여가 된다는 점이다.

포트폴리오 평가

서류철과 유사한 포트폴리오는 아이의 다양한 작품 샘플을 포함한다. 포트폴리오 평가는 아이의 읽고 쓰기 능력 발달 상황을 총체적 방법으로 평가하는 것이며, 실생활에서 아이들의 유의미한 읽고 쓰기 경험에 대한 분석 및 관찰을 바탕으로 아이의 노력, 발달, 성취를 문서화한 풍부한 자료다.[13] 즉, 아이들이 발달단계에 따라 실생활의 문제를 해결하기 위해서 어떤 방식으로 읽고 쓰기 능력을 사용하는지에 대한 평가다. 예를 들면, 터키 어 책자에서 자신이 좋아하는 시리얼의 문자를 식별할 수 있는 세 살 아이의 경우 그 문자를 어떻게 쓰는지 모를지라도 초기단계의 읽고 쓰기 능력을 가지고 있다고 여긴다.

포트폴리오 평가는 다른 아이들과 비교하는 규준참조 평가방법이 아니라 일정한 기준을 두고 평가하는 준거지향 평가방법이다.[14] 포트폴리오 평가의 장점은 부모와 자녀들이 지나 온 발달 과정을 확인할 수 있다는 점이다. 예를 들어, 자녀의 계승어 쓰기 능력 발달을 평가하기 위해 포트폴리오를 사용하면 당신은 자녀의 쓰기 능력 발달의 여정을 한눈에 볼 수 있다(단순한 그림이나 임의의 글자부터 완전한 문장과 문단을 작성하기까지의 여정).

포트폴리오 평가에서는 자녀의 참여가 핵심이다.[15] 자신이 직접 포트폴리오에 들어갈 항목을 선택하도록 하는 것은 자녀에게 힘을 실어 준다. 가정에서의 교수-학습 환경에서 포트폴리오 평가의 가장 큰 장점은 바로 동기부여다. 스스로가 얼마나 발전했는지 깨닫는다면 그들은 포기하지 않고 더 나아가도록 동기부여를 받는다. 4장에서 포트폴리오 평가 방법이 어떻게 사용될 수 있는지에 대해 자세히 설명하겠다.

시청각 녹음

시청각 녹음 또한 자녀의 계승어 읽고 쓰기 능력 발달 과정을 추적해 볼 수 있는 유용한 방법이다. 만약 당신이 자녀의 읽기 유창성이 얼마나 향상되었는지를 알고 싶다면 어떤 한 시점에서 자녀의 읽기를 녹음하고, 어느 정도 시간이 지난 후(예를 들어, 두 달 후)에 다시 녹음할 수 있다. 그 녹음된 자료들을 통해 당신은 자녀가 일정 기간 동안 얼마나 향상되었는지 그리고 부족한 부분은 무엇인지를 알 수 있다.

가정에서의 읽고 쓰기 활동 계획

가정에서의 읽고 쓰기 활동 계획은 당신이 자녀를 위해 세운 목표를 이루기 위해 필요한 활동에 대한 개요다. 본질적으로 이것이 바로 상세한 시행 계획이다. 활동 계획 혹은 시행 계획의 장점은 당신이 시행하기 전에 무엇을 계획하고 있는지를 생각해 볼 수 있다는 것이다. 당신의 교수학습 아이디어를 써 보는 것은 계획이 제대로 진행되고 있는지 확인할 수 있게 도와준다. 이 과정을 시작할 때 무엇을 계획하고 있는지 상세하게 기록할 수 있다. 이 과정에 점점 익숙해진다면 당신이 세운 계획의 개요는 이미 충분한 것이다 (활동 계획 샘플은 '예시 3-1' 참조).

활동이나 특정한 학습 주제를 계획할 때 자녀와 함께 계획하는 것은 아이가 어리더라도 항상 도움이 된다. 자녀와 함께 계획을 수립하는 것의 장점은 자녀들이 학습 목적을 직접 보고 아이디어를 나누면서 동기부여가 되고, 더 협조적이 된다는 점이다.

부모의 자성

되돌아보는 단계인 자성을 계획 단계에 포함시키는 것이 이상하게 보일 수 있다. 당신은 아마도 '아직 시작도 안 했는데 어떻게 되돌아보나?'라고 자문힐 것이다. 이 징의 잎부분에서 나는 계획의 4단계는 모두 진행 중인 과정이라고 언급한 적이 있다. 비록 당신이 아직 계획 단계에 있더라도 자성 또한 다른 어떤 단계만큼 중요하고, 또 다음에 이어질 교수학습 단계의 새로운 시작임을 강조하기 위해, 나는 이 자성을 이곳에 포함시켰다('예시 3-1' 참조).

자성은 계획에 있어서 필수 요소다. 계획한 모든 활동들을 시도한 후 당신은 어떻게 학습이 진행되었고, 또 자녀가 당신의 전략에 어떻게 반응했는지 알고 싶을 것이다. 이 단계는 차후 교수학습 계획을 수립하는 데 중요하다. 무엇이 잘 진행되었고 또 어떤 것이 잘 진행되지 못했는지를 아는 것은 다음의 계획을 수정하고 조정하는 데 도움이 된다. 내가 개인적으로 다중언어 자녀 양육 활동을 하면서 알게 된 것은 스스로 돌아보는 저널을 작성하는 것이 나와 자녀의 상호작용에 큰 도움이 된다는 것이다. 이 과정은 지루할 수도 있다. 그러나 당신은 시간이 지남에 따라 당신이 얼마나 나아왔고, 지난날의 좌절이 현재의 기회가 되고 있다는 것을 깨닫게 될 것이다. 7장에서 당신은 자성 저널을 통해 큰 도움을 받은 부모들을 만나게 될 것이다.

예시 3-1　**가정에서의 활동 계획 예시**

- 활동의 주목적(단기 목표)
- 중국어의 측량 단위인 串(한 줄, 다발, 한 덩어리)을 이해한다(一串珠子: 구슬 한 줄, 一串葡萄: 포도 한 송이, 一串 匙: 열쇠 한 꾸러미 등).
  - 이 단위를 일상생활에서 올바르게 사용하는 법을 안다.
  - 읽기 교재에서 이 단위를 구별한다.
  - 이 단위를 쓰기에 올바르게 사용한다.

- 장기 목표와의 관계
  자주 사용되는 150개의 측량 단위 어휘를 사용하는 법을 안다.

- 시간 배분
  일주일에 한 번

- 나이
  여덟 살

■ 읽고 쓰기 능력 평가 계획

• 측량 단위를 사용해서 지시를 내리고 자녀가 그것을 이해하는지 확인한다.

• 어휘를 사용할 수 있는 기회를 주고 자녀가 그것을 올바르게 사용하는지 확인한다.

■ 교재 · 교보재 · 기술

• 구슬, 포도, 열쇠

• 종이와 연필

• 인터넷과 중국어 소프트웨어

■ 진행 절차

① 구슬을 함께 엮으며 측량 단위인 串에 대해 소개한다. 자녀에게 把珠子 串成串(함께 구슬을 엮자)고 요청한 뒤, 단위를 올바르게 이해했는지 확인한다. 만약 이해하지 못했다면 이 단계를 반복한다.

② 아침 식사시간에 아이에게 一串葡萄(포도 한 송이)를 가져오라고 한 뒤 잘 이해했는지 확인하고, 그렇지 못하다면 직접 시범을 보인다.

③ 자동차로 가면서 자녀에게 一串钥匙(열쇠 꾸러미)를 가져오라고 요청한다.

④ 자녀에게 串를 어떻게 쓰는지 보여 준다(획의 순서에 주의한다).

⑤ 자녀에게 串자가 필요한 업무(쇼핑 목록 채우기)를 요청하며 쓰는 법을 연습하게 한다: 买五(   )葡萄 (포도 다섯 송이를 사라), 六(   )珠子(구슬 여섯 개를 사라)

⑥ 컴퓨터 프로그램으로 중국어 측량 단위 어휘를 사용해 본다.

⑦ 냉장고에 다음과 같은 메모를 남겨서 다음과 같이 물어본다: 你吃点心时 要几串葡萄(간식으로 포도를 몇 송이 먹을래?).

■ 참고

모든 활동을 똑같은 순서로 할 필요는 없다.

■ 보충 활동

자녀에게 '一串紅葡萄 (붉은 포도 한 송이)'라는 노래를 가르쳐서 측량 단위인 串에 자주 접하게 만든다.

■ 참고

활동을 매일 다른 상황에서 창의적으로 활용하여도 좋다.

■ 진단과 평가

자녀가 측량단위인 串을 배우는 과정을 문서화하라. 예를 들면, 다음과 같다.

• 일상생활에서 자녀가 그 단위를 올바르게 사용한 경우와 그렇지 못한 경우를 기록하라.

• 읽기 교재에서 자녀가 그 단위를 식별해 낸 경우와 그렇지 못한 경우를 기록하라.

• 자녀가 그 단위를 올바르게 적은 경우와 그렇지 못한 경우를 기록하라.

• 모든 기록을 자녀와 함께 보며 자녀의 발달 상황을 확인하고, 또 부족한 부분을 점검하라.

■ 점검

• 계획한 활동들이 성공적이었는가?

• 직면한 문제들이 있었는가?

• 당신을 당황하게 한 문제들이 있었는가? 있었다면 그 문제들에 대해 어떻게 반응하였는가?

• 자녀가 활동에 관심을 보였는가?

• 당신이 실행한 활동을 통해 자녀가 배운 것은 무엇인가?

• 다음의 교수학습 활동을 위해 수정이 필요한 부분이 있는가?

계획 과정과 단계를 살펴보았는데, 아마 실망한 사람도 더러 있을 것이다. 당신은 이 과정이 부담스럽다고 느낄 수도 있다. 그렇더라도 상관없다. 이 모든 과정을 다 진행할 필요는 없기 때문이다. 하지만 앤더슨 씨처럼 실패하지 않기 위해서 어느 정도의 계획은 필요하다. 당신은 최소한 자녀의 계승어 읽고 쓰기 능력 발달을 위한 가장 큰 목표와 그 목표를 어떻게 이루어 나갈지를 미리 생각해야 한다.

 요 약

이 장에서는 자녀들이 다중언어 읽고 쓰기 능력을 갖추도록 도와주기 위한 적극적인 계획의 중요성과 필요성에 대해 다루었다. 즉, 당신의 가용성, 능력, 지원, 자녀양육 신념, 기대를 점검해 보는 것이 당신이 가정에서 자녀를 다중언어 구사자로 기를 준비가 되어 있는지를 판단하는 데 도움이 된다는 것을 보여 주었다. 가정에서의 읽고 쓰기 교육 목표 정하기, 진단 및 평가 방법 정하기, 활동 계획 세우기 및 교수-학습 경험 돌아보기 등 서로 공존하는 4개의 계획 단계를 소개하였다. 이 계획 단계는 자녀의 계승어 교육을 위한 목표 설정과 그 목표를 달성하도록 돕는다는 것도 언급하였다. 당신이 더 적극적으로 계획할수록 다가올 어려움에 더 잘 대비하고 좌절을 최소화할 수 있을 것이다.

 당신의 과제

당신은 지금까지 적극적인 계획을 세우는 데 필요한 주요 단계에 대해 살펴보았다. 다음은 이 장에서 다룬 내용과 당신의 현실을 연결하도록 도움을 주는 몇 가지 활동과 질문이다.

활동 및 생각해 볼 문제

- 이 장에서 읽은 정보와 현재 당신의 가정의 상황을 바탕으로 자녀의 나이에 적합한 계승어 읽고 쓰기 교육을 위한 계획을 세워 보라.
- 이 장에서 언급한 당신의 현실(예를 들어, 가용성, 능력, 지원, 자녀양육 신념, 기대)에 대해 생각해 보라. 당신은 계획한 대로 가정에서의 계승어 읽고 쓰기 교육 목표를 달성할 준비가 되어 있다고 생각하는가?
- 당신의 계승어 읽고 쓰기 교육 목표가 당신과 자녀에게 현실적인가? 교육이 현실적으로 이루어지기 위해 수정해야 할 필요가 있는가?
- 자녀를 일정 기간(하루 혹은 한 주) 동안 관찰해 보고, 당신이 이전에는 깨닫지 못했던 부분을 적어 보라(비디오로 촬영을 해도 좋다). 이 작업이 당신에게 도움이 되는가? 이 활동을 통해 무언가를 배웠다면 앞으로도 계속 이러한 과정을 시행할 예정인가?
- 당신의 자녀에게 가르치기 위한 주제를 하나 생각해 보라. '예시 3-1'에서 제공된 모델을 사용하여 활동계획을 세워 보고, 자녀와 함께 시행하라. 이 계획이 자녀에게 효과가 있는가? 있다면 어떤 효과가 있는가? 이 경험에 대한 당신의 생각과 고려해야 할 사항을 기록하고, 한 달 뒤에 이 기록을 다시 살펴보라. 다시 읽어 보면서 발견한 점이 있는가?

🗎 주석 및 참고문헌

1) 이 이야기는 2008년 11월 24일에 있었던 부모를 위한 간담회에서 나눈 것이며, 이 내용이 책에 포함될 수 있도록 앤더슨 씨에게 허락을 받았다.

2) Wang, X-L. (2008) *Growing Up with Three Languages: Birth to Eleven*. Bristol: Multilingual Matters.

3) Nordtveit, H. (2005) Family literacy. Paper commissioned by the Education for All Global Monitoring Report.

4) 당신이 홀로 자녀를 기르고 있고 당신의 전 배우자가 자녀와 함께 살지 않는다고 해도 당신은 여전히 자녀를 다중언어 구사자로 키울 수 있다. 다음 논문은 당신에게 도움을 줄 것이다: Obied, V.M. (2010) Can one-parent families or divorced families produce two-language children? An investigation into how Portuguese-English bilingual children acquire biliteracy within diverse family structures. *Pedagogy, Culture & Society* 18 (2), 227-243.

5) Wang, X-L. (2009) Interview with Xiao-lei Wang: Author of *Growing up with Three Languages*. *Multilingual Living Magazine* 4 (1), 22-24.

6) Heath, S.B. (1983) *Ways with Words: Language, Life, and Work in Communities and Classrooms*. Cambridge: Cambridge University Press.
Ochs, E. and Schieffelin, B.B. (1984) Language acquisition and socialization: Three developmental stories and their implications. In R.A. Shweder and R.A. LeVine (Eds.) *Culture Theory: Essays on Mind, Self, and Emotion* (pp. 276-320). Cambridge: Cambridge University Press.

7) 이러한 측면에서 결정을 내리는 방법에 대한 구체적인 설명이 필요하면 다음을 참조하기 바란다: Wang, X-L. (2008) *Growing Up with Three Languages: Birth to Eleven*. Bristol: Multilingual Matters.

8) Garton, A. and Pratt, C. (1998) *Learning to Be Literate: The Development of Spoken and Written Language*. Oxford: Blackwell.

9) Cuero, K. and Romo, H. (2007) Raising a multicultural multilingual child. Paper presented at The Annual Meeting of the American Sociological Association, New York, 10 August.
Wang, X-L. (2008) *Growing Up with Three Languages: Birth to Eleven*. Bristol: Multilingual Matters.

10) 2009년 2월 8일 부모를 위한 워크숍에서 나온 보기.

11) Wiggins, G. and McTighe, J. (2005) *Understanding by Designing* (2nd edn). Alexandria, VA: ACSD.

12) Tayler, C. (2000) Monitoring young children's literacy learning. In C. Barrat-Pugh and M. Rohl (Eds.) *Literacy Learning in the Early Years* (p. 211). Buckingham: Open University Press.

13) Cohen, J.H. and Wiener, R.B. (2003) *Literacy Portfolios: Improving Assessment, Teaching, and Learning* (2nd edn). Upper Saddle River, NJ: Merill Prentice Hall. Grinffin, P. Smith, P.G. and Burrill, L.E. (1995) *The American Literacy Profiles Scales: A Framework for Authentic Assessment*. Portsmouth, NH: Heinemann.

14) Grinffin, P., Smith, P.G. and Burrill, L.E. (1995) *The American Literacy Profiles Scales: A Framework for Authentic Assessment*. Portsmouth, NH: Heinemann.

15) Fleet, A. and Lockwood, V. (2002) Authentic literacy assessment. In L. Makin and C. J. Diaz (Eds.) *Literacies in Early Childhood: Changing Views, Challenging Practices* (pp. 135-153). Sydney: Maclennan & Petty.

제4장

영유아기(출생부터 5세까지)[1]

이 장에서는 가정에서 영유아기 자녀의 초기 계승어 읽고 쓰기 능력 발달(멀티미디어 사용 능력 포함)을 어떻게 도울 수 있는지에 대해 논의하고자 한다. 우선 이 장에서 제시되는 전략들이 타당함을 보여 주기 위해 영유아기 자녀의 학습 특징에 대해 개괄적으로 소개한 후, 적합한 교재를 선정하는 방법과 아이들의 주의를 끌 수 있는 활동을 실행하는 여러 가지 방법에 대해 검토한다. 이 장의 끝에서는 포트폴리오 평가 방법을 이용하여 자녀들의 초기 계승어 읽고 쓰기 진행상황을 평가·점검하는 방법에 대해 논의하고자 한다. 각각의 주요 부분의 끝에는 당신의 상황을 고려하여 제시된 전략들을 점검해 볼 수 있는 기회 또한 제공된다.

전형적인 학습 특징

영유아기의 전형적인 학습 특징으로는 호기심, 탐구, 발견 등이 대표적이다.[2] 환경적인 기회가 주어지는 한 영유아기 아이들은 언제든지 탐구하고 배울 준비가 되어 있는 것처럼 보이기 때문에 사람들이 이 시기 아이들의 자연적인 학습 욕구를 스펀지와 비교하는 것은 당연하다.

영유아기 아이들의 인지 발달은 최소 두 가지의 단계를 거친다. 첫 단계에서 영아들은 자신의 직계환경에 있는 사람들과 사물에만 집중하는 경향이 있다. 자신들의 직계환경을 넘어선 어떤 것에도 관심을 보이지 않는다. 이후의 단계(2세 후반)에서 아이들은 상징적인 사고(영아기 후반부에 이미 징조를 보인다),[3] 즉 자신들의 직접 경험을 넘어서는 것들에 대해 생각하고 말한다. 그러나 아이들은 이 시기에는 한 번에 한 가지에만 집중할 수 있으며 다각도의 인식은 하지 못한다. 예를 들어, 네 살 아이는 같은 양의 물이 담겨 있어도 큰 용기가 작은 용기보다 많은 물을 담고 있다고 여긴다. 게다가 이 기간 동안의 아이들은 규칙의 기능을 이해하지 못한다. 당신은 아마도 아이들이 게임을 할 때 규칙을 따르지 못하거나 종종 자신의 필요에 맞게 규칙을 바꾸는 것을 본 적이 있을 것이다.

영유아기 아이들의 학습 특징들을 고려할 때 이 시기 아이들의 학습을 돕는 가장 좋은 방법은 풍부한 환경을 많이 지원해 주는 것이다. 따라서 당신은 당신의 자녀를 위해 다음과 같은 일반적인 지침을 고려해 보기 바란다.

- 아이들이 탐구하고 상상할 수 있도록 자극을 주는 환경을 제공하기[4]
- 아이들과 상호교류할 때 아이들로부터 단서를 얻기
- 구체적인 예를 들어 설명하기
- 아이들의 요청과 신호에 반응하기

- 아이들이 관심을 넓히도록 단계적인 지원을 제공하기
- 아이들에게 의미 있는 교육 활동을 시작하기
- 긍정적인 반응 및 피드백을 해 주고 부정적인 피드백은 피하기
- 아이들에게 선택할 기회 제공하기

부모가 이처럼 지원하는 방식으로 아이들과 상호작용을 할 때 아이들은 모든 방면에서 고르게 발달한다. 이 어린시기에 아이들이 경험하는 학습은 앞으로의 인지, 언어, 읽고 쓰기 능력, 사회적 성격 발달에 아주 중요하다.

 ## 다중언어 읽고 쓰기 능력 발달의 초점

한때 읽고 쓰기 활동은 아이들이 정규 학교를 다니기 전까지 시작해서는 안 되는 것으로 여겨졌다. 하지만 지금은 많은 교육자와 연구자들이 읽고 쓰기 과정은 아이가 태어나면서부터 일생을 통해 계속된다는 것을 주장하고 있다.[5] 둘 이상의 언어를 접하게 되는 아이의 경우 좀 더 일찍 다중언어 읽고 쓰기 능력 발달을 시작하는 것이 유리하다고 한다.

내가 방금 언급한 영유아기 아이들의 학습 특징에 기준하여, 이 시기에 가정에서의 읽고 쓰기 활동을 할 때에는 초기 읽고 쓰기 기술 발달[6]과 멀티미디어(다중매체) 사용 능력 형성을 돕는 것에 집중해야 한다.[7] 이 시기의 대부분의 아이들은 전통적으로 인정되는 읽고 쓰기 능력을 발달시킬 수는 없지만, 그들은 주위에서 접하게 되는 다중언어 인쇄매체 등을 통해 의미를 찾아내며 그것들에 대한 지식을 축적해 나가게 된다.[8]

예를 들어, 세 살인 오마르(Ommar)는 아랍 어와 영어를 읽지는 못하지만 두 활자를 구별하는 지식은 가지게 되었다. 따라서 아이의 아버지가 그에게 아랍 어 신문을 가지고 오라고 할 때 영어 신문과 혼동하지 않고 그 지시를

잘 이행할 수 있다.[9] 이와 비슷하게 이 시기의 대부분의 아이들은 혼자 멀티 미디어를 사용하는 능력(인터넷 혹은 이메일 사용 등)이 없다. 하지만 이들은 부모와 손위 형제자매를 관찰하며 멀티미디어 사용 능력을 발달시킬 수 있 다. 예를 들어, 네 살인 아야티(Ayati)는 어머니가 인터넷으로 사진을 내려 받 는 것을 종종 목격하였고, 어느 날 어머니에게 자신의 학교에서 '보여 주며 말하기(Show and Tell)'에 사용할 디왈리(Diwali: 인도의 전통 축제)[10]의 음식 사진을 인터넷에서 찾아 달라고 요청하였다.[11]

하지만 영유아기 동안의 읽고 쓰기 및 멀티미디어 사용 능력의 발달은 급 성장, 정체, 심지어는 퇴보 등으로 특징지어지기도 한다. 이는 이 시기의 발 달이 종종 순조롭지 않고 일관성이 없으며, 동시에 발생하지 않고 직선적이 지 않기 때문이다.[12] 그럼에도 불구하고 이 시기에 발달되는 상위 언어 능력 (활자 간의 차이점을 구별하는 능력) 및 인쇄물과 멀티미디어에 관한 개념은 아 이들의 다중언어 읽고 쓰기 발달을 위한 초석임이 분명하다.

따라서 이 시기의 자녀를 위한 가정에서의 읽고 쓰기 활동을 계획할 때 아 이들의 초기 다중언어 읽고 쓰기 능력과 멀티미디어 사용 능력 발달을 도와 주는 것에 중점을 두어야 한다(예를 들어, 다른 언어에서 글자와 같은 상징과 소 리가 어떻게 관련이 되어 있는지, 다른 언어들의 어순과 글자 배열은 어떻게 다른 지, 인쇄매체의 형식은 어떻게 다른지 등을 구별하는 능력).

 ## 읽고 쓰기 교재 선정하기

2장에서 논의한 가정에서의 교수법 틀을 살펴보고, 3장에서 언급한 이와 연관된 중요한 요소들을 인지하면서 계획 단계를 거쳐 왔다면, 당신은 이제 이 계획을 실행하기 위해 적합한 읽고 쓰기 교재를 선택하는 단계를 시작할 수 있다. 적합한 읽고 쓰기 교재는 아이들의 초기 읽고 쓰기 능력 발달을 촉

진시킬 수 있다. 이러한 교재는 계승어 읽고 쓰기 교재를 구하기 힘든 환경
에서 계승어 읽고 쓰기를 학습하는 아이들에게 더욱 중요하다. 다음은 영유
아기 자녀들을 위한 계승어 읽고 쓰기 교재를 선택할 때 고려해 볼 수 있는
것들이다.

환경에서의 인쇄매체

아이들의 계승어 읽고 쓰기 능력 발달을 돕기 위해 사용하는 교재가 꼭 양
질의 아동용 도서일 필요는 없다. 예상하지 못했던 것들, 예를 들어, 번호판,
옷 상표, 시리얼 상자, 도로 표지판, 가게 창문 혹은 생일 카드 등이 교재로
사용될 수 있다. 이러한 종류의 인쇄매체들은 아이들의 일상에 존재하는 것
이기 때문에 환경에서의 인쇄매체라고 부른다. 환경에서의 인쇄매체는 일반
적으로 문맥화되어 있으며, 아이들은 그것에서 단서와 의미를 찾아낸다.[13]
예를 들어, 세 살인 로리(Lori)는 GAP 매장의 상호를 볼 때마다 'GAP'이라고
외치고는 했다. 그녀는 어머니와 함께 그 매장에 자주 방문했기 때문에 G-
A-P라는 글자들을 상점과 연관 지었던 것이다. 그녀의 이러한 경험은
'GAP'이라는 기호가 가게의 이름을 나타낸다는 것을 이해하는 데 도움을
주었다.[14] 이 연구는 영유아기 아이들에게 환경에서의 인쇄매체가 일상에서
의 인쇄매체의 뜻을 해독하는 데 도움을 준다는 것을 증명하였다.[15]
환경에서의 계승어 인쇄매체는 계승어를 배우는 아이들에게 종종 부족하
다. 그러나 약간의 창의력을 발휘한다면 부모들은 자녀들이 계승어 읽고 쓰
기를 시작하는 데 도움을 줄 수 있다. 예를 들어, 코네티컷 주의 쇼키레브 씨
(Mrs. Shokhirev)는 10개월 된 아들에게 계승어인 러시아 어 교육을 시키고자
했다. 아이에게 매일 아침을 줄 때마다 시리얼 박스에 일부러 붙여 놓은 러
시아 어를 가리키며 글자를 발음하였다.[16] 이와 유사하게 뉴저지 주의 미나
미 씨(Mrs. Minami)는 일본 상점에서 쇼핑을 한 후 다섯 살의 딸에게 일본어

가 적힌 상품들을 함께 정리하자고 요청했다.[17] 또 뉴욕의 슈 씨(Mrs. Xu)는 자신의 네 살 아들을 위해 집안 곳곳의 물건에 중국어로 이름을 붙여 놓았다.[18] 이 어머니들은 아이들이 일상의 의미 있는 환경에서 계승어에 관심을 가질 수 있도록 환경에서의 인쇄매체를 창의적으로 사용했다. 실제로 연구자들은 캐나다, 미국, 영국에 있는 많은 이민자들이 신문, TV 프로그램,[19] 잡지, 카탈로그와 같은 환경에서의 인쇄매체를 이용하여 어린 자녀들의 계승어 읽고 쓰기 학습을 성공적으로 시작했다는 것을 알아냈다.[20]

이중/다중언어 읽고 쓰기용 재료들

이중 혹은 다중언어로 된 교재는 아이들로 하여금 자신에게 더 쉬운 언어로만 읽게 만든다는 과거의 비평[21]에도 불구하고, 최근의 연구들은 이중 혹은 다중언어로 된 글을 읽는 아이들은 한 언어의 읽고 쓰기 기술이나 개념을 다른 언어로 옮길 수 있으며, 이로 인해 전반적인 읽고 쓰기 능력이 발달된다는 사실을 밝혀냈다(종종 더 강한 언어에서 약한 언어로).[22] 이중 혹은 다중언어로 된 교재를 사용하는 것에는 여러 가지 이점이 있다.

첫째, 한 언어에서 다른 언어로 예측이 가능하다. 읽고 쓰기 전문가들은 반복해서 읽는 교재를 사용하는 것은 이해력에 도움을 주고 인쇄매체가 어떻게 작용하는지를 알게 해 준다고 주장해 왔다.[23] 예를 들어, 데미어 씨(Mr. Demir)는 자신의 세 살짜리 아들 카빌(Kabil)에게 『백설공주(Snow White)』의 터키 어 번역본을 읽어 주었다. 2주 후에 카빌의 보모가 같은 책을 영어로 읽어 주었다. 카빌에게 영어로 책을 읽어 준 것은 이번이 처음이지만 카빌은 책의 내용을 영어로 말할 수 있었다.[24]

둘째, 이중 혹은 다중언어로 된 책은 아이들에게 각각의 언어를 비교하고 대조할 기회를 주어 상위 언어 능력(다른 언어에서 각기 다른 특징들을 발견해 내는 능력)을 발달하게 도와준다. 예를 들어, 장 씨(Mrs. Zhang)가 닥터 수스 (Dr. Seuss)의 책 『Horton Hears A Who』[25]를 자신의 두 살짜리 딸에게 읽어 주었을 때 아이는 영어와 중국어의 서로 다른 의성어 사용에 대해 알아차릴 수 있었다.[26]

만약 당신이 이중 혹은 다중언어 글을 찾을 수 없다면 자녀의 주류언어로 된 책에 이중 혹은 다중언어 글을 첨가하여 자신만의 책을 만들 수도 있다. 기술과 프로그램의 발달 덕분에 자신만의 책을 만드는 것이 가능해졌다.

멀티미디어(다중매체) 사용 능력

1장에서 언급하였듯이 멀티미디어(혹은 혼합방식) 문서들이 우리 생활에 서 차지하는 비중이 점점 커지고 있다.[27] 최근에 출간된 vooks(문서와 비디오 그리고 온라인 특징을 결합한 비디오 책)[28]는 멀티미디어 요소의 이용이 우리의 문서 형식을 얼마나 크게 근본적으로 변화시키고 있는지 보여 주는 좋은 예 다. 따라서 아이들의 다중언어 읽고 쓰기 능력 발달의 한 부분으로 멀티미디 어 사용 능력 발달을 포함시키는 것이 중요하다.

영유아기의 아이들은 멀티미디어를 사용하는 데 육체적 · 인지적 제한이 분명히 있다. 예를 들어, 아이들은 아직 운동 능력이 완전히 발달하지 않았 기 때문에 컴퓨터나 인터넷을 이용하여 상호작용을 필요로 하는 게임을 할 수는 없다. 또한 아이들은 인터넷을 이용하여 필요한 정보를 찾을 수도 없 다. 그러나 아이들에게 일찍이 멀티미디어 양식을 접하게 하는 것은 나중에 아이들이 계승어 읽고 쓰기 능력 발달을 위해 필요한 기본적인 개념을 익히 는 데 도움을 줄 수는 있다.

영유아기 아이들에게 멀티미디어 세계를 소개하는 방법에는 여러 가지가 있다. 요즘에는 화면을 터치하여 멀티미디어 책이나 게임을 할 수 있는 장비들이 많이 있다. 당신은 이러한 장비들을 잘 활용할 수 있다. 어린 나이에 멀티미디어 자료를 사용하는 것에는 다음과 같은 이점이 있다.

- 멀티미디어 자료는 영유아기 아이들에게 멀티미디어 양식을 접하게 해주고, 멀티미디어 문서와 상호작용하는 방법을 배우게 도와준다.
- 멀티미디어 자료는 상호작용이 가능하며 재미있다.
- 멀티미디어 자료는 종종 한 언어에서 다른 언어로 변환이 가능하다.
- 멀티미디어 자료는 소리와 색깔 같은 다양한 정보를 제공한다.

많은 연구들은 어린 아이들의 초기 읽고 쓰기 발달을 촉진시키기 위해 멀티미디어를 사용하는 것의 이점을 주장해 오고 있다. 예를 들어, 여러 가지 종류의 읽고 쓰기 프로그램을 접했던 아이들이 나중에 철자법이나 글쓰기에서 발전을 보인다는 사실을 밝혀냈다.[29]

그러나 당신은 영유아기 아이들에게 이러한 멀티미디어 프로그램이나 상호작용이 필요한 이야기책을 소개하기에 앞서 점검해야 할 것이 있다. 이를 위해 당신은 스스로에게 다음과 같이 질문해야 한다.

- 이러한 소프트웨어 및 상호작용을 위한 책이 무엇을 가르치기 위한 것인가?
- 자녀의 나이에 적절한가?
- 시각적 자극을 제공하는가? 예를 들어, 색채가 있고 흥미로운가?
- 상호작용이 가능한가?
- 당신의 영유아기 자녀에게 도움이 되는가?
- 당신 스스로 이 게임을 즐기는가? (자녀는 부모가 함께 게임을 즐기는지 그렇지 않은지 쉽게 구별한다. 게임에 대한 당신의 반응은 아이의 학습에 큰 영

향을 준다.)

일부 연구자들은 아이들의 이해를 돕기 위해 부모의 도움이 필요한 게임이나 소프트웨어가 아이들이 독립적으로 멀티미디어를 사용하는 데 방해가 될 수 있다고 주장하기도 한다.[30]

아동문학

아동문학은 아이들의 초기 읽고 쓰기 능력 발달에 중요한 자원이다. 거의 모든 문화에 아이들을 위한 문학이 존재한다(예를 들어, 미국 원주민 문화의 구두 문화,[31] 원주민 문화의 춤과 뮤지컬 형태의 문화 등[32]). 아이들의 초기 계승어 읽고 쓰기 발달을 위해 아동문학을 사용하는 것에는 여러 가지 이점이 있다.

첫째, 계승어로 쓰이거나 읽혀지는 아동문학은 아이들에게 계승어문화를 소개할 수 있는 방법을 제공한다.[33] 이 아이들은 계승어문화 속에서 살고 있지 않기 때문에 계승어 아동문학은 아이들로 하여금 소속된 환경과 계승어 문화 환경 사이를 넘나들게 도와줄 수 있다.

둘째, 아동문학에 소개되는 언어, 그림, 내용은 모두 아이들의 연령에 맞게 구성되어 있기 때문에 이러한 아동문학은 아이들에게 읽고 쓰기의 세계를 소개해 줄 수 있는 좋은 방법이 된다.

셋째, 아동문학은 경험의 틀을 마련해 준다. 읽고 쓰기 전문가들은 아이들이 이러한 이야기를 자신의 경험에 연결시키고 또 말할 수 있다고 주장한다. 책에서 얻은 경험은 아이들이 자신의 감정적 반응을 이해하게 하고, 자신의 실제 경험을 표현하기 위한 다루기 쉬운 문맥이나 은유를 제공해 준다. 어린

아이들은 종종 자신들의 감정적 반응이나 두려움 등을 설명할 만한 표현력이 없다. 아동문학에서 배운 지식과 언어는 이러한 감정들을 표현할 수 있게 도와준다. 문학은 안정된 환경에서 흥분과 두려움을 경험할 기회를 제공한다. 이러한 경험은 아이들의 실제 경험을 표현하는 언어발달을 도울 수 있다.[34] 따라서 당신은 아동문학을 이용하여 아이들이 계승어 읽고 쓰기의 세계에 들어서도록 도와줄 수 있다.

다음의 제안들은 당신이 계승어 아동문학을 선택하는 데 도움이 될 것이다.

발달단계에 적합한 문학 작품 사용하기

발달단계에 적합한(혹은 민감한) 작품들은 아이들로부터 더 나은 반응을 이끌어 낼 수 있다. 계승어를 학습하는 아이들에게는 가장 첫 단계가 그들이 계승어를 계속 학습할지 말지를 결정하는 데 중요한 역할을 한다.

영아들은 강한 운율과 의성어를 포함하는 책을 좋아하는 경향이 있다. 예를 들어, 영아들은 자장가를 좋아한다. 영아들에게는 밝은 원색 혹은 검은색과 흰색처럼 대조되는 이미지를 동반한 간단한 글이 포함된 책들이 적합하다.[35] 게다가 가족, 친구, 부모, 동물, 장난감 등을 주제로 하는 책들이 영아들의 관심을 끈다.[36]

영아기의 아이들과 같은 종류의 책을 여전히 즐기는 동시에, 유아기의 아이들은 서론, 본론, 결론으로 분명히 이루어진, 간단하고 반복적인 글을 이해할 수 있다. 시간이 지나면서 유아기의 아이들은 유명한 영어 책인 에릭 칼(Eric Carle)의 『The Very Hungry Caterpilla』 같은 책을 좋아하기 시작한다.[37] 이 책에서 아이들은 애벌레가 나비가 되어 가는 방법을 배운다. 이러한 정보들은 단순한 설명과 생생한 그림을 통해 전달된다.[38]

이 책의 끝에 수록된 부록 B는 영유아기 아이들을 위한 영어 아동문학의 목록을 제공해 준다. 이 책들은 모두 영어로 되어 있고, 영어를 사용하는 읽고 쓰기 전문가들에 의해 추천되기는 했지만, 당신이 계승어로 된 비슷한 종류의 책을 찾고자 할 때에 도움이 될 것이다. 때로는 영유아기의 아이들에게 적합한 계승어 책을 찾지 못할 수도 있다. 이러한 경우에는 영어로 된 영유아를 위한 책을 사서 당신의 계승어로 대체할 수도 있다.

2장에서 언급한 것처럼, 언어와 읽고 쓰기에 대한 당신의 신념을 통해 자녀가 읽을 교재가 선택된다. 당신의 문화적인 신념 때문에 당신은 아이들이 계승어로 어떤 종류의 책을 읽어야 할지 강하게 느낄 것이다. 물론 당신은 아이들을 위해 적합한 책을 고를 권리가 있다. 하지만 당신은 이 시기의 아이에게 발달상 필요한 요구가 무엇인지를 생각해 볼 필요가 있다. 당신의 선택이 적절한지를 확인해 볼 수 있는 가장 좋은 방법은 당신이 선택한 책에 대한 아이의 반응을 관찰하는 것이다. 만약 아이들이 그 책을 잘 받아들인다면 계속 진행해도 무방하다.

삽화가 있는 책 이용하기

어린아이들은 종종 맥락과 관련된 암시에 의존해서 글을 식별하는 경우가 있다.[39] 이는 계승어 읽고 쓰기 능력을 발달시키는 아이들에게도 동일하게 적용된다. 연구에 따르면 그림을 포함하고 있는 시각적인 책들은 아이들로 하여금 글과 그림 사이의 상호작용을 통해 즐거움을 누리고 뜻을 파악하게 한다고 한다. 이러한 책들은 어린아이들이 기억하고 해석하게 도와준다. 뿐만 아니라, 아이들이 책을 읽고 그것을 자신의 경험에 연결하여 의미를 파악하기 전에 자신들의 인지적·문화적·감정적 이해를 표현할 수 있도록 도와준다.[40]

재미있고 매력적인 삽화를 포함한 책은 풍성한 자료가 되고, 아이들이 책의 내용을 이해하도록 도움을 주는 자극제가 된다. 더욱이 이런 책들은 부모들이 다양한 종류의 이야기를 모델로 삼을 수 있는 좋은 기회를 제공한

다. 아이들을 위한 계승어 책을 선택할 때에는 아이들의 이해를 돕고 책과
경험으로부터 의미를 찾을 수 있는 그림을 포함한 책을 선택하는 것을 고려
해야 한다.

음운인식을 도와줄 수 있는 책을 선택하기

당신은 자녀들이 전반적인 음운인식을 발달시키는 것을 도와줄 수 있는
책(예를 들어, 아이들이 글의 양식 및 기호와 소리의 관계를 이해하도록 돕는 책)을
고르기를 원할 것이다. 닥터 수스의 『The Cat in the Hat』[41]과 『Green Eggs
and Ham』[42] 혹은 전통적인 동요 또한 아이들의 음운인식을 발달시키는 데
도움을 줄 수 있는 가장 좋은 자원이다. 부록 B에 포함된 책의 목록을 참조
하여 자녀를 위한 계승어 책을 고를 수도 있다.

아이들의 삶과의 연관성에 집중하기

책이 아이들의 삶과 관련이 있을 때 아이들은 책을 즐길 가능성이 크다.
아이들을 위한 계승어 책을 선택할 때 가장 중요한 우선순위는 바로 아이들
에게 호소할 수 있고, 아이들이 자신의 삶과 연관 지을 수 있는 책을 찾는 것
이다.[43] 당신은 아마도 특정한 지역에 살고 있는 당신의 자녀에게 흥미를 줄
수 있는 계승어 읽기 교재를 찾고자 할 것이다. 예를 들어, 겨울, 스키, 캠핑,
잼, 메이플시럽, 땅콩버터에 관련된 읽기 교재들은 다른 지역에 사는 아이들
보다 캐나다의 특정 지역에 살고 있는 우르두 어 계승어 학습자에게 더 적합
할 것이다.[44] 이 말이 다른 계승어 지역에서 나온 교재들을 기피하라는 것은
아니다. 이 말의 요점은, 이러한 어린 시기의 아이들은 자신과 멀리 떨어진
주제보다는 자신과 직접 연관된 환경에 대해 좀 더 관심을 보인다는 것이다.
6장에서는 어떻게 문화적 지식과 계승어 문화를 아이들의 읽기에 접목시킬
수 있는지에 대해 언급할 것이다.

진부한 교재 피하기

어린아이들을 위한 읽기 교재는 간단해야 한다. 하지만 언어의 단순함이 아이디어나 내용의 단순함을 의미하지는 않는다. 가장 좋은 예는 미국 작가인 어니스트 헤밍웨이(Earnest Hemmingway)의 문체다. 그의 작품 『The Old Man and the Sea』[45]에 사용된 언어는 단순하지만, 글의 내용은 아주 풍부하다. 일부 읽고 쓰기 전문가들은 어린아이들을 위한 글은 아이들의 초기 읽기 발달을 돕기 위해서 지나친 단순함은 넘어서야 하며, 독자들이 의미에 반응하며 의미를 스스로 찾아 나가게 해야 한다고 주장한다.[46] 어린아이들을 위한 글은 단순해야 하지만 단순하게 쓰여서는 안 된다. 즉, 글은 아이들의 연령대에 맞게 쓰여야 하지만 동시에 아이들의 반응과 의문을 유발하고 그들이 의미를 만들어 나가는 데 참여할 수 있게 쓰여야 한다는 것이다. 달린 위트-타운센드(Darlene Witte-Townsend)와 에밀리 디 줄리오(Emily DiGiulio)는 단순한 글로 깊이 있는 의미를 전달하는 작가의 능력을 판단하는 기준을 다음과 같이 제시하고 있다.

> 작가의 천재성에 대한 기준은 책의 단순함이 결코 아니다. 이야기가 아이에게 친화적이어야 하며, 따뜻하고, 매력적이며, 또한 가장 중요한 지적인 흥미를 불러일으킬 수 있어야 한다. 글이 마음에 도전심을 주어야 하며, 계속적으로 우리의 관심을 마음의 문제에 대한 명상으로 돌릴 수 있어야 한다.[47]

깊은 의미를 지니고 있으면서 어린아이들의 반응을 이끌어 낼 수 있는 좋은 예로 다음과 같은 책들이 있다.

- 에릭 칼의 『The Very Hungry Caterpillar』[48] 『The Very Busy Spider』[49] 그리고 『The Grouchy Ladybug』[50]

- 포비 길먼(Phoebe Gilman)의 『Something from Nothing』[51]
- 심스 타박(Simms Taback)의 『Joseph Had a Little Overcoat』[52]

자녀를 위한 계승어 읽기 교재를 선택하거나 자신만의 교재를 만들고자
할 때 이러한 책들을 참고할 수 있다.

다양한 장르 이용하기

다양한 장르의 책들은 아이들에게 다양한 어휘를 제공해 줄 수 있으며 좀
더 넓은 주제로 시야를 넓히게 도와준다. 다양한 장르에 많이 접할수록 아이
들은 더 다양한 어휘와 표현을 발달시킬 확률이 높아진다. 계승어 학습자는
흔히 직접적인 환경에서 다양한 주제에 대해 들을 기회가 없기 때문에 이러
한 경험은 특히 중요하다. 따라서 계승어로 된 다양한 장르의 책들은 이러한
부족함을 보충해 줄 수 있다.

당신은 부록 B의 목록에서 자녀를 위한 다양한 장르의 계승어 읽기 교재
를 선택할 수 있다.

양질의 무서운 이야기책 이용하기

아이들은 무서운 이야기책에 끌리는 경향이 있다. 이러한 책을 읽을 때 무
서워하는 쪽은 아이들이 아니라 부모다.[53] 아이들이 무섭게 여기는 이야기
와 어른들이 무섭다고 해석하는 것에는 차이가 있다.[54] 많은 교육전문가들
은 "무서운 이야기책 자체가 두려움을 야기하지는 않는다.[55] 좋은 무서움이
당신을 겁에 질리게 하지 마라."라고 충고를 전하며 무서운 이야기책에 대한
부모의 두려움을 가라앉히려고 한다. 실제로 거의 모든 문화에는 아이들을
위한 무서운 이야기가 있다.[56]

일부 연구자들은 무서운 이야기나 영화 등이 인기 있는 이유는 세상이 어
른에게나 아이에게나 예측할 수 없는 곳이기 때문이라고 믿는다.[57] 어린아

이들은 일반적으로 가상의 두려움을 가지고 있고, 또 어떤 어린이들은 자신의 삶의 경험에서 오는 두려움과 걱정을 가지고 있다. 따라서 양질의 무서운 이야기책은 아이들로 하여금 이러한 두려움이나 걱정을 다룰 수 있도록 도와준다.[58] 연구결과들은 양질의 무서운 이야기책을 사용하는 것이 아이들의 초기 읽고 쓰기 능력 발달에 도움이 된다고 주장해 왔다.[59] 그럼에도 불구하고 이러한 종류의 책을 선택할 것인지 결정하는 것은 전적으로 당신에게 달려 있다.

아이들 스스로 읽을거리를 선택하게 하기

모두가 말하기를, 아이들에게 가장 매력적이고 흥미로운 교재는 바로 아이들 스스로 선택한 것이다. 그러나 어린아이들은 일반적으로 책의 선택에 있어서 권한이 없다.[60] 어른들, 즉 출판업자, 책 판매업자, 부모, 교사들이 대개 아이들을 위한 책을 선택하는 사람이다.

어린 시기의 아이들에게 자신이 읽고 싶어 하는 것을 선택하게 하는 것은 아이들에게 동기부여가 되고, 또 계승어 학습을 지속해 나가게 도와준다. 자신이 선택한 것을 할 때 동기부여가 된다는 것은 자명한 사실이다. 어린아이라고 해서 예외는 아니다.

 ## 당신의 과제

당신은 지금까지 영유아기 자녀를 위한 계승어 읽고 쓰기 능력 계발용 교재를 선택하는 방법에 대한 여러 가지 의견을 살펴보았다. 이제는 내가 제시한 여러 가지 제안에 대해 시간을 가지고 생각해 볼 차례다. 다음의 활동과 질문들은 이러한 제안을 당신의 상황에 연결시킬 수 있도록 도와줄 것이다.

활동 및 생각해 볼 문제

- 당신의 집 주위를 둘러보라. 주변에서 계승어로 된 인쇄물을 찾을 수 있는가? 만약 그렇다면, 그것을 이용하여 자녀들의 초기 계승어 읽고 쓰기 발달에 도움을 줄 수 있는 방법을 생각해 보라. 만약 주변에서 계승어로 된 인쇄물을 찾을 수 없다면, 계승어로 된 상표를 구매하거나 인터넷 등에서 찾아볼 수 있는가?

- 온라인을 이용하거나 당신의 모국 또는 계승어 환경에서 살고 있는 지인 및 친척과 연락하라. 계승어로 된 유명한 매체 자료를 찾아라. 당신이 먼저 그것을 읽어보라. 그리고 그 매체들이 아이들의 초기 계승어 읽고 쓰기 발달에 도움이 될 수 있을지 고려해 보라.

- 계승어로 된 아이들의 책을 분석하라. 당신의 입장에서 책의 언어와 내용이 아이에게 적합한지 결정하라. 아이에게 같은 책을 보여 주고, 아이의 입장에서 아이의 반응을 살펴보라. 당신과 아이가 책에 같은 반응을 보였는지 아닌지를 확인하라. 이 과정을 통해 배운 것은 무엇인가?

- 만약 주변에서 계승어로 된 좋은 읽을거리를 찾을 수 없다면 이 책의 부록 B에 수록된 책들을 살펴보라. 영어로 된 것을 자신의 계승어로 대체하여 아이에게 읽어 주고 반응을 확인하라.

- 다중매체를 이용하여 상호작용이 가능한 교재나 프로그램을 선택할 때 당신이 가장 중요하다고 여기는 기준이 무엇인가? 그중 하나를 아이와 함께 시도해 보고 아이의 반응을 확인하라.

- 만화와 같이 계승어로 된 인기 있는 자료들을 아이에게 보여 주고 아이의 반응을 확인하라. 아이의 반응이 당신의 선택에 대해 말해 주고 있는 것은 무엇인가?

- 이 코너를 읽고 모든 활동과 질문에 대해 고려해 본 후에 교재 선택을 위한 당신만의 창의적인 방법을 생각해 보라. 그것을 정리하여 아이와 함께 실행해 보라. 그리고 성공한 것과 실패한 것에 대해 그 이유를 생각해 보라.

읽고 쓰기 활동 실행하기

1장에서 언급하였듯이 계승어 읽고 쓰기 활동을 위해 시간을 내는 것이 바쁜 부모들에게는 쉬운 일이 아니다. 따라서 다음에 소개하는 초기 읽고 쓰기 활동들은 당신의 바쁜 상황을 고려하여 일상생활 속에서 실행할 수 있도록 만들어졌다. 다음 활동들을 실행하기 전에, 2장에서 소개한 가정에서의 계승어 읽고 쓰기 교수법 틀과 가정에서의 읽고 쓰기 학습 계획 진행의 4단계를 점검하고, 3장에서 소개한 가정에서의 활동 계획 모형을 재점검하라. 그리고 나서 다음에 소개하는 활동을 당신의 상황에 맞추도록 노력하라. 다시 말하면, 다음의 활동을 당신의 장기 목표 혹은 단기 목표를 이루기 위해 어떻게 활용하여야 할지 생각해 보라는 것이다.

어른들의 읽고 쓰기 활동을 관찰할 수 있는 기회 제공하기

연구에 따르면 아주 어린 아이들도 읽기와 쓰기에 사용되는 기호에 주목할 수 있으며, 일상의 접촉에서 일어나는 읽고 쓰기 활동의 전반적인 목적을 이해할 수 있다.[61] 예를 들어, 영국 웨스트런던 사우스홀의 펀자브-힌두(Punjabi-Hindu) 가정에서 살고 있는 네 살 소년은 구르무키 문자(펀자브 어), 데바나가리 문자(힌디 어) 그리고 로마자(영어)를 구분할 수 있는데, 이는 조부모와 부모가 일상생활(쇼핑 목록 만들기, 편지쓰기, 잡지책 읽기 등)에서 이러한 활자를 사용하는 것을 보아 왔기 때문이다.[62] 이와 유사하게, 사우스런던(South London)의 구자라트 어(Gujarati)를 사용하는 가정의 네 살 소녀는 아무런 지도 없이 어머니가 쓰는 것을 모방하여 즉석에서 자신만의 초기 구자라티 활자를 만들어 낼 수 있었다.[63] 아주 어린 나이에도 아이들은 읽고 쓰기의 목적을 관찰할 수 있다. 여섯 살의 디오르(Dior)는 집 안에서 일어나는 다

양한 경우의 읽고 쓰기 목적을 다음과 같이 요약했다.[64]

- 정보 수집을 위해: 신문, 잡지, 텔레비전
- 즐거움을 위해: 책, 잡지, 이야기, 신문, 텔레비전, 이메일
- 사교를 위해: 생일 카드
- 자격증을 얻기 위해: 컴퓨터 숙제
- 일을 위해: 보고서
- 학교를 위해: 숙제

당신은 언어가 일상에서 어떻게 사용되는지를 아이들이 관찰할 수 있는 기회를 계획적으로 만들어 내고 싶을 수도 있다. 아이들은 계승어가 사용되는 환경에 노출될 때 점점 그 목적을 이해할 수 있게 될 것이다.

당신은 가령 신문 읽기 같은 읽기 활동을 통해 아이의 흥미를 이끌어 낼 수 있다. 예를 들어, 한나(Hanna)는 매일 아침 자신의 계승어인 독일어로 된 신문을 읽을 때마다 세 살 아들에게 사진을 가리키며 사진 밑의 제목을 크게 읽어 준다.[65] 이것은 아이가 활자(제목)와 의미(사진)를 연결시키도록 하는 좋은 방법이다.

계승어 읽고 쓰기 지도에 일상의 대화를 포함하기

읽고 쓰기 능력의 토대는 단순한 읽기와 쓰기보다 훨씬 넓다. 일상의 대화도 영유아기 자녀의 읽고 쓰기의 연습 형태가 될 수 있다.[66] 따라서 어린 자녀들이 광범위한 활동과 경험을 통해 계승어를 사용할 기회를 제공해 주어야 한다. 예를 들어, 소냐(Sonya)는 자신의 네 살 아들과 함께 런던의 아파트 근처의 공원을 산책할 때, 자신이 계승어인 네덜란드 어(Dutch)를 이용해 고안한 '누가 먼저 첫 번째 차를 찾나(Who Can Find the First Car)'라는 게임을

한다. 이 게임에서는 먼저 차를 찾은 사람이 차의 색(빨간색, 흰색, 검은색, 노란색 등), 크기(거대한, 큰, 중간의, 작은, 아주 작은 등) 그리고 자동차 메이커의 첫 글자(Toyota의 T, Nissan의 N, Mercedes Benz의 M 등)를 말해야 한다.[67]

연구에 따르면 어떤 문화는 영어와는 다른 방식의 이야기 서술방식을 가지고 있다고 한다.[68] 어린 자녀에게 이야기할 때 계승어의 전형적인 이야기 서술방식을 이용하여 다양한 주제로 이야기를 만들어 시작할 수 있다. 이런 연습은 어린 자녀들이 주류언어와 계승언어의 이야기 서술방식의 차이점을 구별하도록 도와줄 수 있으며, 결국에는 그들의 사고력과 향후의 쓰기 능력 발달에도 도움을 줄 수 있다.

> **경고 한마디**: 일상의 대화에 계승어를 사용하여 지도하는 것은 중요하지만, 어린 자녀의 창의적인 발견을 자신의 관점에서 수정하려고 해서는 안 된다. 어린 자녀들의 창의적인 언어사용을 인정해 주는 것은 당신이 그들의 관점을 이해하고 앞으로의 지도를 위한 가장 적합한 방법을 찾게 도와준다.[69]

놀이를 계승어 읽고 쓰기 학습에 포함하기

　놀이는 영유아기의 아이들에게 아주 중요한 학습 방법이다.[70] 놀이는 아이들이 안전하고 즐거운 환경에서 탐구하고 실험할 수 있는, 전체적이고 자연적이며 재미있는 방법을 제공해 준다.[71]

　놀이를 통해 아이들이 초기 읽고 쓰기 개념과 기술을 배우게 도와주는 방법에는 여러 가지가 있다. 이 말은 당신이 아이의 즉흥적인 놀이에 간섭을 하라는 말은 아니다. 오히려 이 말은 아이들이 좋아하는 것을 통해 초기 계승어 읽고 쓰기 능력 및 기술을 발달시키는 데 놀이를 이용할 수 있다는 의미다. '예시 4-1'은 이것이 어떤 방식으로 작용하는지를 보여 준다.

예시 4-1[72]　**놀이를 통해 아이들이 인쇄매체에 흥미를 갖게 만들기**

아이: 사람들이 계속해서 동물을 데리고 식당에 와요. 또 그러면 저는 엄마가 와서 그 사람들을 감옥에 넣고, 다시는 그러지 말라고 말해 주었으면 해요.

엄마: 지금도 식당에 동물들이 있니?

아이: 아뇨. 아기들만 있어요. 대런(Darren)의 '아기'가 있는데, 그것은 더 이상 개가 아니에요. 아기들만 있어요…….

엄마: 만약 누군가 개를 데리고 들어오려고 한다면 어떻게 할 거니?

아이: 엄마를 불러서 그건 허용되지 않는 거라고 말해 준 거예요. 법은 어기는 것이니 우리는 경찰에 신고할 수 있어요.

엄마: '개 출입 금지(No dogs allowed)'라는 간판이 있니?

아이: 사람들이 담배를 피우면 안 된다는 '흡연 금지(No smoking)' 같은 간판이요?

엄마: 혹시 '동물 출입 금지(No animals allowed)'라는 간판이 있다면 도움이 될까?

아이: 그럼요! 그러면 사람들이 알 거예요. 그렇게 쓰여 있으니까요.

엄마: 그럼 그런 표지판을 만들어 보는 건 어떠니? 네가 도움이 된다고 생각한
다면 말이야.

(후략)

이 예에서, 엄마는 아이의 즉흥적인 놀이를 이용하여 아이로 하여금 글이
할 수 있는 역할, 즉 이 경우에는 사람들의 행동에 영향을 주는 것(개를 식당
에 데리고 오지 못하게 하는 것)을 이해하도록 현명하게 도와주었다.

시각적이고 다양한 활동 권장하기

영유아기에 부모는 자녀들이 다양한 시각적 활동(그리기, 색칠하기 등)과
다양한 형태의 활동(블록 쌓기, 비디오게임 하기 등)을 탐색하도록 권장할 수
있다. 이와 같은 시각적 활동을 통해 아이들은 다양한 기호나 상징, 움직이
는 것과 정지해 있는 것 등을 다루는 법과 의미가 어떻게 만들어지고 어떤
방식으로 표현되는지 배우게 된다. 그리고 이러한 경험을 통해 아이들로 하
여금 어떻게 글이 작용하는지를 배운다.[73]

당신은 자녀와 함께 그림을 그리며 이미지와 색상이 감정과 같은 의미를
나타낼 수 있다는 사실을 깨우쳐 줄 수 있다. 예를 들어, 파란색은 우울한 감
정을 나타낼 수 있다. 만약 아이가 좋아하는 장난감을 잃어버렸다면 파란색
을 통해서 아이의 감정을 표현할 수 있다. 이와 같은 탐색을 통해 어린아이
들은 색상이 다른 사람의 주의를 끌거나 설득하는 데 사용될 수 있고, 정보를
줄 수도 있으며, 이미지가 의미를 나타낼 수 있다는 것을 배우게 된다.[74] 이러
한 과정을 거쳐 나중에 아이들은 글도 이와 같은 효과를 지닌다는 것을 깨닫
게 될 것이다.

당신은 또한 영유아기 자녀의 읽고 쓰기 능력 발달을 위해 디지털카메라

나 비디오카메라와 같은 장비를 이용할 수 있다. 내 친구 중의 한 명은 네 살 난 딸아이와 함께 이웃을 산책한 이야기를 들려주었다. 소녀는 그녀의 디지털카메라로 많은 사진을 찍었으며, 엄마와 함께 그 사진들을 컴퓨터에 저장하고, 표식을 붙이고, 사진마다 이야기를 썼다. 그 어린 소녀는 이 활동에 마음을 사로잡혔고, 결과적으로 그녀의 초기 읽고 쓰기 능력이 향상되었다.

영유아기에 시각적이고 다양한 형태의 활동을 권장하는 것의 이점은 이 활동들이 즐겁다는 것이다. 많은 어린아이들은 이미 이러한 활동에 자발적으로 임하고 있다.

아이들의 음악 이용하기

아이들의 음악은 종종 간단하면서도 쉬운 가사를 담고 있다. 아이들의 음악을 이용하는 것은 아이들의 초기 읽고 쓰기 학습에 도움이 된다. 예를 들어, 나의 두 아이들은 어린 시절 스위스계 프랑스 가수인 앙리 데(Henri-Des)의 노래를 부르면서 암기하였고, 이 노래의 어휘들은 아이들의 불어 어휘력 향상에 큰 도움이 되었다.

아이들의 작품을 읽고 쓰기 발달에 이용하기

아이들의 초기 읽고 쓰기 작품들은 대부분 휘갈겨 쓴 낙서, 그림, 관습적이지 않은 즉흥적인 글 등이다. 이러한 작품들은 종종 아이들의 세상에 대한 지식과 이해를 보여 준다. 일부 연구자들은 만약 아이들의 자기표현이 권장되지 않는다면 아이들은 자신이 알고 있는 것, 할 수 있는 것, 자신이 좋아하거나 두려워하는 것 등을 쉽게 보여줄 수 없다고 주장한다.[75]

따라서 아이들의 계승어 학습 과정에서, 당신은 자녀들의 즉흥적인 작품을 이용하여 아이들이 표현하고자 하는 내용이 무엇인지 함께 이야기를 할 수 있다. 이러한 과정을 통해 아이들의 체계적이지 못한 표현들을 체계적인 표현으로 바꾸어 나가는 데 도움을 줄 수 있다. 예를 들어, 소냐(이 장의 앞부분에 인용했던 사람)의 네 살 아들이 종이에 많은 선을 그렸을 때, 그녀는 그것이 무엇을 의미하는지 물어보았다. 아이는 길을 만들고 있는 것이라고 대답했고, 소냐는 이 기회를 이용하여 아이에게 계승어인 네덜란드 어로 길에 이름을 붙이는 작업을 도와주었다.

아이들의 생활과 관련된 읽고 쓰기 활동에 아이들 참여시키기

어린 시절의 계승어 읽고 쓰기 활동은 아이들의 삶과 관련이 있어야 하며 그들에게 의미 있는 것이어야만 한다.[76] 아이들은 글이 자신들의 삶과 관련이 있을 때 그 의미를 알고 싶어 하는 경향이 있다. 읽고 쓰기와 아이들을 연결하는 가장 좋은 방법은 일상의 활동에 아이들을 참여시키는 것이다. 예를 들어, 렉 씨(Mrs. Lek)는 태국 식료품점에 갈 때 태국어로 작성한 쇼핑 목록을 가지고 가서 그녀의 다섯 살 난 딸에게 바구니에 들어 있는 물건들이 목록에 있는 것과 일치하는지 확인시켰다.[77] 당신도 자녀들을 읽고 쓰기 학습에 참여시키기 위해 일상의 어떤 활동(쇼핑 목록 만들기, 생일 파티 계획하기, 초청 카드 쓰기 등)도 이용할 수 있다.

스포츠와 같은 활동을 함께 하는 것도 아이들의 계승어 학습에 도움을 줄 수 있다. 이러한 활동을 통해 아이들은 당신을 모델로 삼아 새로운 표현들과 문법 구조 및 구문 등을 배울 수 있다.[78]

아이들에게 책 읽어 주기

많은 연구문헌에서 책을 읽어 주는 것이 아이들의 읽고 쓰기 발달에 도움을 준다고 주장하고는 있지만, 다른 연구에서는 가정에서의 이야기책 읽어 주기가 미래에 아이들이 학교에서 성공하는 것과 연관되지는 않는다는 사실을 주장하고 있다.[79] 따라서 단순히 그냥 읽어 주는 것만으로는 충분치 못하다. 당신은 '어떻게' 읽어 주어야 하는지에 관심을 가져야 한다.

당신의 읽기 스타일에 주의 기울이기

영유아기의 자녀에게 책을 읽어 주는 방식은 그들의 초기 읽고 쓰기 발달에 영향을 줄 수 있다. 아이들은 읽기를 흥미롭게 혹은 지루하게 느낄 수 있다. 읽기를 흥미로운 경험으로 만들 수 있는 방법에는 여러 가지가 있다. 역할극을 할 수도 있고 아이와 함께 이야기의 내용을 그릴 수도 있다. 또 아이와 함께 노래 부르며 춤출 수도 있다. 아이에게 이야기를 읽어 보거나 이야기하라고 한 뒤, 자신의 말로 설명하게 할 수도 있다. 당신이 아이에게 책을 읽어 줄 때 이야기의 내용을 함께 나누는 것은 읽기를 즐겁게 만들 수 있는 중요한 부분이다. 함께 이야기의 의미를 나누는 것은 아이가 의미를 이해하는 데 큰 도움이 된다.[80]

활자화된 읽기 실행하기

읽기는 학습되는 능력이며, 또한 계승어를 학습하는 아이들의 경우에는 주변에서 계승어 활자에 노출되는 경우가 적기 때문에 직접적으로 인쇄된 활자를 이용하여 읽어 주는 것이 중요하다. 연구자인 로라 저스티스(Laura Justice)와 그녀의 동료들은 어른들이 언어적 및 비언어적 기술을 사용하여 책 속의 활자에 아이들의 주의를 집중시키라고 권장한다. 간단한 기술로는 활자에 대하여 물어보기(예를 들어, "이 장에서 S라는 글자를 찾을 수 있니?")와 활자에 대하여 언급하기(예를 들어, 손가락으로 하나씩 가리키며 "이 단어는 SPLASH구나."라고 언급하기) 등이 있다. 그들의 연구는 취학연령기 이전의 아이들이 이와 같은 직접적인 읽기 방식에 자주 접하게 될 때 그렇지 않은 아이들에 비해 개념적 지식, 철자에 대한 지식, 이름 쓰기 능력 등에 있어서 월등한 성장을 보인다는 것을 밝혀냈다.[81]

따라서 자녀에게 계승어 활자에 집중할 수 있게 지도를 하는 것이 중요하다(예를 들어, 부모가 자녀에게 읽어 준 다음, 부모와 자녀가 함께 읽기 등). 이러한 지도는 자녀들의 독립적인 읽기를 도와준다.

즐거움을 위한 읽기 장려하기

서로 다른 문화에서는 읽기가 일인지 즐거움인지에 대한 각기 다른 신념을 가지고 있더라도(2장 참조) 아이들의 초기 읽기는 즐거운 경험이어야 한다. 루시 즈(Lucy Tse)는 그녀의 연구에서 높은 수준의 읽고 쓰기 능력을 지닌 사람들은 즐거움을 위해 책을 읽는 경향이 있다는 것을 발견했다.[82] 즐거움을 위해 읽는 것은 아이들의 계승어 학습에 대한 동기부여를 해 준다. 앞에서 언급하였듯이, 아이들과 관련된 의미 있는 교재를 사용하고 또 아이들에게 선택의 기회를 주는 것은 아이들이 읽기를 즐기게 만든다.

읽고 쓰기 전문가들은 다음과 같은 요소들이 읽기와 관련된 즐거움을 증가시킬 수 있다고 제안한다.

- 읽기에 편안한 장소를 찾아라. 영유아기 아이들에게 가장 편안한 장소는 부모의 무릎이다.
- 아이들의 직접적인 경험과 관련된 책을 선택하고, 그 내용에 대해 아이와 대화하라.
- 읽기 시간은 오직 읽기만을 위해 사용하라. 방해를 최소화하라.
- 단조로운 목소리로 읽는 것을 피하고 생동감 있게 읽어 주라.

읽기 경험이 즐거울 때 아이들은 읽기를 계속힐 깃이나.

주류언어의 초기 읽고 쓰기와 계승어 읽고 쓰기의 상호작용

많은 연구는 한 언어에서 읽고 쓰기 능력을 갖추게 되면 다른 언어의 읽고 쓰기 발달에 도움이 된다고 오랫동안 주장해 왔다. 부모들이 시도하는 한 가지 방법은 아이들의 주류언어를 계승어를 소개하는 기초로 삼는 것이다. 예를 들어, 두 살인 에디(Eddie)의 이웃이 그에게 유명한 영어책인 『The Very Hungry Caterpillar』를 빌려주었고, 에디는 그 책을 무척 좋아했다. 그래서 그의 어머니는 아이에게 그 책을 영어로 읽어 주고, 아이와 함께 아랍 어로 책의 내용에 대해 대화하였다.[83] 이 과정은 반대로도 가능하다.

초기 쓰기

영유아기에는 쓰기에 대한 지식을 형성하는 것이 핵심이다. 쓰기에 대한 기본적인 개념 발달(활자와 개념에 대한)과 활자 및 부모의 도움을 통한 의사소통 기능이 관련된 기본 지식에 포함된다.

글쓰기

언어마다 다른 글쓰기 체계를 가지고 있기 때문에 다른 형태의 연습이 필요하다. 아이의 주류언어의 글쓰기 체계가 계승어와 유사할 때 한 언어의 글쓰기에 대한 지식과 기술은 다른 언어로 쉽게 전달된다. 그러나 글쓰기 체계가 서로 다르다면 아이들은 좀 더 많은 연습을 필요로 한다. 예를 들어, 나의 두 아이들은 불어에서 영어 혹은 영어에서 불어로의 기술 및 지식 전달은 어렵게 느끼지 않았다. 하지만 중국어를 공부할 때는 훨씬 많은 노력을 필요로 했다. 영유아기 아이들에게 가장 중요한 것은 어떻게 글쓰기의 체계가 작용하는지 이해할 수 있는 기회를 주는 것이다(글자 사이의 간격, 불어에서의 왼쪽으로부터 오른쪽으로 쓰기, 아랍 어에서 오른쪽에서 왼쪽으로 쓰기 등).

일부 부모 및 문화에서는 쓰기의 정확함과 단정함을 강조하지만, 읽고 쓰기 전문가들은 영유아기의 아이들은 정확하고 단정하게 쓰는 것보다 쓰기를 가지고 여러 가지 실험을 해 보는 것이 더 중요하다고 강조한다.[84] 실제로, 전문가들은 아이나 어른이 쓰기의 정확함에 집착할 때 전반적인 글쓰기 능력의 중요한 부분인 자동성 발달을 방해한다고 주장한다.[85]

글쓰기 배우기

전통적인 견해에 따르면 아이들이 학교에 입학하기 전까지 쓰기 교육은 시작하지 않는 것이 좋다고 본다. 하지만 현실에서는 활자가 넘쳐나는 환경에 사는 대부분의 아이들은 학교에 갈 때까지 쓰기 학습을 기다리지는 않는다. 그들은 이미 주변의 쓰기 세상을 탐구하고, 그림이 포함된 기호가 무엇을 나타내는지 그리고 그것들이 다른 사람과 의사소통할 때에 어떻게 작용하는지 찾아 나간다.[86] 관습적이고 체계적인 쓰기와는 거리가 있을지언정 아이들은 이미 세 살에서 일곱 살 사이에 쓰려는 시도를 시작한다.[87] 아이들의 이러한 초기 즉흥적 쓰기 시도를 이용하는 것은 앞으로 그들의 쓰기 발달에 도움이 될 수 있다.[88]

영유아기 시기에는 아이들이 자신이 표현하고자 하는 의미를 찾게 해 주는 것이 단순하고 기계적인 쓰기 능력(올바른 구두점 및 철자법 등)보다 중요하다. 아이들이 쓰기의 원칙, 활자의 개념, 쓰기를 통한 소통의 기능과 목적을 이해하도록 도와주는 것이 핵심이 되어야 한다.

게다가 아이들이 읽기와 쓰기를 배울 때에는 공통적으로 배워야 하는 부분들이 많이 있다.[89] 따라서 앞에서 설명한 읽기 전략 또한 아이들의 쓰기 발달을 도와주는 데 적용될 수 있다.

아이와 함께 쓰기

조력(Scaffolding)의 개념[90]은 러시아 심리학자인 레브 비고츠키의 이론에 근거한다. 그는 아이들은 어른의 도움으로 자신의 힘만으로는 할 수 없었던 일을 달성할 수 있다고 주장했다. 이러한 조력의 과정에서 어른은 적절한 지원을 제공함으로써 아이들이 현재의 인지단계에서 한층 더 향상된 단계로 나아갈 수 있도록 도울 수 있다. 아이와 함께 글을 쓰는 것은 비고츠키의 조력 개념의 적절한 적용이다. 이는 아이들이 자신보다 유창하고 성숙한 어른의 도움으로 자신이 할 수 있는 것보다 조금 더 높은 수준의 글을 쓸 수 있게 해 준다.

영유아교육 전문가인 캐럴라인 바랏퓨(Caroline Barrat-Pugh)가 지적하였듯이, 글쓰기의 목적과 내용 그리고 구조에 대한 틀을 제공하는 것을 통해 어른들은 아이들이 새로운 맥락에서 생각을 정리하고, 새로운 어휘를 배우고, 새로운 언어의 구조를 배울 수 있게 도와줄 수 있다.[91] 따라서 아이들에게 어른이 쓰는 모습을 보여 주며 함께 쓰는 과정은 쓰기의 과정, 방식 그리고 장르를 나타내는 아주 탁월한 방법이다.

또한 아이와 함께 쓰는 것은 아이들이 다른 문화와 언어적 체계에서의 또 다른 쓰기 방식을 대조해 볼 수 있게 도와주며, 쓰기에서의 문화적 규범도 이해할 수 있게 해 준다. 당신은 같은 생각에 대해 문화적으로 다른 표현을 명확하게 보여주는 것으로 시작할 수 있다. 다른 문화적 글쓰기 방식에의 조기 노출은 아이들의 인지능력 또한 넓혀 줄 수 있다.

 당신의 과제

다음 장으로 넘어가기 전에 당신의 현실과 이 장에서 제안한 활동들이 어떻게 연결될 수 있는지 다음과 같이 살펴보자.

활동 및 생각해 볼 문제

① 지난 한 달간 자녀와 함께 실행했던 전형적인 활동의 목록을 만들어 보라.
- 이러한 활동의 목적을 찾아낼 수 있는가?
- 이러한 활동 중 자녀의 계승어 읽고 쓰기 발달에 도움을 준 것이 있는가? 그렇다면 구체적인 부분을 찾아라(계승어 활자에 대한 인식 혹은 소리와 기호, 글자와의 관계 등).
- 당신의 활동과 내가 제안한 활동의 공통점과 차이점은 무엇인가? 이 과정에서 당신은 무엇을 배웠는가?
- 이 장에서 제안된 전략 중에서 당신이 하고 있는 활동에 대해 다시 한번 생각하게 만든 것이 있는가?

② 당신이 자녀에게 계승어로 책을 읽어 줄 때 어떠한 방식을 사용하는가? 이 책에서 소개한 방식과 비교해 보라. 비교를 통해 무엇을 배웠는가?

③ 당신의 계승어에서 아이들의 소프트웨어를 찾아보라. 아이가 관심을 가지거나 배울 수 있는 분야가 있는지도 찾아보라. 그중 몇 가지를 아이와 함께 시도해 보라. 아이가 흥미로워하는가? 그렇지 않다면 무엇이 문제인가?

④ 아이가 즉흥적인 그림을 그렸다면 그것이 무슨 의미를 가지고 있는지 물어보라. 아이에게 무엇을 배웠는가? 아이의 그림과 계승어 학습을 어떻게 연결시킬 것인가?

⑤ 아이의 즉흥적인 작품(그림 혹은 즉흥적인 글) 중 하나를 선택하여 살펴보고, 스스로에게 다음과 같은 질문을 해 보라.
- 아이의 작품에서 초기 읽고 쓰기 능력을 발견하였는가?
- 아이가 읽고 쓰기에 대한 이해를 보여 주고 있는가?
- 아이의 즉흥적인 작품을 이용하여 좀 더 많은 읽고 쓰기 경험을 주고자 할 때 무엇을 제공할 수 있는가?

⑥ 이 책에서 제시한 전략의 일부 혹은 전부를 시도해 본 후 어떻게 해 왔는지

생각해 보라. 시도가 성공적이었는가? 아이가 관심을 보였는가? 개선하기 위해서 당신은 무엇이 필요한가? 가능하다면 당신의 생각을 정리해서 써 보고, 다음 학습 단계를 마치면 작성한 것을 다시 한번 확인해 보라.

 ## 진전사항 점검하고 평가하기

3장에서 이미 여섯 가지의 평가 방법을 소개했다. 이 장에서는 어린아이들의 계승어 읽고 쓰기 발달 과정을 문서화하기 위해 포트폴리오 평가 방법을 사용하는 법을 소개하겠다. 이 방법은 다른 방법들보다 복잡하며, 다음과 같은 여러 단계로 나누어진다.

1단계   학습 초기단계에 자녀의 즉흥적인 작품(그림이나 글쓰기 등)을 대표하는 견본을 수집하라. 당신이 수집하여 문서화한 증거들은 나중에 비교를 위한 중요한 기준이 된다. 하지만 아이의 모든 작품을 수집할 필요는 없다. 오직 아이의 전형적인 특징을 보여 주는 작품만 수집하면 된다.

2단계   학습의 중반에 자녀의 대표적인 견본을 다시 한 번 수집하라. 이 단계에서 수집된 작품은 당신이 의도적인 학습방법(전략, 활동, 교재 등)이 기능을 발휘하고 있는지 아니면 전략을 수정하거나 다른 교재를 사용해야 하는지를 확인시켜 주는 역할을 한다. 당신은 이 단계에 관찰이나 성찰노트 등을 포함시켜도 좋다.

3단계   학습주기의 마지막 단계에서 아이의 대표적인 작품을 수집하라. 그것을 학습의 초기 및 중기에 수집된 것들과 비교하라. 다른 단계에서 수집된 작품들은 당신의 자녀가 무엇을 성취하였는지, 더 필요한 점은 무엇인지, 당신의 전략들이 성공적이었는지 등에 대한 정보를 제공해 준다. 가능하다면 간단하게 아이의 성과 및 당신의 교수법을 돌아보는 설명을 적어 보라.

포트폴리오에 수집된 증거들이 어린아이들의 특정한 기술, 능력, 관심을 나타내 주어야 한다는 점이 중요하다. 포트폴리오에 포함된 아이들의 작품이나 견본은 다양한 주제와 장르 및 분야를 포함하고 있어야 한다. 이러한 포트폴리오는 아이가 읽기와 쓰기를 학습하는 것에 대한 종합적인 정보를 제공한다. 어린아이들의 발화, 쓰기, 그림 견본은 단순하고 난해할 수 있지만, 그들의 비체계적인 작품들을 주의 깊게 연구해 볼 필요가 있다.[92] 가끔은 이러한 연구를 통해 아이가 자신이 표현할 수 있는 범위를 넘어서 더 많은 부분을 이해하고 있다는 것을 발견할 수 있다. 비디오로 아이들의 자연스러운 일상생활을 녹화하는 것(비디오 포트폴리오)도 다른 선택이 될 수 있다. 이 단계에서 아이들은 자신이 찍히는 것을 의식하지 않고, 녹화 영상을 보며 즐긴다. 그리고 이러한 비디오는 대화를 풀어 나가는 데 사용될 수 있다.

자녀의 포트폴리오를 평가할 때 다음과 같은 질문들이 도움이 될 것이다.

- 자녀가 실생활의 읽고 쓰기 문제를 해결하는 데 있어 무엇을 할 수 있는가?
- 이러한 정보는 자녀의 초기 읽고 쓰기 능력 발달에서 무엇을 시사하는가?
- 자녀가 다음 단계에서 발달시켜야 하는 부분은 무엇인가?
- 이러한 결과들이 당신의 다음 단계를 위한 계획이나 수정해야 할 전략에 대해 어떤 정보를 줄 수 있는가?

마지막으로 아이들은 모든 포트폴리오 평가 과정에 함께 참여해야 한다.

아이들이 자신의 포트폴리오를 위한 작품을 고르고, 자신의 다른 단계의 작품을 비교할 때 스스로 성취감을 느끼게 되며, 다음 단계로 나아가려고 하는 동기부여를 받을 수 있다.

 ## 요 약

이 장에서는 영유아기 자녀들의 학습 특징과 이 시기의 초기 다중언어 읽고 쓰기 기술 발달에 대해 중점적으로 설명하였다. 먼저 아이들의 초기 계승어 읽고 쓰기 발달을 촉진시키는 데 도움을 주는 교재(환경에서의 인쇄 매체, 아동문학, 멀티미디어, 이중/다중언어 읽고 쓰기 교재 등)를 선택할 수 있는 전략과 방해가 되는 교재(진부하고 단순한 글 등)를 구별할 수 있는 전략을 제시하였다.

그 다음으로 아이들의 초기 다중언어 읽고 쓰기 발달을 용이하게 하는 다양한 활동(어른들의 읽고 쓰기 활동 관찰하기, 일상의 대화 이용하기, 놀이 · 음악 · 시청각을 이용한 다양한 종류의 활동에 참여하기, 아동문학 이용하기 등)을 제시하였으며, 아이와 함께 읽고 쓰기에 유용한 방법들 그리고 다중언어 읽고 쓰기 발달을 위한 초기단계의 기술 습득을 도와주는 방법도 추천하였다.

마지막으로 당신은 포트폴리오 평가법을 이용하여 아이의 진전 상황을 문서화하고 평가하는 방법에 대해서도 배웠다.

이 장에서 소개한 전략과 활동은 반드시 따라야 할 규정은 아니다. 그것들은 단순히 당신이 참고하도록 소개한 것이며, 당신의 고유한 가정환경에는 더 무궁무진한 활동이 있을 수 있다.

 당신의 과제

 Q 활동 및 생각해 볼 문제

- 일반적으로 당신은 자녀의 읽고 쓰기 성취를 어떤 방식으로 접근하며 평가하는가? 당신의 방법이 이 책에서 소개한 포트폴리오 평가 방식과 유사한가 아니면 다른가? 이 비교에 대한 당신의 의견은 어떠한가?
- 앞에서 소개한 포트폴리오 평가 방식 단계를 점검해 보고, 아이의 학습 활동에서 아이의 발달 상황을 문서화하라. 이러한 방식으로 아이의 학습 진행을 문서화하고 기록하는 것이 도움이 되는가? 아이에게 포트폴리오를 보여 주고, 아이의 반응이 어떠한지 확인하라.

📚 주석 및 참고문헌

1) 이 장에서 언급하는 연령대는 유럽 31개국에서 아이들이 정규 학교에 입학하기 전까지의 시기를 나타낸다. 좀 더 자세한 정보를 원하면 다음을 참조 바란다: http://eacea. ec.europa.eu/education/eurydice/eurybase_en.php#description.

2) Copley, J.V. (2000) *The Young Child and Mathematics*. Washington, DC: National Association for the Education of Young Children.

3) Piaget, J. (1962) *Play, Dreams, and Imitation in Childhood*. New York: W.W. Norton.

4) 경고: 자극을 주라는 말은 강요하라는 의미가 아니다. 어린아이에게 너무 강한 자극을 주는 환경과 발달단계에 적절하지 못한 기대를 가지고 아이를 강요하는 것은 아이들의 발달을 좌절시킬 수 있으며, 최상의 사회적 · 심리적 · 인지적 발달을 방해하고 스트레스를 초래한다. 참조: Gunnar, M.R. (1996) *Quality of Care and Buffering of Stress Physiology: Its Potential in Protecting the Developing Human Brain*. Minneapolis, MN: University of Minnesota Institute of Child Development.
Black, J.K. and Puckett, M.B. (1996) *The Young Child: Development from Prebirth Through Age Eight*. Englewood Cliffs, NJ: Prentice Hall.

5) Wangmann, J. (2002) Forward. In L. Makin and C. J. Diaz (Eds.) *Literacies in Early Childhood: Changing Views, Challenging Practices* (p. xi). Sydney: MacLennan & Petty.

6) Teale, W.H. and Sulzby, E. (1986) Emergent literacy: Writing and reading. In M. Farr (Ed.) *Advances in Writing Research*. Norwood, NJ: Ablex.

7) Jalongo, M.R. (2003) *Early Childhood Language Arts*. Boston, MA: Pearson Education Group.

8) Reyes, I. and Azuara, P. (2008) Emergent biliteracy in young Mexican immigrant children. *Reading Research Quarterly* 43 (4), 374-398.

9) 2008년 11월 28일 부모 워크숍에서 오마르의 어머니가 제공.

10) 디왈리(Diwali)는 인디언 축제다(빛의 축제).

11) 2008년 11월 28일 부모 워크숍에서 아야티의 어머니가 제공.

12) Reyes, I. and Azuara, P. (2008) Emergent biliteracy in young Mexican immigrant children. *Reading Research Quarterly* 43 (4), 347-398.

13) Barratt-Pugh, C. (2000) Literacies in more than one language. In C. Barratt-Pugh and M. Rohl (Eds.) *Literacy Learning in the Early Years* (pp. 172-196).

Buckingham: Open University Press.

14) 개인적 대화를 통해 로리의 어머니가 제공.

15) Neumann, M., Hood, M. and Neumann, D.L. (2009) The scaffolding of emergent literacy skills in the home environment: A case study. *Early Childhood Education Journal* 36, 313-319.

16) 2009년 4월 29일 부모 워크숍에서 쇼키레브 가족이 제공.

17) 2009년 4월 29일 부모 워크숍에서 미나미 가족이 제공.

18) 개인적인 대화.

19) Xu, H. (1999) Young Chinese ESL children's home literacy experiences. *Reading Horizon* 40 (1), 47-64.

   Li, G-F. (2002) *East Is East, West Is West?: Home Literacy, Culture, and Schooling.* New York: Peter Lang.

20) Hurst, K. (1998) Pre-school literacy experiences of children in Punjabi, Urdu and Gujarati speaking families in England. *British Educational Research Journal* 24 (4), 415-429.

21) Multilingual Resources for Teachers Project (1995) *Building Bridges: Multilingual Resources for Children.* Clevedon: Multilingual Matters.

22) Sneddon, R. (2008) Young bilingual children learning to read with dual language books. *English Teaching: Practice and Critique* 7 (2), 71-84.

23) Clay, M. (1991) *Becoming Literate: The Construction of Inner Control.* Portsmouth, NH: Heinemann.

   Sipe, L. (2000) The construction of literacy understanding by first and second graders in oral response to picture storybook read-alouds. *Reading Research Quarterly* 35 (2), 252-275.

24) 2008년 9월 27일 부모 워크숍에서 카빌의 아버지가 제공.

25) Dr. Seuss (1954 and 1982) *Horton Hears A Who!* New York: Random House.

26) 개인적인 대화.

27) Pahl, K. and Rowsell, J. (Eds.) (2006) *Travel Notes from the New Literacy Studies: Instances of Practice.* Clevedon: Multilingual Matters.

   Wild, M. (2000) Information communicating technologies and literacy learning. In C. Barratt-Pugh and M. Rohl (Eds.) *Literacy Learning in the Early Years* (pp. 129-151). Buckingham: Open University Press.

28) Rich, M. (2009) Curling up with hybrid books, videos included. *New York Times*, 1 October.

29) Liang, P. and Johnson, J. (1999) Using technology to enhance early literacy through play. *Computers in Schools* 15 (1), 55-64.

30) Lankshear, C. and Knobel, M. (2003) *New Literacies: Changing Knowledge and Classroom Learning*. Milton Keynes: Open University Press.
Marsh, J. (2006) Global, local/public, private: Young children's engagement in digital literacy practices in the home. In K. Pahl and J. Rowsell (Eds.) *Travel Notes from the New Literacy Studies: Instances of Practice* (pp. 19-38). Clevedon: Multilingual Matters.

31) Wang, X-L., Bernas, R. and Eberhard, P. (2002) Variations in maternal support to children's early literacy development in Chinese and Native American families: Implications for early childhood educators. *International Journal of Early Childhood* 34 (1), 9-23.

32) Cusworth, R. and Simons, R. (1997) *Beyond the Scripts: Drama in the Classroom*. Newton: Primary English Teaching Association.

33) Sheridan, C. (2000) Children's literature and literacy learning. In C. Barratt-Pugh and M. Rohl (Eds.) *Literacy Learning in the Early Years* (pp. 105-128). Buckingham: Open University Press.

34) Sheridan, C. (2000) Children's literature and literacy learning. In C. Barratt-Pugh and M. Rohl (Eds.) *Literacy Learning in the Early Years* (pp. 105-128). Buckingham: Open University Press.

35) Neuman, S.B. and Wright, J.S. (2007) *Reading with Your Young Child*. New York: Scholastic Inc.

36) Braxton, B. (2007) Read-abounds: Choosing right book. *Teacher Librarian* 34 (3), 52-53.

37) Carle, E. (1969) *The Very Hungry Caterpillar*. New York: Philomel Books.

38) Neuman, S.B. and Wright, J.S. (2007) *Reading with Your Young Child*. New York: Scholastic Inc.

39) Romero, G. (1983) Print awareness of the preschool bilingual Spanish-English speaking child. Doctoral dissertation, University of Arizona.

40) Walsh, M. (2003) 'Reading' pictures: What do they reveal? Young children's reading of visual texts. *Reading* 37 (3), 123-130.

41) Dr. Seuss (1957) *The Cat in the Hat*. New York: Random House.

42) Dr. Seuss (1960) *Green Eggs and Ham*. New York: Random House.

43) Sheridan, C. (2000) Children's literature and literacy learning. In C. Barratt-Pugh

and M. Rohl (Eds.) *Literacy Learning in the Early Years* (pp. 105-128). Buckingham: Open University Press.

44) 이 아이디어는 다음에서 차용되었다: Naqvi, R. (2008) From peanut butter to Eid... blending perspectives: Teaching Urdu to children in Canada. *Diaspora, Indigenous, and Minority Education* 2, 154-164.

45) Hemingway, E. (1952 and 1994) *The Old Man and the Sea.* New York: Collier Books.

46) Fleet, A. and Lockwood, V. (2002) Authentic literacy assessment. In L. Makin and C. J. Diaz (Eds.) *Literacies in Early Childhood: Changing Views, Challenging Practices* (pp. 135-153). Sydney: MacLennan & Petty.

Paul, L. (2000) The naked truth about being literate. *Language Arts* 77 (4), 335-342.

47) Witte-Townsend, D.L. and DiGiulio, E. (2004) Something from nothing: Exploring dimensions of children's knowing through the repeated reading of favourite books. *International Journal of Children's Spirituality* 9 (2), 127-142.

Estes, C.P. (1992) *Women Who Run with the Wolves: Myths and Stories of the Wild Woman Archetype.* New York: Ballantine Books.

48) Carle, E. (1969) *The Very Hungry Caterpillar.* New York: Philomel Books.

49) Carle, E. (1984) *The Very Busy Spider.* New York: Philomel Books.

50) Carle, E. (1996) *The Grouchy Lady Bug.* New York: HarperCollins.

51) Gilman, P. (1992) *Something from Nothing.* New York: Scholastic Inc.

52) Taback, S. (1999) *Joseph had a Little Overcoat.* New York: Viking-Penguin.

53) Stone, K. (1981) Marchen to fairy tales: An unmagical transformation. *Western Folklore* 40, 232-244.

54) Kellerman, J. (1981) *Helping the Fearful Child.* New York: Norton.

55) Lewis, C.S. (1996) *Of Other Word: Essays and Stories.* New York: Harcourt Brace.

56) Richards, P.O., Thatcher, D.H., Shreeves, M., Timmons, P. and Barker, S. (1999) Don't let a good care frighten you: Choosing and using quality chillers to promote reading. *The Reading Teacher* 52 (8), 830-840.

57) Tomlinson, C. and Lynch-Brown, C. (1996) *Essentials of Children's Literature.* Boston, MA; Allyn & Bacon

58) Crosser, S. (1994) When young children are afraid. *Day Care and Early Education* 22 (1), 7-11.

Bettelheim, B. (1976) *The Uses of Enchantment.* New York: Knopf.

Lewis, C.S. (1996) *Of Other Word: Essays and Stories.* New York: Harcourt Brace.

59) Richards, P.O., Thatcher, D.H., Shreeves, M., Timmons, P. and Barker, S. (1999) Don't let a good care frighten you: Choosing and using quality chillers to promote reading. *The Reading Teacher* 52 (8), 830–840.

60) Sheridan, C. (2000) Children's literature and literacy learning. In C. Barratt-Pugh and M. Rohl (Eds.) *Literacy Learning in the Early Years* (pp. 105–128). Buckingham: Open University Press.

61) Kenner, C. and Gregory, E. (2003) Becoming biliterate. In N. Hall, J. Larson and J. March (Eds.) *Handbook of Early Childhood Literacy* (pp. 178–188). New York: Sage.

62) Saxena, M. (1994) Literacies amongst the Punjabis in Southall (Britain). In J. Maybin (Ed.) *Language and Literacy in Social Practice* (pp. 96–116). Clevedon: Multilingual Matters.

63) Kenner, C. (2000) Biliteracy in a monolingual school system? English and Gujarati in South London. *Language, Culture and Curriculum* 13 (1), 13–30.

64) Barratt-Pugh, C. (2000) The socio-cultural context of literacy learning. In C. Barrat-Pugh and M. Rohl (Eds.) *Literacy Learning in the Early Years* (pp. 1–26). Buckingham: Open University Press.

65) 2009년 3월 20일 이메일 대화.

66) Wang, X-L. (2008) *Growing Up with Three Languages*. Bristol: Multilingual Matters.

67) 소냐와의 이메일 교환 내용.

68) Makin, L. Campbell, J. and Diaz, C. (1995) *One Childhood Many Languages. Guidelines for Early Childhood Education in Australia*. Pymble: Harper Educational.

69) Danby, S. (2002) Language and social practices: Everyday talk constructing school-literate practices. In L. Makin and C.J. Diaz (Eds.) *Literacies in Early Childhood: Changing Views, Challenging Practices* (pp. 55–70). Sydney: MacLennan & Petty.

70) Leong, D. and Bodrova, E. (2003) Building language and literacy through play. *Early Childhood Today*. October Issue. 출처: WWW at http://www2.scholastic.com/browse/article.jsp?id=3747175.

71) Ramey, S.L. and Ramey, C.T. (1999) *Going to School: How to Help Your Child Succeed*. New York: Goddard Press.

72) 이 예는 다음에서 인용되어 수정되었다: Hall, N. and Robinson, A. (2000) Play and literacy learning. In C. Barratt-Pugh and M. Rohl (Eds.) *Literacy Learning in the*

Early Years (p. 95) Buckingham: Open University Press.

73) Martello, J. (2002) Many roads through many modes: Becoming literate in early childhood. In L. Makin and C.J. Diaz (Eds.) *Literacies in Early Childhood: Changing Views, Challenging Practices* (pp. 35-52). Sydney: MacLennan & Petty.

74) Martello, J. (2002) Many roads through many modes: Becoming literate in early childhood. In L. Makin and C.J. Diaz (Eds.) *Literacies in Early Childhood: Changing Views, Challenging Practices* (pp. 35-52). Sydney: MacLennan & Petty.

75) Markin, L. and Groom, S. (2002) Literacy transitions. In L. Makin and C.J. Diaz (Eds.) *Literacies in Early Childhood: Changing Views, Challenging Practices* (pp. 71-91). Sydney: MacLennan & Petty.

76) Harris, P. (2002) Children as readers. In L. Makin and C.J. Diaz (Eds.) *Literacies in Early Childhood: Changing Views, Challenging Practices* (pp. 117-134). Sydney: MacLennan & Petty.

77) 2009년 3월 11일 이메일 교환 내용.

78) Giambo, D.A. and Szecsi, T. (2005) Parents can guide children through the world of two languages. *Childhood Education* 81 (3), 164-165.

79) Orellana, M.F., Reynolds, J., Dorner, L. and Meza, M. (2003) In other words: Translating or "para-phrasing" as a family literacy practice in immigrant households. *Reading Research Quarterly* 38 (1), 13-34.

Purcell-Gates, V. (2000) Family literacy. In M.L. Kamil, P.B. Mosenthal, P.D. Pearson and R. Barr (Eds.) *Handbook of Reading Research: Volume III* (pp. 853-870). Mahwah, NJ: Lawrence Erlbaum Associates.

Scarborough, H. and Dobrich, W. (1994) On the efficacy of reading to preschoolers. *Developmental Review* 14, 245-302.

80) Sheridan, C. (2000) Children's literature and literacy learning. In C. Barratt-Pugh and M. Rohl (Eds.) *Literacy Learning in the Early Years* (pp. 105-128). Buckingham: Open University Press.

81) Justice, L.M., Kaderavek, J.N., Fan, X., Sofka, A. and Hunt, A. (2009) Accelerating preschoolers' early literacy development through class-based teacher-child story reading and explicit print referencing. *Language, Speech, and Hearing Services in Schools* 40, 67-85.

Wang, X-L., Delaney, K. and Eberhard, P. (2009) Effects of teachers' strategies on children's early literacy development: A comparative study of Chinese and American early literacy programs. Paper presented at the 16th European Conference on

Reading, Braga, Portugal, 20 July.

82) Tse, L. (2001) Heritage language literacy: A study of US biliterates. *Language, Culture and Curriculum* 14 (3), 256-268.

83) 2008년 11월 부모 워크숍에서 에디의 어머니가 제공.

84) An, R. (1999) Learning in two languages and cultures: The experience of Mainland Chinese families in Britain. Doctoral dissertation, University of Reading.

85) Tucha, O. Tucha, L. and Lange, K. W. (2008) Graphonomics, automaticity and hand-writing assessment. *Literacy* 42 (3), 145-155.

86) Kenner, C. (2004) *Becoming Biliterate*. Stoke-on-Trent: Trentham Books.

87) Garton, A. and Pratt, C. (1998) *Learning to be Literate: The Development of Spoken and Written Language*. Oxford: Blackwell.

88) Martello, J. (2002) Many roads through many modes: Becoming literate in early childhood. In L. Makin and C.J. Diaz (Eds.) *Literacies in Early Childhood: Changing Views, Challenging Practices* (pp. 35-52). Sydney: MacLennan & Petty.

89) Garton, A. and Pratt, C. (1998) *Learning to be Literate: The Development of Spoken and Written Language*. Oxford: Blackwell.

90) Bruner, J.S. (1975) The ontogenesis of speech acts. *Journal of Child Language* 2, 1-40.

91) Barratt-Pugh, C. (2000) Literacies in more than one language. In C. Barratt-Pugh and M. Rohl (Eds.) *Literacy Learning in the Early Years* (pp. 172-196). Buckingham: Open University Press.

92) Harris, P. (2002) Children as readers. In L. Makin and C.J. Diaz (Eds.) *Literacies in Early Childhood: Changing Views, Challenging Practices* (pp. 117-134). Sydney: MacLennan & Petty.

제5장
유년기(6세부터 11세까지)[1]

이 장에서는 유년기 아이들의 학습 특성을 간략하게 언급하고, 이 기간 동안에 계승어 읽고 쓰기 능력 발달의 중점적인 부분을 확인할 것이다. 가정에서의 계승어 읽고 쓰기 교재를 선택하는 것과 아이들의 학교에서의 읽고 쓰기 교육 경험을 보충할 수 있는 학습 활동을 선택하는 데 도움을 주는 다양한 제안이 제공되며, 이 시기에 필요한 평가 방법이 소개되고, 자녀들의 발달 상황을 확인할 수 있는 방법 또한 소개된다. 각각의 마지막 부분에는 제안된 전략들을 실행해 볼 수 있는 기회가 제공되며, 당신의 상황에 적합하게 제시된 전략들이 사용되었는지 점검해 볼 수 있는 기회 또한 제공된다.

전형적인 학습 특징

유년기 동안에 아이들은 다양한 정보의 조각들을 조합하여 논리적이고 체계적으로 사고하는 능력을 점차적으로 발달시켜 나간다. 아이들은 외적인 모습 안에 잠재된 자신의 실체를 인지하기 시작한다. 또한 이 시기는 아이들이 규칙을 이해하고 인정하며 사용하는 시기다. 가장 중요한 점은, 아이들이 자신의 지식과 사고의 과정에 대해 효과적으로 생각할 수 있는 능력을 발달시키기 시작한다는 점이다(이 과정을 상위인지능력, 즉 사고에 대하여 생각할 수 있는 능력이라고 부른다).[2]

스위스의 심리학자인 장 피아제(Jean Piaget)는 이 시기를 인지발달의 중요한 전환점으로 바라보았다. 즉, 아이들은 전조작기(pre-operational stage: 사고가 아직 논리적이지 못한 단계)에서 구체적 조작기(concrete operational stage: 사고가 논리적 · 유연적 · 조직적으로 진행하는 단계)로 놀라운 전환을 한다. 하지만 최근의 연구는 영유아기에서 유년기로의 전환이 피아제가 주장한 것처럼 인지발달에 극적인 전환을 가져오는 것이 아님을 보여 준다. 대신에, 유년기 동안의 주요한 인지발달은 영유아기에 이미 존재하고 있던 초기 형태의 기술의 보다 넓고 개선된 사용을 의미한다.[3]

그럼에도 불구하고 아이들은 유년기 동안에 집중력 및 기억력에 있어서 큰 발진을 한다. 아이들은 주의력을 집중하고 유지할 수 있는 효과적인 전략을 발달시키며, 정보를 기억할 수 있는 기억력 유지 전략을 발달시킨다.

그러나 이러한 모든 인지적인 발전에도 불구하고 이 시기의 아이들은 여전히 한계를 가지고 있다. 예를 들어, 아이들은 추상적이고 가상적인 사고를 하지 않는 경향이 있다. 아이들의 논리는 자신들의 구체적인 경험에 제한되기 쉽고, 가끔은 자신이 가지고 있는 기술을 사용하여 넓은 범위의 문제를 해결하는 데 어려움을 겪기도 한다. 따라서 아이들은 문제를 해결할 때 범위

가 너무 좁고, 특정한 경험에 제한되기도 하고(예를 들어, ‘사과는 점심에 먹는
것’), 한편으로는 범위가 너무 넓으면서도 문자와 개념을 구별하는 데(예를
들어, ‘고양이는 애완동물이다’)[4] 어려움을 겪기도 한다.

따라서 당신이 이 시기의 자녀가 가정에서 읽고 쓰기 능력을 좀 더 효과적
으로 발달시킬 수 있도록 돕기 위해 다음과 같은 제안을 하고자 한다.

- 자녀에게 실제적인 읽고 쓰기 활동을 할 수 있는 기회를 제공하라(실생
  활과 가까운 활동, 예를 들면, 최근의 운동 경기에 대하여 쓰기, 친구에게 이메
  일 쓰기, 조부모님에게 편지 쓰기, 비디오 게임의 설명서 읽기 등).
- 읽기 교재를 이해할 수 있도록 문맥과 연관된 힌트를 제공하라.
- 계승어의 문법을 소개하라(이 시기는 아이가 규칙의 중요성을 이해하기 시
  작하는 시기이므로 계승어 문법을 소개하기에 적합한 시기다).
- 자녀가 누군가의 도움이나 직접적인 배움을 통해 해결해야 하는 다소
  어려운 과제를 실행하게 하라[5](목수가 제자에게 직접 보여 주고 실행하게
  하는 것처럼, 실생활에서 부모가 실행하는 것을 보게 하고 자녀가 직접 실행해
  보게 하라).
- 자녀가 가정에서 배운 읽고 쓰기 지식을 자신의 이해에 맞게 사용하도
  록 허용하라[6](즉, 자신의 이해와 방식에 맞는 방법으로 계승어를 사용하도록
  허락하라).

만약 당신이 가정에서의 계승어 읽고 쓰기 학습 활동을 계획하고 실행할
때 아이들의 학습 특징을 알고 있다면 그들은 더 잘 배울 것이며, 당신 또한
쇼설 없이 자녀와 너 행복하게 시낼 수 있을 것이나.

가정에서의 계승어 읽고 쓰기 발달의 초점

대부분의 아이들은 유년기의 시작단계(만 여섯 살 무렵)에 정규교육을 시작한다. 만약 아이들의 가정에서의 언어와 학교에서의 언어가 동일하다면 아이들이 영유아기에 습득한 초기 읽고 쓰기 능력은 자동적으로 학교의 규범적인 읽고 쓰기 능력(conventional literacy skills)[7]으로 대체된다.

그러나 가정의 언어와 학교의 언어가 다른 경우에는 가정에서의 읽고 쓰기 발달 과정이 학교의 과정과는 다르다. 영유아기에 습득한 초기 계승어 읽고 쓰기 능력이 학교에서의 읽고 쓰기 발달에 도움을 준다는 사실은 의심의 여지가 없지만, 그들의 계승어 능력은 특별한 노력을 기울이지 않는 한 전통적이고 규범적인 읽고 쓰기 능력으로 전환되지는 않는다.

아이들이 학교에서의 학습과 과외활동에 점점 많이 연관될수록 가정에서의 계승어 읽고 쓰기 활동에 사용하는 시간은 줄어든다. 별도의 노력이 없다면, 이들의 가정에서의 계승어 읽고 쓰기 능력은 점점 줄어들다가 마침내 사라질 수도 있을 것이다. 따라서 이 시기에 가정에서의 계승어 읽고 쓰기 발달의 중심은 바로 다음과 같은 것들이다.

- 초기 계승어 읽고 쓰기 능력을 규범적이고 체계적인 능력으로 전환하도록 독려하기
- 가정과 학교에서 습득한 읽고 쓰기 능력들이 서로에게 도움이 되도록 함께 사용하기
- 계승어를 사용한 과외활동을 독려하고, 지속적으로 계승어를 학습하도록 동기부여하기

읽고 쓰기 교재 선택하기

다음의 제안을 읽으며 2장에서 언급한 가정에서의 읽고 쓰기 교수법 틀과 3장에서 언급한 4단계의 가정에서의 읽고 쓰기 교수 과정에 연결시킬 수 있는지 생각해 보라.

수준에 적합한 읽기 교재 선택하기

수준에 적합한 교재를 선택하는 것은 아이들이 자신감을 얻어 계속 계승어 읽고 쓰기 학습을 하는 데 아주 중요하다. 교재가 너무 쉬우면 아이들은 지루하게 여겨 흥미를 잃게 되고, 반대로 교재가 너무 어려우면 좌절하고 더 이상 학습을 계속하지 않게 된다. 아이들에게 교재가 적합한지를 결정할 때에는 세 가지 영역(언어학적 수준, 내용의 적합성, 개발 가능성)[8]을 고려하여야 한다.

교재의 언어학적 수준은 아이들이 그 교재의 어휘와 숙어, 문법 구조에 친숙한지의 여부를 나타낸다. 읽기 전문가들은 읽기 교재의 언어학적 어려움을 측정하는 여러 가지 방법을 제시해 왔다(읽기 초보자들에게 특히 유용한). 일부 전문가에 따르면, 만약 아이가 어른의 도움을 받으며 교재의 90~94%의 단어를 정확하게 읽고, 내용에 대한 질문의 75% 이상을 대답할 수 있으면 어른의 도움이 필요한 적합한 수준의 교재다. 그런데 만약 아이가 어른의 도움 없이 95% 이상의 단어를 정확하게 읽을 수 있으면 그 교재는 아이 혼자서 공부하기에 적합한 교재라고 본다. 그러나 아이가 90% 미만의 단어를 알고 50% 이하의 이해도를 보인다면, 그 교재는 적합하지 않다(즉, 좌절 단계, the frustration level)[9]고 본다.

또 다른 전문가들은 아이들을 위한 책을 선택할 때 빈칸 채우기 테스트

(cloze test)를 해 보기를 권한다. 아이를 위해 선택하고자 하는 교재의 한 페이지를 복사하여 그중 20여 개의 단어를 지운 뒤, 아이에게 빈칸을 채워 보라고 하는 것이다. 만약 아이가 80% 이상의 빈칸을 정확한 혹은 유사한 단어로 채울 수 있다면 그 책은 아이에게 적합한 것이며, 그렇지 않은 경우에는 너무 어려운 것이다.[10]

내용의 적합성은 교재가 아이의 흥미를 유발할 수 있는지, 내용이 아이의 발달단계에 적합한지 그리고 아이가 교재의 내용을 이해하는 데 필요한 문화적 배경지식이 있는지와 관련이 있다. 예를 들어, 밴쿠버에 살고 있는 열두 살의 징징(리즈, Liz)은 중국 고전소설 중 하나인 홍루몽[11][紅樓夢: 사대기서(四大奇書)의 하나로 청나라 조설근(曹雪芹)이 지음]의 축약본의 어휘를 이해하는 데 어려움은 없지만, 그 소설 속에서 일어나는 각각의 인물들 사이의 강력하고 복잡한 관계를 이해하는 데에는 아주 큰 어려움을 겪는다. 그녀는 어머니에게 '책에 나오는 대부분의 인물을 알기는 하지만 그들이 서로에게 무엇을 말하고 무슨 행동을 하는지는 이해하지 못하겠다'[12]고 말했다. 따라서 계승어 글의 내용이 아이에게 적합한지를 판단해야 할 때에는 아이가 그 내용을 이해할 만한 경험이나 지식 혹은 사회문화적 지식을 가지고 있는지를 고려해야 한다. 계승어 문화 환경에서 살고 있지 않은 아이들은 징징과 같은 어려움을 겪기 때문에 이 부분은 아주 중요하다. 일반적으로 교재의 내용이 아이에게 적합한지를 판단할 수 있는 가장 믿을 만한 방법은 아이에게 직접 물어보거나 아이의 행동을 관찰하는 것이다.

교재의 개발 가능성(Exploitability)은 아이가 그 교재를 이용하여 높은 수준의 사고력을 기를 수 있는지의 여부를 말한다. 크리스틴 누텔(Christine Nuttal)은 아이를 위한 교재를 선택할 때 부모들은 그 교재가 아이에게 무엇을 할 수 있는지를 고려해야 한다고 말한다. 누텔이 제시한 다음의 질문들은 당신으로 하여금 계승어 교재의 개발 가능성을 확인하는 데 도움을 줄 것이다.[13]

- 교재가 다음 중 하나 혹은 그 이상의 역할을 하는가?
  - 아이가 모르는 것을 알려 준다.
  - 아이가 새로운 생각을 갖게 해 주며 전에 해 보지 못한 생각들을 하게 한다.
  - 자신과는 다른 문화적 배경 및 태도를 가진 사람들이 느끼고 생각하는 방법을 이해하게 도와준다.
  - 아이가 이야기에 대한 더 많은 주제를 찾기 위해 스스로 더 읽도록 만든다.
- 교재가 아이의 언어적 지식을 훨씬 뛰어넘지 않는 범위 내에서 스스로 읽도록 도전심을 주는가?
- 새로운 어휘가 있다면 이 시기에 배울 가치가 있고 또 너무 많은 어휘를 담고 있지는 않은가? 만약 배울 가치가 없다면 아이가 이미 알고 있는 어휘로 대치하라. 그중 일부는 추론에 의해 추측이 가능한가? 만약 그렇지 않다면 추가적으로 다른 힌트를 주어 아이로 하여금 추론하게 할 수 있는가?
  - 교재가 아이로 하여금 좀 더 읽고자 하는 도전심을 주는가? 당신으로 하여금 다음과 같은 좋은 질문을 하게 하거나 다른 형태의 활동을 고안하게 하는가?
  - 교재로부터 배운 정보로 지도나 도표를 만들기
  - 습득한 정보를 재생하기
  - 토론하기 및 역할극 하기(당신과 아이 혹은 형제자매끼리)

이따금 아이에게 적합한 교재들 찾기가 힘들나면 원래의 세칭어 교재나 글을 단순화하는 것도 고려할 만하다. 나는 우리 두 아이를 위해 이것을 시도해 보았다. 예를 들어, 일부 중국 고전문학들은 평범하지 않고, 시대에 맞지 않는 어휘와 개념을 너무 많이 포함하고 있다. 만약 내가 단순화하지 않았다면 우리 아이들은 절대로 중국 고전문학을 이해할 수 없었을 것이다.

하지만 아이의 이해를 돕기 위해 교재 및 글을 단순화할 때에는 주의해야 할 점이 있다. 당신이 글을 단순화할 때 이해를 방해하는 부분을 제거하면, 글을 너무 명백하게 만들어 아이로 하여금 추론할 기회를 빼앗을 수도 있다. 따라서 당신은 명백한 연결사('즉, 왜냐하면, 비록' 등)를 추가하지 않음으로써 아이로 하여금 내용을 추론할 수 있도록 만들어야 한다. 또 교재를 단순화할 때 가능하면 원문의 질과 구조를 그대로 유지해야 하며 단지 어려운 어휘나 복잡한 구문만 제거해야 한다.[14]

다양한 읽기 교재를 포함하기

가정에서의 읽기 교재의 폭을 넓히기 위해서 아이들에게 다양한 분야와 주제에 대해 읽을 수 있는 기회를 제공하는 것이 중요하다. 2장에서 소개한 조 씨의 경우가 대표적인 예다. 그녀는 자신의 딸인 제시가 한국어로 된 다양한 글을 읽을 수 있도록 노력했다. 예를 들어, 제시가 열한 살이 되었을 때 조 씨는 제시에게 다음과 같이 주 중에 요일별로 다른 글을 제공해 주었다 (다른 분야 및 주제에 관하여).

- 월요일: 동물에 관한 비소설, 소설, 시
- 화요일: 다양한 교통수단에 대한 비소설
- 수요일: 식물에 관한 시와 비소설
- 목요일: 한국의 우화
- 금요일: 요리에 관한 비소설

조 씨는 이와 같은 일을 제시가 학교에 입학한 이후로 계속해 오고 있다. 그녀는 다양한 분야와 주제를 제시의 한국어 읽기에 꾸준히 연관시키고 있다. 조 씨에 의하면 제시는 다양한 읽기 교재를 좋아하며, 그녀가 한국어 글을 읽으면서 얻은 지식이 결과적으로는 학교에서의 학업에도 긍정적인 결과를 가져온다고 말한다. 제시의 선생님 한 분은 제시가 다른 학생들보다 훨씬 다재다능하다고 말한다.[15]

아마도 우리 대부분은 조 씨가 하는 것을 그대로 따라하기는 힘들 것이며, 또한 모든 아이들이 제시처럼 협조적이고 동기부여가 되지는 않을 것이다. 그럼에도 불구하고 조 씨가 읽기 교재를 선택할 때의 노력은 그녀가 다양한 분야(소설, 비소설, 산문, 시 등)와 다양한 주제(동물, 교통수단, 도구, 식물, 요리, 우화 등)를 소개했다는 점에서 칭찬할 만하다. 그렇게 함으로써 제시는 다양한 어휘, 표현 및 정보를 배울 수 있는 기회를 가질 수 있었다. 가장 중요한 것은, 제시의 가정에서의 한국어 읽기가 학교에서의 학업에 도움을 주었다는 사실이다. 조 씨의 교수방법은 아이가 비계승어 환경에서 계승어 읽고 쓰기를 학습할 때 특히 유용하다.

정독과 다독 교재의 균형 맞추기

읽기에는 정독(intensive reading)과 다독(extensive reading)의 두 가지 유형이 있다. 물론 계승어 읽고 쓰기를 배우는 아이들에게는 이들 모두 중요하다. 유년기는 아이들을 위한 읽기 교재를 선택하는 데 있어 두 가지 유형의 읽기를 구분하는 것을 시작하기에 좋은 시점이다.

정독은 느리고 세심한 읽기다. 여러 면에서 정독은 단순한 읽기라기보다는 언어를 공부하는 방법이다. 정독은 속도가 느리기 때문에 아이들이 잠깐 멈추어서 사전에서 새로운 단어도 찾아 보고, 어려운 문장을 이해하기 위해 자세히 읽게 해 준다는 점에서 언어 공부에 유용하다.

그러나 정독만으로 아이들을 좋은 독자로 만들 수는 없다. 실제로 너무 많은 정독은 아이들에게 좋지 않은 읽기 습관을 만들어 준다. 예를 들어, 정독은 아이들이 모든 작은 부분에도 집중하게 만들기 때문에 글의 전체를 이해하기보다는 어휘나 문법적인 부분에만 집중하게 한다. 그리고 정독은 아이들로 하여금 천천히 읽게 유도하기 때문에 이 방법에 익숙한 아이들은 종종 빠르게 읽는 법을 익히지 못한다. 또한 정독은 비교적 지루한 경향이 있어서 모든 것을 이러한 방식으로 읽는 아이들은 점차적으로 읽기를 싫어하게 된다.[16]

대개 읽기의 가장 중요한 목적은 글의 내용을 빠르게 이해하는 것이다. 이러한 종류의 읽기는 아이들이 많은 양의 글을 빠르게 읽고 이해하기 때문에 다독이라고 한다. 다독은 정독보다 더 현실에 가까운 읽기 방법이다. 좋은 독자가 되기 위해서는 책의 한 부분이나 한 편의 기사를 읽기보다는 전체(책 한 권, 잡지 한 권 등)를 읽는 것이 필요하다. 음악가가 악보를 보고 즉석에서 연주하는 것을 연습해야 하는 것처럼 좋은 독자는 글의 내용을 이해하며 문법적 구조도 동시에 파악할 수 있어야 하는데, 이를 위해서는 많은 글을 읽어야 한다.

게다가 다독 기술은 실생활에 활용하는 데 필수적이다(글의 주제 이해하기, 즐거움을 위해 읽기 등). 읽기에서 속도, 즐거움, 이해는 서로 긴밀하게 연결되어 있다.[17] 이 영역을 모두 달성하기 위해 유창한 독자는 글을 한 자 한 자 읽지는 않는다. 대신에 독자는 하나의 의미 단위를 한꺼번에 읽는다. 만약 너무 천천히 읽으면 읽은 내용을 기억하지 못하게 된다.

계승어 읽기에서 다독과 관련된 이점에는 여러 가지가 있다. 다독은 아이들로 하여금 다음을 달성하도록 도와준다.

- 자신감 가지기
- 동기부여
- 예측하는 능력 발달
- 자동적 읽기

- 어휘 향상
- 지식 향상

계승어 읽기의 더 나은 이해를 위해 단어와 문법을 공부하기에는 정독도 때로는 유용하다. 하지만 모든 새 어휘와 문법을 찾아보기 위해 멈추지 않고, 글 전체의 의미를 파악하는 데 중점을 두며 읽는 다독에 시간을 투자하는 것이 더욱 중요하다. 전문가들은 많은 책을 접할수록 더 많이 읽게 되고, 더 많은 읽기는 높은 수준의 문법적 지식, 어휘, 이해력을 높이는 데 도움이 된다고 주장한다.[18] 따라서 당신이 자녀를 위한 계승어 읽기 교재를 선택할 때에는 정독과 다독의 균형을 맞추도록 고려하여야 한다.

학교와 가정에서의 읽기 교재 일치시키기

학교에서의 언어 읽기 교재와 가정에서의 언어 읽기 교재는 종종 불일치한다. 다중언어 자녀들이 학교에서 읽고 쓰기 교육을 받기 시작하면서 아이들의 주류언어 읽고 쓰기 능력은 향상되지만 가정에서의 계승어 읽고 쓰기 능력은 정체하거나 점점 발달이 둔화된다. 따라서 두 언어의 읽고 쓰기 발달을 동시에 할 수 있도록 격려하는 것은 중요하다.

가정과 학교의 읽기를 일치시키는 한 가지 방법은 4장에서 언급한 이중 혹은 다중언어 읽기 교재를 사용하는 것이다. 유년기 동안에는 이중/다중언어 읽기 교재가 자녀들의 계승어 읽고 쓰기 발달에 좀 더 중요한 역할을 한다. 자녀에게 학교에서 사용하는 읽기 교재와 유사한 계승어 읽기 교재를 소개할 수도 있다. 학교에서의 읽기 목록을 구한 후 유사한 주제를 가진 이중/다중언어 교재를 구하라. 동일한 것을 구할 수 없는 경우에는 분야와 주제가 유사한 것도 도움이 된다.

가정에서의 읽기 교재와 학교에서의 읽기 교재를 일치시키는 것에는 여러 가지 장점이 있다. 첫째로, 자녀들은 주류언어와 계승어에서 유사한 어휘를 배울 수 있다. 둘째로, 한 언어에서 습득한 개념이 다른 언어에서의 동일한 개념을 이해하는 데 도움을 준다. 조 씨의 경우, 그녀의 딸이 한국어에서 배운 개념 덕분에 영어에서의 개념 익히기가 수월했다고 말한다(부수적인 보너스).[19] 셋째로 학교에서 배운 지식과의 연관성은 자녀들이 가정에서 계승어 읽기를 계속하기 위한 동기부여가 된다.

만약 자녀의 계승어 수준이 학교에서 배우는 언어 수준에 미치지 못한다면 동일한 주제와 정보를 가진 좀 더 쉬운 교재를 선택하라. 이는 가정에서의 읽고 쓰기 교육과 학교에서의 교육을 연결시킴으로써 계승어 교육이 분리되어 고립된 활동이 되는 것을 방지할 수 있다.

상황적 읽기 활용하기

나는 4장에서 환경에서의 인쇄매체를 자녀의 초기 계승어 읽고 쓰기 발달에 이용하는 것의 장점에 대해 언급하였다. 유년기 동안에는 이것을 조금 확장시켜 상황적인 읽기 자료(실생활에서 사용되는 자료)를 활용하여 자녀의 계승어 읽고 쓰기 발달에 도움을 줄 수 있다. 예를 들어, 계승어 식당의 메뉴, 지역사회 신문, 종교 문서, 휴일 안내문, 친척으로부터 받은 편지 및 이메일, 요리법, 결혼이나 생일 안내문, 초대장, 게임 설명서 등은 모두 상황적 읽기에 활용할 수 있는 좋은 자료다.

상황적 읽기 재료는 모두 실생활과 관련이 있다. 이런 재료들은 아이들에게 계승어가 실제로 어떻게 사용되는지를 보여 줄 수 있다. 예를 들어, 여덟 살의 디야(Diya)는 가족들이 받은 힌디 어(Hindi)로 된 결혼식 초대장을 통해 아름다운 문구와 시를 읽고 암기할 수 있었다.[20]

다중매체 읽기 교재 탐구하기

다중매체 양식은 점차로 아이들의 일상의 한 부분이 되어 가고 있다. 예를 들어, 카이저 가족재단(Kaiser Family Foundation)의 최근 보고에 따르면 여덟 살에서 열여덟 살 사이의 미국 아이들은 하루 평균 7시간 반을 스마트폰, 컴퓨터, 기타 전자기기의 사용 및 텔레비전 시청으로 보낸다고 한다.[21] 1장에서 언급하였듯이 다중매체 형태로 글을 읽는 것은 전통적인 책읽기와는 다른 시각적인 정보를 제공한다. 전통적인 책 읽기와는 다르게 다중매체 읽기는 상호작용이 가능하며 다차원적이다(글과 사진, 영상과 소리의 조합 등).

다중매체를 이용한 읽기를 잘 활용하면 자녀들의 계승어 읽고 쓰기 능력 발달을 촉진시킬 수 있다. 베른스키 씨(Mr. Belinsky)는 자신의 열 살 난 딸인 사샤(Sasha)에게 계승어인 러시아 어를 가르칠 때 다중매체 양식을 사용한 것이 도움이 되었다고 말한다. 매주 토요일 베른스키 씨는 딸과 함께 2시간씩 딸의 취미인 인형 수집에 대해 러시아 어로 된 웹사이트를 검색하며 정보를 찾으면서 보내고는 했다. 그러면서 자신이 미리 선택해 놓은 인형에 대한 정보를 딸이 읽어 보도록 유도했다. 이와 유사하게, 나의 큰아들인 레앙드르는 자신의 취미 중 하나인 메르클린 기차(Marklin train)에 대해 검색하며 다양한 기차 종류에 대해 자신의 계승어 중 하나인 불어로 열심히 읽었다. 남편 또한 레앙드르에게 메르클린 기차에 대한 다양한 사이트를 보여 주었다. 인터넷 검색이 다중언어 화자인 사샤와 레앙드르로 하여금 자신의 계승어로 읽도록 동기부여를 하는 데 도움이 되었다는 것은 의심의 여지가 없다.

그러나 아이들이 인터넷 검색활동을 할 경우에 부모는 아이들의 활동을 점검할 필요가 있다. 인터넷의 안전한 사용에 대하여 자녀와 토의를 하는 것이 좋고, 당신의 상황에 맞게 아이와 함께 특정한 규칙을 정하는 것도 좋은 방법이다.

대중문화 존중하기

텔레비전 프로그램, 만화영화, 비디오 게임, 만화책, 게임 카드 등 아이들의 대중문화 자원은 그들의 생활에 깊이 퍼져 있으며, 정보와 함께 즐거움도 제공해 준다. 많은 부모들이 이러한 자원의 교육적 가치와 도덕적 타락 등에 대해 걱정하지만 교육자와 연구자들이 적절하게 사용한다면 이러한 자원이 아이들의 읽고 쓰기 학습을 도와줄 수 있다고 강조한다.[22] 일부 교육자와 연구자들은 더 나아가 대중문화의 자원을 무시하는 것은 이미 이런 문화에 열광하고 있는 아이들의 관점을 중요시하지 않는 것이라고 경고한다.[23] 최근의 연구에 따르면 대중문화 매체의 글들은 읽고 쓰기 학습의 귀중한 자료로 여겨지고 있다.[24] 예를 들어, 제프 키니(Jeff Kinney)의 『Diary of Wimpy Kid』[25] 시리즈는 미국의 초등학교 및 중학교 학생들 사이에서 엄청난 성공을 거두었다. 한번은 나의 둘째 아들인 도미니크에게 이 책이 왜 그렇게 재미있는지를 물었다(실제로 그는 책 한 권을 2시간 만에 다 읽었다). 그는 "나를 책의 주인공과 연결시킬 수 있기 때문이에요."라고 대답했다.

아이들의 계승어 발달의 시작을 돕기 위해서 대중문화를 사용하는 것의 장점은 바로 아이들에게 친숙한 상황(즉, 자신들의 실생활의 일부)을 제공해 줄 수 있다는 것이다. 이것은 아이들을 읽고 쓰기의 세계로 이끌 수 있는 매력적인 방법이다. 게다가 이러한 자원의 내용은 현재 그리고 여기의 개념을 뛰어넘어 아이들에게 과거와 미래의 일에 대하여 생각할 기회를 제공한다. 특히 둘 이상의 언어를 배우고 있는 아이에게 대중문화를 이용하는 것은 여러 가지로 의미가 있다. 첫째로, 아이들에게 계승어로 읽게 할 때 종종 직접적인 격려나 유인책이 없다. 하지만 대중문화 자료들은 재미있기 때문에 아이들로 하여금 읽게 만든다. 둘째로, 아이들은 주류문화의 대중문화와 계승어 문화의 대중문화를 비교하면서 어려서부터 읽기 재료들을 평가하는 비판적인 사고를 갖게 된다.[26]

그러나 대중문화 자원 중에는 종종 아이들에게 적합하지 않은 내용을 포함하고 있는 경우도 있다. 따라서 아이들에게 이러한 읽기 자료를 소개할 때에는 각별한 주의가 필요하다.

아동문학 이용하기

좋은 아동문학을 쓰는 작가들은 종종 아이들을 잘 이해하고 그들의 언어를 잘 사용한다. 따라서 아동문학은 언어나 내용적인 면 모두에서 아이들에게 적합하다. 유년기 동안에, 아동문학은 아이들로 하여금 계승어로 된 작품을 읽게 하고, 자신의 계승어의 전반적인 형태에 대해 알아 가게끔 도와주는 역할을 할 것이다.

아이들의 관심을 끌기 위해 아동문학을 이용하기

우리 모두는 우리에게 흥미를 주는 책을 읽는 경향이 있으며, 아이들도 예외는 아니다. 재미있고 이해하기 쉬운 계승어 아동문학에 접근하게 하는 것은 아이들이 가정에서 계승어 읽고 쓰기 능력을 발달시키는 데 도움을 줄 것이다.

그러나 무엇이 재미있고 흥미를 끄는 아동문학인지를 결정하는 것은 독자에 따라 다르다. 어른이 흥미를 느끼는 것과 아이들이 흥미를 느끼는 것은 전적으로 다르다. 예를 들어, 앞 장에서 언급하였듯이, 부모들은 종종 아동용 무서운 책을 두려워하여 아이들에게 그러한 책을 소개하는 데 주저한다. 반면에 아이들은 주로 이러한 책에 관심을 가진다. 그러므로 아이들에게 자신의 책을 선택하도록 자유를 주는 것은 그들에게 재미있는 책에 대한 당신의 관점을 주입시키는 것을 막도록 도와주며, 결과적으로 아이들로 하여금 계승어로 된 책을 더 읽게 만드는 결과를 가져온다. 아이들이 신중하게 책을 고르게 도와주는 방법에는 여러 가지가 있다. 예를 들어, 당신은 아이들에게 재미있는 삽화가 들어 있는 책 혹은 시선을 끄는 제목을 가진 책을 소개할 수도 있다. 당신은 또한 책에서 재미있는 일화를 골라 아이에게 읽어 줄 수도 있다. 그렇게 함으로써 당신은 아이들이 책에 관심을 갖게 하고, 책을 읽게끔 유도할 수 있다.[27] 무엇보다도 당신은 아이들에게 책을 읽는 것이 즐거운 일이라는 것을 알려 줄 수 있다. 스스로 선택한 책을 읽는 것은 아이들의 관심을 증가시키고, 결과적으로 아이들의 계승어 학습에 효과적이라는 것은 명백한 사실이다.[28]

계승어의 규범 학습에 아동문학을 이용하기

만약 대중문화의 읽기 교재들이 자녀의 계승어 읽기에 도움을 주었다면 양질의 아동문학이 할 수 있는 것은 바로 자녀의 계승어 읽고 쓰기 능력을 좀 더 체계적이고 규범적인 수준으로 발전시키는 것이다. 앞에서 언급한 것처럼 좋은 아동문학을 쓰는 작가들은 종종 아이들이 사용하는 언어에 대한 전문가이기에 아이들이 어떻게 어휘와 문장을 사용하는지에 대한 좋은 모범을 보일 수 있다. 또한 좋은 아동문학은 간단하면서도 많이 사용되는 어휘를 사용한다.[29] 게다가 이러한 책의 내용 전개는 아이들이 이해하기 쉽다.

모든 언어에는 아이들에게 크게 영향력을 미치는 책들이 있다. 당신이 주변을 둘러본다면 쉽게 찾을 수 있을 것이다. 마리사(Marissa)는 자신의 초등학생 자녀를 위한 타갈로그 어(Tagalog: 필리핀의 공용어)로 된 어린이 책을 찾을 수 없다고 불평하고는 했다. 하지만 약간의 조사를 한 결과 그러한 책들이 존재한다는 사실을 알고 기뻐하였다.[30]

계승어로 된 책 만들기

자녀에게 자신만의 계승어 책 혹은 이야기를 만들게 격려하는 것은 아이가 가정에서의 계승어 읽고 쓰기에 좀 더 적극적으로 참여하게 만드는 좋은 방법이다. 아이들은 광고물이나 잡지 또는 신문으로부터 그림이나 사진을 잘라 내거나 인터넷에서 출력하는 방법으로 자신만의 책 혹은 읽기 교재를 만들 수 있다. 당신은 아이와 함께 사진이나 그림에 이름을 붙이거나 자신들이 모은 재료들에 대해 이야기를 쓰는 것을 도와줄 수 있다. 이것은 아이가 계승어 읽고 쓰기 학습에 적극적으로 관여하는 혁신적인 방법이다.

스스로 만든 읽기 교재들은 그것을 읽고자 하는 아이들의 동기를 향상시켜 준다. 상해에 살고 있는 독일 출신의 칼(Karl)은 그의 일곱 살 난 아들이 자신이 매달 구독하는 독일어 잡지로부터 그림을 잘라 내어 자신만의 독일어 책을 만드는 것을 도와 왔다. 칼에 따르면 그의 아들은 독일어 책을 만드는 작업에 매우 관심이 많다고 한다. 아이는 이와 같이 스스로 만든 책을 통해 벌써 독일어 읽고 쓰기 학습을 시작했다고 한다.[31]

만약 당신의 계승어로 된 좋은 아동문학을 찾을 수 없는 경우에는 아이를 위한 당신만의 책을 만드는 것도 좋다. 어떤 부모들에게는 이러한 작업이 어려울 수도 있다. 하지만 런던에 살고 있는 카렌(Karen)은 자신의 세 자녀를 위해 스와힐리 어(Swahili: 동부 아프리카에서 널리 사용되는 공용어)로 책을 쓰는 것을 즐긴다. 수년간 그녀와 남편 그리고 아이들은 매력적인 삽화와 가족 사진이 담긴 흥미진진한 내용의 수많은 스와힐리 어 책을 만들어 왔다. 그녀의 자녀들은 이러한 손수 만든 책 읽기를 아주 즐긴다.[32] 그들은 자녀들의 계승어 학습 여정에 대한 생생한 기록을 가지고 있다.

컴퓨터 소프트웨어의 발달로 이제는 계승어로 책을 만드는 것이 쉬워졌다. 계승어로 책을 만들고자 할 때 다음과 같은 지침을 참고하기 바란다.

- 규범적이고 체계적인 당신의 계승어에서 자주 사용되는 어휘와 문법적 구조를 사용하라.
- 읽기 쉬운 활자체나 필체를 사용하라.
- 흥미로운 이야기를 창작하라.

- 재미있는 그림이나 사진을 포함하라.
- 계승어 읽기의 규범을 따르라.

주류언어로 된 좋은 아동문학 작품을 당신의 계승어로 번역하는 것도 좋은 방법이며, 이러한 번역에는 적어도 두 가지의 이점이 있다. 첫째로, 당신의 아이는 아마도 그 이야기가 익숙할 수도 있을 것이다. 아이는 주류언어로 그 이야기를 들었을 가능성이 있다. 둘째로, 그러한 책들은 특정한 나이에 맞게 저술된 것이기 때문에 내용적인 면에서도 자녀에게 적합하다. 그러나 계승어를 배우는 것은 계승어의 문화를 배우는 것이기도 하기 때문에, 주류언어의 책을 번역할 때는 한 문화를 다른 문화에 삽입시키지 않도록 주의하여야 한다.

 당신의 과제

당신은 유년기 동안의 계승어 읽고 쓰기 교재 선택에 관한 제안을 살펴보았다. 이제 잠깐 멈추고, 당신이 지금까지 읽어 온 것과 당신의 상황을 연결시켜 보기를 바란다. 다음의 활동과 생각해 볼 질문이 당신을 도와줄 것이다.

활동 및 생각해 볼 문제

- 인터넷, 지역 서점, 도서관의 도서목록 등을 통해 당신의 계승어로 된 읽기 교재를 찾아보라. 당신의 자녀가 읽기를 바라는 도서의 목록을 작성하여 보라.
  - 목록을 분야와 주제별로 정리하라. 당신의 선택이 다양한 분야와 주제를 포함하고 있는가? 그렇지 않다면 다시 목록을 작성하고 다양한 읽을거리를 포함하도록 하라.
  - 이 책의 전반부에 소개된 정보를 활용하여 선택한 교재들이 아이의 수준에 적합한지 확인하라(언어학적 수준, 내용의 적합성, 교재의 개발 가능성).
  - 정독용 책과 다독용 책을 결정하라.
  - 선택한 교재들을 월별, 주별, 일별 읽을 분량으로 나누라. 당신이 정한 분량이 아이가 실행하기에 적절한가?
  - 위와 같은 교재 선택 활동을 하는 것이 당신에게 도움이 되는가?
- 자녀의 학교로부터 주류언어 읽기 교재 목록을 구하라(현재 아이의 학년을 위한 목록이면 더 좋다). 목록을 분야와 주제별로 정리하라. 당신의 계승어로 된 비슷한 분야와 주제의 책을 찾아보라. 그중 한 권을 아이에게 읽어 주고, 또 스스로 읽게 하라. 아이의 반응을 관찰하라. 아이가 책에 관심을 보이는가? 내용이나 분야의 친숙함이 아이가 계승어 책을 이해하는 데 도움을 주는가?
- 만약 당신이 자녀를 위한 적절한 계승어 책을 구하지 못했다면 주류언어로 된 책의 내용을 간추려 보라. 이 장에서 언급한 제안을 고려할 때 자녀의 글로부터의 추론 능력을 방해하지 않기 위해 필요한 것은 무엇인가?
- 가능하다면 주변에 있는 계승어 서점을 방문하거나 온라인으로 아이와 함께 책을 찾아보라. 아이에게 읽고 싶은 책을 고르게 하고, 어떤 책을 선택하는지 관찰하라. 아이가 책을 선택하는 것이 당신이 아이를 위해 책을 선택하는 것에 도움을 주는가?
- 아이에게 자신만의 책을 만드는 것에 대해 말하고 아이의 반응을 관찰하라. 아이가 관심을 보인다면 그것을 실현시키기 위해 무엇을 해야 하는지 생각해 보라.
- 아이에게 상호작용이 가능한 다중매체 온라인 책을 만드는 것에 대해 말해 보라. 아이가 관심을 보인다면, 이러한 책을 만드는 과정을 이용하여 아이가 계승어를 읽게 할 방법을 찾을 수 있는가? 당신은 다른 방법으로 그러한 책을 만들어서 아이에게 보여 줄 수도 있다.

읽고 쓰기 활동 실행하기

아이들의 읽기 활동이 쓰기 활동보다 앞서 행해져야 할 이유는 없다. 실제로 아이들은 읽기를 시작하기 전에 쓰기를 시작한다.[33] 유사하게 읽기 활동과 쓰기 활동이 분리되어야 할 이유도 없다. 문자해독능력 모두 전체적인 문자해독능력 발달에 필요한 부분이다. 그러나 논의의 편의를 위해 여기서는 가정환경에서의 읽기 활동을 하는 방법을 먼저 설명하고, 그다음에 쓰기 활동을 하는 방법에 대해 논의하도록 하겠다.

읽기

말하기 습득과는 달리 읽기는 학습을 통해 습득되는 기술이기 때문에 읽기 발달은 어른들의 주의 깊은 지도와 안내가 필요하다. 읽기에 연관된 기본적인 기술로는 철자법에 대한 지식, 부호와 소리의 일치, 음절, 문법적 분석(Parsing: 음소와 음절의 분리), 음소인식,[34] 형태인식, 의미인식, 어휘에 대한 지식 등이 있다. 당신의 자녀가 계승어에서 이와 같은 기본적인 지식들을 습득하도록 돕는 것은 자녀의 계승어 읽기 발달의 성공을 보장할 것이다.

독해 기술을 발달시키기

독해 기술은 부호와 소리와의 관계(예를 들어, 문자와 소리의 관계)에 대한 지식을 활용하여 인쇄된 글들을 의미 있게 만들 수 있는 능력이며, 이는 어떤 언어에서든 읽기 발달에 있어서 필수적인 기술이다. 오랫동안 연구자들은 아이가 글 읽기(즉, 인쇄물 해독하기)를 배우기 전에 음운인식, 형태인식, 철자인식 그리고 의미인식에 대한 발전이 필요하다는 것을 밝혀 왔다. 음운인식은 일반적으로 음성언어에서 소리단위(음절과 운율 등)를 인지하고 조종할 수 있는 능력을 나타낸다. 형태인식은 단어의 형태구조에 대한 아이들의 이해와 그 구조(예를 들면, work의 과거형에 ed를 붙이거나 3인칭 단수형에 s를 붙이는 것)를 인지하고 조종할 수 있는 능력을 의미한다. 철자인식은 언어의 표기체계에서 사용되는 규칙을 이해하는 능력이며, 의미인식은 단어의 의미를 이해하는 능력을 뜻한다.[35]

　일반적으로 읽기와 관련된 이러한 해독 기술과 인지적 기술은 아이들이 학교에서 주류언어의 읽고 쓰기를 배울 때 발달한다. 학교에서 배우는 기술 중의 일부는 가정언어로 쉽게 이동되기도 하고, 그 반대로도 쉽게 이동된다. 예를 들어, 연구에 따르면 음운적 능력은 음성언어(영어 등)에서 의미언어(중국어 등)로 쉽게 이동이 가능하며, 그 반대방향으로의 이동도 가능하다.[36] 또한 읽기 발달에 필요한 일부 인지적 기술들은 특정한 언어에만 제한되어 있지는 않다. 일단 습득이 되면 학교에서의 주류언어가 계승어에 미치는 영향이 더 크더라도[37] 학교의 주류언어와 가정에서의 계승어 학습 모두에 사용될 수 있다.[38]

　하지만 다중언어 연구 전문가인 빕 에드워드(Viv Edwards)는 언어 사이의 전이에 대해 의문을 제기하며 언어의 특수성에 좀 더 주의를 기울여야 한다고 경고한다. 예를 들어, 영어에서 Dan의 [d]와 than의 [ð]는 두 개의 다른 음소(phoneme)다. 이와는 달리, 스페인 어에서는 /dado/처럼 문두에서는 항상 [d]로 발음되며 문장의 중간이나 끝에서는 [ð]로 발음한다. 또한 영어의 /k/는 단어의 처음에서는 기식음(an aspirated sound)으로 발음되지만 중간이나 끝에서는 그렇지 않다. 펀자브 어에서는 두 가지 경우 모두가 어떤 위치에서건 가능하나(|pʰull: 과일 / |pull: 순간 능). 이 예에서 보듯이, 영어에는 하나의 음소가 있지만 펀자브 어에는 두 개가 존재한다.[39]

　어떤 아이들은 별도의 직접적인 지도 없이 시간이 흐름에 따라 해독하는 전략을 발달시킨다. 하지만 또 어떤 아이들은 해독하는 전략을 습득하기 위해 일대일로 배워야 하는 경우도 있다. 그럼에도 불구하고, 연구자들은 대부분의 아이들이 해독 및 인지적 기술(음운인식, 형태인식, 철자인식 그리고 의미인식)[40]에 대한 의도적인 학습을 통해 도움을 얻는다고 말한다.

따라서 당신이 자녀의 계승어 발달을 도와주고자 할 때 독해하는 능력을 가르치는 것에 좀 더 집중할 필요가 있다. 이를 위한 몇 가지 전략들은 다음과 같다.

계승어에서 독해하는 능력을 기르도록 도와줄 때에는 아이들이 이미 알고 있는 것을 상기시킴으로써 소리를 부호(문자 등)에 연관시키게 하라. 영어를 예로 들자면, 당신의 아이가 'train'의 'tr'을 이미 알고 있는 경우 'truck'이라는 새로운 단어를 가르칠 때 'train'을 상기시켜라. 당신은 또한 아이에게 단어가 어떻게 형성되는지를 알려 줄 수 있다. 영어의 다른 예를 보면, 'raincoat'라는 단어는 'rain'과 'coat'라는 두 단어로 구성되어 있다.[41] 게다가 당신의 단어의 부분(철자법의 단위)에 아이의 관심을 집중시킬 수 있다. 영어의 예를 들면, 'habitat'라는 단어를 이용하여 이 단어는 'ha, bi, tat'라는 다음절로 구성된다는 것을 아이에게 가르쳐 줄 수 있다.

아이에게 독해하는 기술을 학습하도록 도울 때에 이러한 활동이 지루한 연습이 아니라 즐겁고 달성 가능한 것이 되도록 계획하라. 아이와 함께 게임을 하는 것은 아이로 하여금 자신이 읽고 있는 단어에 집중하도록 흥미와 관심을 끄는 방법이다. 예를 들어, 당신은 아이와 함께 단어 사냥 게임(모음을 포함하고 있는 단어 찾기 등) 혹은 단어 분류 게임(모음 두 개와 자음 하나로 된 단어 분류하기 등)을 할 수도 있다.

어휘력 기르기

어휘는 읽고 쓰기의 기본 구성물이며 아이들의 독해와도 밀접하게 연관되어 있다. 따라서 유년기 동안에 아이가 계승어 어휘를 많이 습득할 수 있도록 도와주는 것이 아이의 읽고 쓰기 발달에 가장 우선적인 과제가 되어야만 한다. 일부 읽고 쓰기 전문가들은 어휘 학습에 있어서 아이들 스스로 하는 즉흥적 어휘 접촉에만 의존할 수는 없다고 주장한다. 오히려 효과적인 어휘 학습은 반드시 계획적으로 학습되어야만 한다.[42] 연구결과들은 체계적이고 분명하며 직접적인 어휘 교육이 실제로 아이의 읽기 능력 향상에 도움을 준다고 주장해 왔다.[43] 다음은 이를 위해 당신이 고려해야 할 몇 가지 전략이다.

문맥의 단서 이용하기

당신은 아이의 읽기 교재에서 문맥상의 단서를 사용함으로써 아이가 새로운 어휘의 뜻을 배우게 도울 수 있다. 예를 들어, 당신의 아이가 새로운 어휘를 만났을 때 읽기 교재의 삽화나 배경 정보 같은 것으로 아이를 도울 수 있다. 또한 유도하는 질문(guiding question)을 통해 뜻을 이해하도록 도울 수 있다. 예를 들어, 나의 큰아들 레앙드르는 중국어로 된 '누가 무엇을 하니?(誰干什么)'에 대한 글을 읽을 때 鋤地(괭이/호미로 밭을 갈다)라는 중국어의 의미를 이해하지 못했다. 레앙드르는 태어나면서부터 중국어를 말했기 때문에, 글로 된 것은 식별하지 못해도 말로는 표현할 수 있었다. 그래서 나는 그에게 농부가 밭을 갈고 있는 삽화를 보면서 의미를 찾아보라고 말했다. 농부가 밭을 갈고 있는 삽화와 같은 단서를 제공하였을 때 아이가 鋤地의 의미를 쉽게 찾아낼 수 있었다.

연관성을 통해 더 많은 어휘 배우기

당신은 아이들이 어휘를 배울 때 그 어휘들과 관련된 특별한 특징들을 사용하여 아이들의 어휘 실력 향상을 도울 수 있다. 게다가 당신은 아이들이 이미 알고 있는 것과 어휘 지식을 기본으로 하여 더 많은 어휘를 배우도록 도울 수 있다. 만약 아이가 'act'라는 단어를 알고 있다면 새로운 단어인 'interact'는 쉽게 배울 수 있다.[44] 이와 유사하게 레앙드르가 중국어 단어

'鋤地(괭이/호미로 밭을 갈다)'를 배운 후에 나는 추가적인 어휘와 한자의 다음과 같은 부수(部首: 중국어 글자의 핵심적인 부분)를 가르칠 수 있었다: 针[针] (바늘), 锅(냄비) 같은 금속 요소를 포함하는 어휘들의 부수, 且(잠시, 잠깐), 力(힘), 土(땅, 흙), 也(~또한).

당신은 또한 자녀에게 문맥상 논리적으로 연관이 있는 단어들을 가르칠 수 있다. 예를 들면, 'eavesdrop(엿듣다)'라는 단어와 'gregarious(사교적인)'라는 단어는 겉으로 보기에는 아무런 연관성이 없다. 그러나 당신은 이 두 단어가 연관성을 가지는 문맥을 만들 수 있다. 만약 누군가가 선생님에게 친구와 잡담하고 있는 당신을 이른다면, 그는 엿듣기를 좋아하는 사람이고 당신은 사교적인 사람이라는 식으로 문맥을 만들 수 있다.[45]

뿐만 아니라 당신은 어휘의 누적 교육 혹은 어휘의 '거미줄(web) 개념'(어떤 개념과 그에 종속되는 하위 개념들을 잇는 연결선을 가지고 만들어 내는 망을 닮은 시각적인 도식)[46] [47]을 도입하여 아이가 더 많은 어휘를 배울 수 있도록 할 수 있다.[48] 계승어의 '신발'이라는 단어를 가르칠 때 당신은 이 어휘와 관련된 여러 가지 다른 종류의 연결을 만들어 내어 아이를 가르칠 수 있다. 이러한 연결은 아이가 연관된 어휘들을 배우게 할 뿐만 아니라 그와 관련된 개념도 배울 수 있게 도와준다. 이러한 접근 방법은 다음의 [그림 5-1]에서 설명

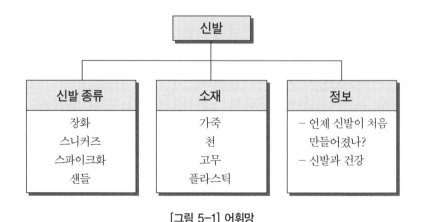

[그림 5-1] 어휘망

하고 있다. 당신은 [그림 5-1]에 소개된 개념을 확장하여 아이를 위한 더 흥미로운 어휘 학습방법을 만들 수 있다.

동의어와 반의어를 사용하여 어휘 늘리기

동의어란 어떤 어휘와 거의 동일한 의미를 지닌 다른 어휘를 말하며, 반의어는 그와 반대의 의미를 가진 어휘를 말한다.[49] 다음의 예를 살펴보라. 'kind(친절한)'이라는 형용사의 동의어는 비슷한 의미를 가진 'nice' 'hospitable' 'tender' 등이 있으며, 반의어로는 '잔인하다'라는 의미를 가진 'cruel' 'heartless' 등이 있다. 동의어와 반의어의 사용은 자녀의 계승어 어휘 향상에 도움을 줄 수 있다. 동시에 어휘들 간의 관계를 살펴보는 의미 있는 방법이기도 하다. 하지만 동의어와 반의어 사이에도 미세한 차이가 존재할 수 있으므로 주의해서 사용하여야 한다.

어떤 어휘를 가르칠 것인지 결정하기

모든 어휘를 아이에게 가르칠 필요는 없다. 읽고 쓰기 전문가인 이사벨 벡(Isabel Beck)과 그녀의 동료들에 의하면 읽고 쓸 줄 아는 성인의 어휘는 세 겹의 층(tier)으로 구성된다고 한다.

첫 번째 층은 가장 기초적인 어휘(예를 들어, clock, baby, happy, walk 등)로 구성된다. 이 층의 어휘들은 일상의 환경에 모두 포함되어 있기 때문에 의도적인 학습이 필요하지는 않다.

두 번째 층은 성인 화자들이 자주 사용하며, 다양한 영역에 걸쳐서 발견되는 어휘로 구성되어 있다(예를 들어, coincidence, absurd, industrious, fortunate 등). 언어 사용자의 목록에서 이 어휘늘이 차지하는 비중이 크기 때문에 이들을 학습하는 것은 개인의 읽고 쓰기 발달에 큰 영향을 준다. 따라서 이 두 번째 층의 단어들을 가르치는 것이 가장 효율적이다.

세 번째 층은 자주 사용되지 않거나 혹은 특별한 분야에서만 사용되는 어

휘로 구성되어 있다(예를 들어, isotope, lathe 등). 벡과 동료들은 두 번째 층
(tier two words)의 단어를 선택하는 세 가지 기준을 다음과 같이 제시하였
다.[50]

- 중요성과 유용성: 일반적인 성인 화자가 자주 사용하며 다양한 영역에
  서 사용되는 어휘
- 교육 잠재력: 다양한 방법으로 사용되어 아이들이 잘 습득하고, 또 다른
  어휘 및 개념과도 연관성을 가지는 어휘
- 개념적 이해: 아이들이 일반적인 개념을 이해하도록 돕고, 정확하고 구
  체적으로 그 개념을 설명하도록 도와주는 어휘

벡과 동료들은 이 세 가지의 층의 경계선이 명확하게 나뉘어 있는 것은 아
니라고 말한다. 즉, 사람들은 각자 다른 선택을 할 수 있다. 하지만 이런 층을
가지고 있다고 생각하는 것은 교육을 위해 알맞은 어휘들을 선택하는 업무
의 시작점임이 분명하다.

사전 사용하기

아이들이 유년기가 되면 당신은 아이들이 참고도서 및 자료(사전, 온라인
자료 등)를 사용하는 방법을 가르칠 수 있다. 그러나 벡과 그의 동료들은 읽
고 쓰기 발달의 초기단계에 사전을 사용하는 것은 적절하지 않다고 주장한
다. 그들은 다음과 같은 여러 가지 문제점을 제시한다.[51]

첫째, 사전은 대체로 약한 정의를 보여 준다. 예를 들어, 'conspicuous(눈
에 잘 띄는)'라는 단어는 어린이용 사전에 'easily seen(쉽게 보이는)'이라고 정
의되어 있다. 이 정의는 'conspicuous'와 일반적으로 '보이는'의 의미를 가
진 'visible'과 구별이 쉽지 않다. 어둡지 않거나 시력이 아주 나쁘지 않다면

모든 것은 쉽게 보인다. 따라서 무엇인가 'conspicuous'하다는 것은 단순히 보기 쉽다는 의미가 아니라 '크기나 색상 혹은 상황에 잘 어울리지 않아서 눈에 확 띄는'이라는 의미를 나타낸다.

둘째, 사전적 정의는 대개 많은 정보를 제공하지 못하는 모호한 언어로 설명된다. 예를 들어, 'typical(전형적인)'은 'being a type(유형이 되는)'으로 정의된다. 아이는 아마도 무엇의 'type'을 말하는지 궁금해할 것이다.

셋째, 사전의 정의는 의도하지 않은 정의를 제공하여 아이로 하여금 친숙한 단어를 어색한 상황에서 사용하게 만들 수도 있다. 예를 들어, 'devious(정도에서 벗어난, 곧지 않은)'라는 단어는 아이에게 구체적이고 물리적인 방법으로 이해될 수도 있다. 유년기의 아이들—여전히 장 피아제(Jean Piaget)의 인지발달 3단계에 해당하는 구체적 조작기에 있는 아이들—은 'devious'를 '구부러진 길' 혹은 '길을 잃은'의 의미로 이해할 수도 있다.

넷째, 일부 사전의 정의는 구체적으로 어떤 연관이 있는지 설명하지 않고 여러 가지 종류의 정보를 주기도 한다. 예를 들어, 'exotic'이라는 단어는 'foreign; strange; not native' 등으로 정의된다. 아이들은 이 정의들이 서로 무슨 관계가 있는지 궁금해할 것이다. 즉, strange하지만 foreign하지 않은 것이 exotic인지 아니면 둘 다 해당되어야 exotic인지 궁금해할 것이다.

위와 같은 문제점을 고려할 때 아이들은 사전을 사용하여 효과적으로 어휘를 배우기는 힘들 것이나. 이에 대한 한 가시 해설책은 아이도 하여금 문맥으로부터 어휘의 의미를 찾아내도록 하고 그 어휘를 사용할 기회를 주며 그것을 관찰하는 것이다.

물론 아이들이 어휘를 찾아보고 공부하도록 돕는 좋은 사전도 있다. 따라

서 두 개 이상의 사전을 사용하는 것도 아이들에게 열린 마음과 언어의 유연
성을 배우게 하는 데 좋은 방법이 된다. 일반적으로 학습용 사전을 사용하는
것이 아이들에게 유익하다. 이러한 사전들은 언어 학습자에 맞게 제작되었
고, 보편적인 사전과는 달리 자세하게 풀어서 설명한다. 아이에게 사전의 사
용을 장려하기 전에 당신이 먼저 계승어 학습을 위한 다양한 종류의 사전을
찾아보는 것도 좋은 방법이다.

교재를 사용하여 말하기 방법 이용하기

당신은 교재를 사용하여 말하기 방법(text talk approach: 어린 아이에게 자주
사용되는 방법)을 사용하여 아이의 어휘 실력을 향상시킬 수 있다.[52] 그러나
나는 이 방법이 가정환경에서는 유년기의 아이들에게도 아주 유용하다고 생
각한다. 교재를 사용하여 말하기 방법은 부모가 아이에게 읽은 내용에 대하
여 질문하고 계속 읽어 나가며, 아이디어의 연관성을 아이가 말하게 함으로
써 아이의 어휘력을 향상시키는 효과적인 어휘 학습 방법이다.

교재를 사용하여 말하기 방법에는 여러 가지 방식이 있다. 예를 들어, 당
신은 아이에게 단순한 대답을 요구하는 질문이 아닌 열린 질문을 하여 아이
가 읽은 어휘를 사용하여 대답을 하게 만들 수 있다. 또한 아이가 읽은 내용
에 대해 생각을 발전시키게 하는 후속 질문들을 할 수도 있다. 또 어려운 어
휘들을 아이에게 설명해 보라고 하여도 좋다. 자녀가 겪은 경험이나 이미 알
고 있는 지식을 사용하여 새로운 어휘를 이해하도록 도울 수 있다.

이러한 접근 방식의 이점은 바로 자녀가 대화를 통하여 어휘를 사용하게
하고 이를 통해 그 어휘의 의미를 이해하고 지식을 넓혀 준다는 점이다. 게
다가 이러한 방식을 당신의 바쁜 일상 속에서도 쉽게 적용할 수 있다(예를 들
어, 요리를 하거나 청소를 하는 도중에 말하고 가르치면서 아이의 학습을 도울 수
있다).

읽고 쓰기 기술을 분명하게 가르치기

읽고 쓰기 기술은 명백한 교육을 필요로 한다. 연구에 따르면 효과적인 읽고 쓰기 교육은 아이의 유창한 읽기 발달에 도움이 된다. 계승어 학습자의 환경적인 제약을 고려할 때 계승어에 대한 목적이 있는 교육은 더욱 중요하다. 당신은 자녀에게 최소한 두 가지 영역에서 지도를 하여야 한다.

첫째, 자녀가 계승어 읽기 교재에서 독해 능력을 발달시킬 수 있도록 도와라. 읽고 쓰기 전문가인 레슬리 모로(Lesley Morrow)는 그녀의 책 『Literacy Development in the Early Years: Helping Children Read and Write』[53]에서 독해를 설명하기 위해 영국의 시인인 새뮤얼 테일러 콜러지(Samuel Taylor Coleridge)의 생생한 인용구를 사용했다.

세상에는 네 종류의 독자가 있다. 첫 번째는 모래시계와 같아서 읽는 즉시 모래처럼 빠져나가 흔적조차 남기지 않는다. 두 번째는 스펀지와 같아서 모든 것을 흡수하지만 좀 더러워질 뿐 원래와 거의 동일한 상태로 되돌아간다. 세 번째는 거름종이와 같아서 순수한 것은 모두 통과시키고 찌꺼기만 남는다. 네 번째는 골콘다(Golconda: 인도 남부의 고대 도시로 다이아몬드 가공으로 부를 누린 지역) 다이아몬드 광산에서 일하는 일꾼처럼 가치 없는 부분은 모두 버리고 오직 순수한 보석만을 남기는 사람들이다.

아이와 함께 책을 읽을 때, 당신은 아이가 불필요한 정보는 제쳐 두고 오직 중요한 정보만을 습득할 수 있도록 돕기를 원할 것이다. 그렇게 하기 위해서 자녀에게 다음과 같은 것을 명확하게 가르쳐야 한다.[54]

- 아이가 도움이 되는 정보를 찾을 수 있도록 격려하라.
- 아이가 기억하고 싶어 하는 것과 관련 있는 정보를 다시 읽게 하라.
- 주제에 대한 기존 지식을 바탕으로 글의 내용을 예상하도록 격려하라.
- 읽은 내용을 요약하게 하여 글의 내용과 정보에 대해 되돌아보라.
- 중요한 정보를 명확하게 하기 위하여 글을 참조하라.

당신은 또한 자녀 스스로 읽기 이해를 확인할 수 있도록 도표를 사용하는 방법을 가르칠 수도 있다(이 장의 나중에 나오는 평가 부분 참조).

둘째, 유년기는 일반적으로 아이들이 규칙에 대해 이해하고 인정하는 시기다(유년기 아이의 학습 특성을 설명한 부분에서 언급하였듯이). 따라서 이 시기는 당신이 아이의 관심을 문법 규칙과 언어의 특징(예를 들어, 불어의 동사변화, 중국어의 분류사, 독일어의 격 등)에 집중시키기에 좋다. 문법적 규칙과 언어에 관련된 특징은 아이를 유창한 언어 사용자로 만들어 줄 수 있다. 문법적 규칙과 언어에 관련된 특징을 가르치는 가장 좋은 방법은 아이에게 이 규칙과 특징이 자신의 읽기 교재에서 어떻게 사용되는지를 보여 주고, 연습할 기회를 주는 것이다. 계승어 문법을 단순 반복하여 연습하게 하는 학습법은 대개 효과적이지 못하다.

상호작용 실행하기

상호 교육[reciprocal teaching:[55] 나는 이 용어를 가정에서의 교수학습 환경에 적합하도록 상호작용(reciprocal interaction)이라는 용어로 수정하였다]은 미국 내 학교에서 널리 사용되는 성공적인 읽기 지도 방법이다. 이 접근 방식은 다음과 같은 네 가지의 전략을 포함한다.

① 예상하기: 작가가 나중의 문장이나 문단에서 말하고자 하는 요점을 예
　상하기

② 질문하기: 글의 요점을 이해하였는지 확인하는 질문하기

③ 명확하게 하기: 복잡한 요점을 더 잘 이해하기 위하여 필요한 조치 취
　하기

④ 요약하기(Summarizing): 글의 요점을 식별하기

상호작용 접근방식(일부 사람들은 이를 안내하며 혹은 중재하며 읽기라고 부

예시 5-1　상호작용을 위한 예시 질문

예상하기	질문하기	명확하게 하기	요약하기
• 작가가 책 제목을 그렇게 지은 이유가 무엇이라고 생각하는가? • 제목만 보고 책이나 글이 무엇에 관한 이야기인지 예상할 수 있는가? • 책의 첫 장 혹은 글의 첫 문단을 읽고 얻은 정보로부터 무엇을 배울 것으로 예상되는가? • 다음에 무슨 일이 일어날 것 같은가? • 주인공이 상황에 어떻게 대응할지 예상할 수 있는가?	• 작가의 형용사 사용이 등장인물의 감정을 어떻게 나타내고 있는가? • 읽고 있는 이 장이 본인의 삶과 어떠한 관련이 있는가? • 읽은 내용에 대해 강한 흥미를 느끼는가?	• 혼란스럽거나 이해가 잘 되지 않는 단어나 구가 있는가? • 이해하기 어렵거나 설명이 필요한 문화적 혹은 종교적 언급이 있는가? • 주인공이 처한 특별한 상황에서 본인이라면 어떻게 행동했을 것인가?	• 책이나 글의 이 부분에서 중요한 것과 중요하지 않은 것은 무엇인가? • 이 장에서 작가가 의도하는 바는 무엇이라고 생각하는가? • 도입부에서 작가의 전반적인 어조는 어떻게 특징지을 수 있는가?

르기도 한다)은 부모와 자녀가 함께 책의 한 부분을 읽으면서 가끔씩 멈추어 토론하는 과정을 요구한다. 처음에는 부모가 토론을 이끌고, 질문하고, 확인하고, 요약한다. 진행하면서 점차 가르치는 역할을 아이에게 넘겨주고 질문하도록 유도한다. 결국에는 아이는 부모의 도움 없이도 대부분의 글을 읽고 토론할 수 있게 된다. '예시 5-1'은 당신이 아이에게 상호작용 접근방식을 사용할 때 고려해 보아야 할 예시 질문이다.

상호작용의 장점은 이 방식이 부모(숙달된 독자)와 자녀(초보 독자)가 함께 활동할 기회를 제공해 준다는 점이며, 부모가 자녀의 모범이자 안내자가 될 수 있다는 점이다.[56]

함께 읽기에 관여하기

상호 작용과 마찬가지로, 함께 읽기는 부모와 자녀가 함께 책을 읽는 것과 관련이 있다. 이 방식은 자녀가 혼자서는 계승어 책을 읽지 못할 때 사용할 수 있다. 함께 읽기에서 부모는 대개 책을 소리 내어 읽어 주면서 아이들에게 유창한 독자의 모범을 보인다. 며칠간 계속 책을 읽어 준다. 처음 읽어 줄 때의 초점은 즐거움에 두어야 한다. 그 다음에 다시 몇 번 읽을 때에는 글의 특징과 이해에 중점을 둔다.[57]

아이는 함께 읽기에 적극적으로 참여한다. 자녀에게 예측을 하게 독려하고 언어의 특징에 주의를 기울이도록 한다.

읽기 위해서 배우기 그리고 배우기 위해서 읽기

한때 초등학교 저학년(1~3학년)까지의 읽고 쓰기 학습 목표는 읽고 쓰는 방법을 배우는 것이고, 그 이후부터는 읽고 쓰기를 이용하여 교과목(수학, 역사, 지리, 과학 등)을 배우는 것이라고 여겨졌다. 하지만 이제는 읽기 위해 배

우기와 배우기 위해 읽기가 처음부터 동시에 진행된다는 것을 알고 있다.[58]

이러한 원리는 계승어 읽고 쓰기 학습에도 동일하게 적용된다.

자녀의 계승어 학습을 도울 때 계승어를 이용하여 내용을 배우고, 또 내용을 이용하여 계승어를 배우게 하라. 앞에서 언급한 조 씨의 경우를 보면 그녀는 자신의 딸에게 이러한 원리를 잘 적용하였다. 그녀는 계승어 읽기를 다양한 주제에 대해 배우는 기회로 만들었으며, 동시에 그녀의 딸은 읽기를 통해서 계승어를 배울 수 있었다.

쓰기

능숙하게 쓰기 위해서는 몇 가지 중요한 기술을 습득해야 한다. 즉, 글씨쓰기 혹은 타자 입력에 능숙해야 하고, 정확한 철자를 알아야 하고, 적정한 수준의 어휘를 알고 있어야 하고, 생각을 체계적으로 정렬할 수 있는 인지능력도 갖추어야 한다. 이러한 기술을 얻기 위해서는 반드시 분명한 교육이 필요하다.

손글씨 지도하기

손글씨(Handwriting)의 능숙도가 글의 질과 아이의 초기 쓰기 발달에 큰 영향을 준다는 것은 잘 알려진 사실이다.[59][60] 아이가 이해하는 것에 집중하기 위해서는 능숙하게 독해하는 법을 배워야 하는 것처럼, 어린아이가 생각을 정리하고 작성하기 위해서는 능숙하고 또렷한 글쓰기(철자법과 같은 필사 기술 포함)를 발달시켜야만 한다.

유년기 동안에 아이의 정상적인 운동 기능은 영유아기에 비해 훨씬 많이 발달한다. 따라서 이 시기는 아이에게 정식으로 글쓰기 교육을 시키기에 적합한 시기다. 아이가 능숙도와 쓰기의 명료성을 발달시키도록 돕는 것에 초점을 두어야 한다.

어린아이는 손글씨를 쓰는 것과 작문하는 데 많은 시간을 소모한다. 하지만 손글씨가 점점 익숙해지고 자동적이 되면 아이의 관심은 다른 글쓰기 과정(많은 사고와 세심한 작문 등)으로 집중된다. 일부 연구자들은 손글씨를 나중에 배울수록 아이가 실제로 작문을 하는 것이 점점 어려워지기 때문에 손글씨의 능숙도는 어렸을 때 습득하여야 한다고 주장한다.[61]

세상의 언어에는 두 가지의 주요한 쓰기 체계가 존재한다. 즉, 의미에 기반을 둔 체계(예를 들어, 한자)[62]와 소리에 기반을 둔 체계(예를 들어, 이탈리아어)다. 이러한 두 체계에서 다른 글자체(scripts: 아랍어, 한자, 로마자 표기법 등)가 존재한다.[63] 가정에서의 언어와 학교에서의 언어가 유사한 글자체 유형을 가진 아이의 경우, 학교에서 손으로 글쓰기를 배우고 연습하기 때문에 계승어의 손글씨 습득이 용이하다. 주류언어에서 습득한 손글씨 기술이 계승어로 쉽게 전이되기 때문이다(예를 들어, 영어에서 불어로의 전이).

하지만 가정에서 배우는 언어와 학교에서 배우는 언어의 글자체가 서로 다른 경우에는 가정에서 배우는 언어의 글자체를 명확하게 가르치는 것이 중요하다. 직접 손글씨를 가르치는 것이 쓰기 명료성과 능숙도를 향상시킨다는 많은 과학적인 증거들이 존재한다.[64] 손글씨 쓰기 전문가인 스티브 그레이엄(Steve Graham)은 손글씨 지도의 기본적인 목표는 아이들이 인지적 집중을 하지 않고 자동적으로 빨리 명확한 글씨를 쓸 수 있도록 도와주는 것이라고 주장한다. 이러한 목표를 달성하기 위한 필수 요소는 아이에게 개별적인 글자를 구성하기 위한 효율적인 양식을 가르치는 것이다.[65]

당신은 아마도 손글씨 지도에 얼마나 많은 시간이 필요한지 궁금할 것이다. 일반적으로 유치원[66]에서 3학년까지[67]의 아이인 경우 일주일에 50~100분 정도를 손글씨 쓰기에 투자하여야 한다.[68] 내가 두 아이에게 중국어 손글씨를 지도한 경험에 의하면 1~2학년 동안 하루에 10분 정도씩 투자한 것이 효과적이었다.

효과적인 손글씨 지도는 단순히 베끼고 반복하는 것만을 의미하지는 않는다. 이것은 다른 요소(예를 들어, 부모의 글씨 쓰기 관찰하기, 모형과 방향을 따라 쓰기, 받아쓰기, 실생활에서의 글쓰기 등)를 포함하고 있다. 손글씨 지도의 목표는 아이가 글쓰기를 좋아하게 만드는 것이며 동시에 글쓰기의 속도와 명료성을 발달시키는 것이다.[69]

아이들의 일상에서 자판(keyboard)의 사용이 증가함에 따라 손글씨가 필요한 것인지에 대한 의문이 생기기도 한다. 이 문제에 대한 결론은 명확하지 않다. 최근에 300명의 초등학생들을 대상으로 실시한 한 연구는 나이에 상관없이 손글씨의 속도가 자판으로 글쓰기의 속도보다 빠르며 작문의 질도 손글씨로 쓴 경우가 월등히 좋다는 것을 보여 주었다. 자판을 이용한 글쓰기가 손글씨에 비해 2년 정도 뒤처지는 경향이 있다. 게다가 자판으로 글을 쓰는 것은 손글씨의 질적 향상에 도움이 되지 않는다.[70] 물론 두 가지의 글쓰기 형식이 아이의 작문 능력 발달에 어떻게 영향을 주는지에 대해서는 더 많은 연구가 필요하다. 그럼에도 불구하고 손글씨 능숙도의 발달은 아이에게 유익하다.

글쓰기 과정 가르치기

아이의 계승어 발달에 있어서 글쓰기의 과정을 가르치는 것은 매우 중요하다. 비록 아이가 학교에서 글쓰기 과정을 배울지라도 계승어로 다시 한번 이러한 과정을 가르치는 것은 학교 주류언어의 읽고 쓰기 발달에 도움을 줄 뿐만 아니라 전반적인 인지 발달에도 도움이 된다. 글쓰기의 과정에도 다음과 같은 다섯 가지의 일반적인 단계가 있다.

- 쓰기 전에 생각을 정리하기: 당신은 자녀에게 주제를 선택하는 법, 주제에 대해 조사하고 무엇을 쓸지 계획하고 구성하는 법(예를 들어, 아이에

게 '누가, 언제, 어디서, 무슨 일이 일어나는지' 등에 대한 정보를 주며 안내해 주기)을 보여 줄 수 있다. 당신은 이 단계를 일상생활에 접목시킬 수 있다(예를 들어, 요리나 식사 혹은 운전 중에).

- 초안 잡기: 당신은 자녀에게 생각한 것을 글로 표현하는 방법을 보여 줄 수 있다.
- 수정하기: 당신은 자녀에게 자신들의 초안을 수정하는 방법을 보여 줄 수 있다(예를 들어, 어휘 선택의 확인 및 철자법, 문법, 구두법 등의 기법 확인).
- 교정보기: 당신은 자녀에게 자신들의 글을 편집하고 실수를 교정하는 방법을 보여 줄 수 있다.
- 최종본: 당신은 자녀에게 최종적으로 글을 정리하고 완성하는 방법을 보여 줄 수 있다.

계승어에서 이와 같은 기본적인 글쓰기 과정을 소개하는 것은 아이의 쓰기 능력 발달에 큰 도움이 된다.

글을 쓸 기회를 많이 만들기

글쓰기의 능숙도와 쓰기의 과정을 이해하는 것이 쓰기 발달에 중요하기는 하지만 전부는 아니다. 아이가 손으로 글쓰기, 철자법, 문법 등에 과도하게 방해를 받지 않으면서 글을 쓰도록 도와주어야 한다. 글쓰기에 능숙해지려면 아이는 글을 직접 쓸 기회를 많이 가져야 한다.

아이의 일상에는 재미있고 흥미를 끌 수 있는 자연적인 쓰기 기회가 많다. 예를 들어, 이샤(Isha)는 자신의 열 살 난 아들에게 다양한 활동을 통해 펀자브 어를 사용하여 글을 쓸 수 있는 많은 기회를 제공한다. 예를 들면, 엄마가 집에 오는 길에 자신이 좋아하는 과자를 사 오도록 노트 써 주기, 생일파티 초대 편지를 쓰게 하기, 파키스탄에 있는 사촌과 이메일 주고받기 등이 있다.

언어경험 접근법 사용하기

언어경험 접근법(language-experience approach: LEA)은 아이의 말을 부모가 받아 적고, 그것을 아이의 읽고 쓰기 교육에 사용하는 방법이다. 이 접근방법의 장점은 재료가 개인적이고 의미가 있으며 동기부여가 된다는 점이다.[71] 여기에서 나는 이 접근법을 사용하여 아이의 쓰기 발달을 돕는 방법에 대해 말하고자 한다. 당신은 물론 이 접근법을 언어교육의 다른 부분(예를 들어, 읽기 발달 등)에도 적용할 수 있다. 기본적인 절차는 다음과 같다.

① 아이와 함께 아이가 쓰고 싶은 내용에 대해 토론하기
② 아이와 함께 쓰고자 하는 주제와 제목, 내용에 대하여 브레인스토밍 하기
③ 아이가 말하는 것을 받아 적기
④ 아이가 말한 것을 그대로 받아 적은 것을 보여 주며 다시 읽어 주기: 이 과정은 아이가 가정에서 배우는 언어와 학교에서 배우는 언어의 글자체가 서로 다른 경우에 특히 중요하다.

'예시 5-2'는 중국 베이징에 살고 있는 에드워드 씨(Mrs. Edwards)가 자녀에게 계승어(이 경우에는 영어)를 가르칠 때 언어경험 접근법을 사용한 예를 보여 준다.[72]

예시 5-2

엄마: 무엇에 대해 쓰고 싶어?

아이: 잘 모르겠어요.

엄마: 그럼 지난여름에 할머니 댁에 방문했던 것에 대해 써 보는 건 어때?

아이: 켄터키요? 아니, 별로예요. 저는 그랜드 캐니언(Grand Canyon)을 다녀
온 것에 대해 쓰고 싶어요.

엄마: 좋아. 어떻게 쓰고 싶은데?

아이: (응답 없음.)

엄마: 이야기의 시작을 어떻게 하고 싶니?

아이: (응답 없음.)

엄마: 그럼 나에게 이야기를 해 줘. 내가 받아쓸게.

아이: 그렇다면 좋아요. "우리는 아침 일찍 일어나서 목적지(destination)까지
운전해서 갔다. 밖은 어두웠다. 500마일쯤 가서 우리는 잠시 쉬었다. 우
리는 허름한 호텔(hotel)에 머물렀다. 거기에는 식당이 없었다. 우리는
저녁을 먹으러 밖으로 나가야 했다."

엄마: 좋아. 그럼 이야기를 정리해 보자. 엄마가 빼먹은 게 있는지 잘 들어 봐.
넌 "우리는 아침 일찍 일어나서 목적지까지 운전해서 갔다."라고 말했어.
'목적지(destination)'라는 좋은 단어를 사용했네. 그리고 "우리는 그날
500마일을 운전했다. 우리가 호텔을 발견했을 때 날은 어두웠다."라고
했지? 여기선 '호텔'보다는 '모텔'이 더 나은 것 같아. 모텔은 차량으로
여행하는 사람들이 잠시 묵어가는 곳을 말해. 또 뭐라고 했는지 보자.
"우리는 허름한 호텔/모텔에 머물렀다."라고 했네. 여기서 '허름한
(shabby)'이라는 좋은 단어를 사용했구나. 나도 우리가 묵은 곳이 허름
했다는 데 동의해. 그리고 "우리는 저녁을 먹으러 밖으로 나가야 했는
데, '왜냐하면(because)' 그곳에는 식당이 없었기 때문이다."라고도 했
지. 더 하고 싶은 말은 없니?

(후략)

이 예시에서 엄마는 아이가 주제를 정하고 무엇을 이야기에 포함해야 할지 브레인스토밍하는 것을 도와주고, 아이의 이야기를 받아 적었다. 여기서 엄마는 아이의 글쓰기 교육을 위해 아이가 사용한 어휘와 문장 구조를 그대로 사용했다는 점에 주목하라. 이러한 접근법의 장점에는 여러 가지가 있다. 첫째로, 엄마는 아이의 말을 그대로 쓰면서 아이에게 동기부여를 했다. 둘째로, 아이는 자신의 이야기를 직접 보면서 관심을 가졌다. 셋째로, 엄마는 아이의 어휘 선택을 칭찬하며 자연스럽게 아이의 관심을 어휘로 집중시켰다. 동시에 엄마는 '호텔'이라는 어휘 대신 좀 더 정확한 '모텔'이라는 단어를 사용하도록 가르쳤다. 또한 아이의 말에 의도적으로 '왜냐하면(because)'이라는 어휘를 넣어서 접속사를 가르치려고 했다.

언어경험 접근법 사용 시 주의할 점은, 아이가 스스로 쓰려고 하기보다 어른의 완벽한 쓰기를 더 선호할 수도 있다는 것이다.[73] 이러한 상황을 피하기 위해서 당신은 점차로 아이가 글쓰기를 직접 하도록 유도해야 한다. 아이의 계승어 쓰기가 발달함에 따라 당신은 좀 더 체계적인 글쓰기를 배우도록 도와줄 수 있다. 예를 들어, 아이가 주제를 정하면 당신은 아이가 무엇을 써야 하고 어떤 방식으로 써야 더 효율적인지를 글의 전체적인 흐름 안에서 안내해 줄 수 있다. 또한 당신은 아이가 글을 수정하도록 도울 수 있다. 이러한 일련의 안내하는 노력을 통해 아이에게 본보기가 되어 주면서 지도를 할 수 있기 때문에, 이러한 노력을 '함께 쓰기'라고 부른다.

쓰기 위해서 배우기와 배우기 위해서 쓰기

계승어 쓰기를 장려하는 것은 당신의 자녀가 여러 가지 면에서 배우고 발달하는 것을 도와줄 수 있다. 예를 들어,[74] 쓰기는 아이들의 읽기 학습에 도움이 된다. 따라서 아이들이 당신이 쓰는 것을 관찰하거나 쓸 때 당신은 어떻게 기호가 단어를 구성하는지, 어떻게 어휘가 문장을 만드는지 그리고 어떻게 어휘가 의미를 만들어 내는지에 집중할 수 있도록 의도적으로 도와주어야 한다. 당신은 아이들이 순서, 원인과 결과 그리고 읽고 이해하는 능력에 대해 생각하도록 도와주어야 한다.

쓰기는 자녀가 계획하고 결정하는 방법을 배울 수 있게 도와준다. 당신은 자녀와 함께 쓰기를 계획하는 방법에 대해 분명하게 토론할 수 있고, 아이가 쓰고자 하는 내용뿐만 아니라 쓰는 방법, 글을 읽는 사람 그리고 글을 효과적으로 표현할 수 있는 어휘에 대해 생각하도록 도와줄 수 있다.

또한 쓰기는 아이로 하여금 다른 사람의 관점에 대해 관심을 갖는 것을 배우도록 도울 수 있다. 예를 들어, 다른 사람에게 글을 쓸 때, 아이는 상대방의 관점에 대해 생각해 볼 필요가 있을 것이다. 다른 사람과 효과적으로 소통하기 위해서는 그 사람의 견해를 볼 수 있어야 하기 때문이다.

마지막으로, 당신은 자녀가 자신의 감정을 글로 표현하는 것을 도와줄 수 있다. 아이는 자신의 감정을 표현하는 수단으로서 쓰기를 사용하는 법을 배울 수 있고, 좀 더 적극적이고 효과적으로 좌절이나 분노 등의 감정을 표출할 수 있다.

아이들이 만들어 낸 철자법 존중하기

인쇄물이 풍부한 환경에 노출된 아이는 종종 자동적으로 자신이 만들어 낸 철자법을 통해 어휘를 글로 표현하려는 시도를 한다(아마도 당신은 자녀가 어렸을 때 이러한 것을 목격한 적이 있을 것이다). 처음에 만들어 낸 철자법은 규범적인 철자법과 유사점이 거의 없다. 하지만 시간이 지나면서 아이가 만들어 낸 철자법은 점차로 음성학적으로 정확해지고 철자법도 복잡해지기 시작한다.[75] 즉, 아이의 철자법은 점차로 규범적인 철자법과 유사해진다. 아이가 'Monster'라는 단어를 'MSTR'[76]로 쓰는 것과 'Are you deaf?'라는 문장을 'RUDF'[77]라고 쓰는 것은 아이들이 어떻게 어휘를 이해하는지에 대한 복잡성을 보여 준다.

아이에 의해 만들어지는 철자법은 종종 철자법 오류로 여겨지지만 연구 결과들은 이것이 사실이 아님을 보여 준다. 아이에 의해 무의식적으로 만들 어지는 철자법은 'MSTR'과 'RUDF'의 예처럼, 단순한 오류에 의해서라기 보다는 원칙에 의해서 만들어진다.[78] 아이의 초기 어휘 조합 시도는 읽고 쓰 기 능력 발달을 촉진시킬 수 있다. 아이에 의해 만들어지는 철자법은 아이 스스로 쓰기의 규칙에 대해 탐구하고 분석하게 도와주며, 소리와 철자법 사 이의 중요한 관계를 만들도록 도와준다. 게다가 연구결과는 철자법 만들기 에 능한 아이들이 읽기에도 더 소질을 보인다는 것을 확인시켜 준다.[79]

연구결과는 또한 아이들이 철자법 만들기 연습을 거쳐 음소인식을 발달시 킨다는 것을 보여 준다.[80] 따라서 자녀가 유년기의 초기 단계인 경우 당신은 그들 스스로 철자법을 만들어 보도록 많은 기회를 주고, 그것에 대한 피드백 을 주어야 한다. 다음의 진 오울렛(Gene Ouellette)과 모니크 세네차(Monique Senecha)에 의해 행해진 최근 연구를 통해 당신은 이러한 훈련을 어떻게 행해 야 하는지에 대한 의견을 배울 수 있다.[81]

한 무리의 아이들이 자신들이 자연스럽게 만들어 낸 영어 철자법의 정교 함을 높이기 위해 교육을 받았다. 교육에 사용되는 어휘는 한 번에 하나씩 그림이나 교사의 말에 의해 제공되었다. 각 어휘는 교사에 의해 정상 속도 로 크게 읽혔다. 그런 다음, 과장된 조음을 통해 음소 간의 간격을 두지 않고 약간 길게 늘여서 반복되었다. 교사는 세 번째로 그 어휘를 발음하고(이번에 도 역시 정상 속도로) 아이들이 따라 읽도록 요청했다. 그 어휘를 네 번째로 읽어 준 후에는 아이들이 공책에 그 단어를 쓰도록 했다. 그 어휘가 어떻게 생겼을지 생각하면서 써 보도록 하였다. 아이들이 최선을 다하도록 반복해 서 격려했으며, 어른들의 규범적인 철자법과 동일할 필요는 없다는 점을 강 조했다.

아이들이 단어를 쓴 후 교사는 각 테이블을 돌며 아이들 각각에 맞는 피드백을 주었다(이 피드백은 아이들이 만들어 낸 철자법과 교사가 만들어 낸 철자법의 차이를 최소화하는 정도로 이루어졌다. 다음의 'eel'의 예를 참조하라). 이 피드백은 우선 아이들의 철자법을 칭찬하고, 이후에 다른 방식으로도 그 단어를 쓸 수 있다는 것을 보여 주는 형식으로 이루어졌다. 수정된 형태에는 일반적으로 단 하나의 음소(phoneme)를 더 첨가하였다. 예를 들어, 'eel'을 'ekxn'으로 쓴 아이에게 교사는 이 단어의 올바른 형태의 마지막 음소인 'l'만을 바꾸어 마지막 'n'을 'l'로 대체한 'ekxl'을 보여 주었다. 네 번째 단계가 끝나고 나서 아이들이 만들어진 어휘에서 불필요한 알파벳에 주의를 집중하게 하였고, 이는 음소의 수를 세는 것과 철자법 내에서 문자와 소리의 관계에 집중하도록 하는 것을 통해 이루어졌다. 앞에 언급한 예에서는 아이들에게 'ekxn'의 철자에서 마지막에 'l'을 추가하고 불필요한 글자를 제거하여 'el'이라는 수정된 형태를 보여 주었다.

피드백을 주는 단계에서는 아이들의 철자법이 올바른 철자법과 단 한 단계의 차이가 있을 때에만 올바른 철자법을 제공하였다는 점을 주목하라. 예를 들어, 'eel'이라는 정확한 단어는 아이가 'el'이라는 철자법을 스스로 만들 수 있는 단계에서만 제공되었다. 개별적인 피드백을 받은 후 아이들은 자신의 공책에 그 순서를 반복하여 적도록 요구되었다.

이 실험의 결과는 아이에 의해 만들어진 철자법을 피드백을 거쳐 아이 스스로 분석적 접근을 하도록 권장하였고, 음성학 그리고 철자법 지식을 촉진시켰으며, 결과적으로 읽기 능력의 발달을 조장하였음을 보여 준다. 이러한 종류의 훈련은 포르투갈 어(Portuguese)를 사용하는 아이들에게 또한 성공이었다.[82]

둘 이상의 언어를 사용하는 아이는 하나의 언어를 사용하는 아이와는 다른 방식으로 철자법을 만들 가능성이 크다. 현재 이 분야에 관한 연구결과는 거의 없다. 그러나 당신이 할 수 있는 최선의 방법은 아이에 의해 만들어진 철자법을 존중하면서 의미를 만들고자 하는 그들의 시도를 칭찬하는 것이

다. 그렇게 함으로써 당신은 자녀에 의해 만들어진 철자법을 계승어 철자법
을 배울 수 있는 기회로 삼을 수 있다.

 ## 읽고 쓰기를 넘어서기

다시 말하기 과정을 사용하기

몇 년 전, 나는 우연히 호주 출신 교사인 헤이즐 브라운(Hazel Brown)과 연
구자인 브라이언 캄본(Brian Cambourne)이 함께 저술한 『읽고 다시 말하기
(Read and Retell)』라는 책을 접한 적이 있다.[83] 나는 이 책에 소개된 방법에
매료되어 내 자녀들의 계승어 읽고 쓰기 학습 활동에 성공적으로 활용한 적
이 있으며 그 방법을 여기서 소개하고자 한다.

다시 말하기 과정은 아이들로 하여금 자신들이 읽은 것 혹은 들은 것을 다
시 한 번 말하게(spillover)[84] 요청함으로써 아이들이 읽고 쓰기 학습 과정에
적극적으로 참여하게 하는 효과적인 방법이다. 이 접근방식은 실행하기가
쉽고 유년기 내내 사용할 수 있다.

다시 말하기에는 다음과 같은 네 가지 형태가 있으며, 당신은 그중 어떤
것을 선택하여도 좋다.

- 듣고 다시 말하기: 부모가 읽어 준 것을 듣고 아이가 다시 말하기
- 듣고 글로 다시 쓰기: 부모가 읽어 준 것을 듣고 아이가 글로 다시 쓰기
- 읽고 다시 말하기: 아이가 글을 읽고 그 내용을 다시 말하기
- 읽고 글로 다시 쓰기: 아이가 글을 읽고 그 내용을 글로 다시 쓰기

당신은 자녀에게 글을 읽어 주거나 혹은 아이가 읽게 한 후 그 내용을 아

이가 당신에게 말이나 글로 다시 표현하게 할 수 있다. 철자법이나 짜임새 있게 정리하여 말하는 것에 중점을 두지 않도록 한다. 이 방법의 목적은 아이가 스스로 할 수 있는 선에서 말하거나 글로 표현하게 만드는 데 있다. 처음에는 아이의 다시 말하기가 매우 짧을 수 있다. 하지만 시간이 지남에 따라 아이들의 다시 말하기는 점점 복잡해진다. 당신이 직접 다시 말하기를 보여 줌으로써 아이에게 예를 들어 줄 수 있다. 아이가 다시 말하기를 마친 후에는 아이에게 다시 글을 읽거나 듣게 하여 원래의 내용과 비교하게 만들 수 있다. 이 과정의 목적은 아이로 하여금 자신의 다시 말하기가 부족하다는 것을 인지시키는 것이 아니다. 지루함을 피하기 위해서 당신은 아이에게 다음과 같은 말을 해 줄 수도 있다(예를 들어, "네 사촌은 아직 이 이야기를 몰라. 그러니 네가 읽은 것을 다시 한번 말하거나 글로 쓸 수 있겠니?" 혹은 "이 책은 굉장히 재미있구나. 이 이야기를 친구들에게 다시 한번 해 주는 건 어떠니?").

브라운과 캄본의 연구와 나의 경험에 따르면 다시 말하기 과정에 몰두한 아이는 점차적으로 어휘, 구, 절 그리고 기타 글쓰기에 첨가된 요소를 다시 말할 수 있게 된다. 이러한 방식은 자연적인 학습 환경에서 아이가 구어를 습득하는 방식과 유사하다는 점에서 나는 이 접근방식이 자연스럽다는 브라운과 캄본의 의견에 동의한다.

다시 말하기 과정은 아이들이 듣기, 읽기, 말하기, 생각하기 그리고 쓰기를 동시에 발달시키는 데 도움이 된다.

읽고 쓰기에 대하여 말하기

1장에서 나는 자녀의 계승어 교육에 있어서 부모가 겪는 시간의 제한에 대해 언급한 적이 있다. 부모의 이러한 상황을 도와줄 수 있는 한 가지 방법은 '읽고 쓰기에 대하여 말하기' 방법을 사용하는 것이다. '읽고 쓰기에 대하여 말하기'란 일상생활 속에서 자녀와 읽고 쓰기에 대하여 이야기하는 것을 의미한다(예를 들어, 운전을 하는 도중이나 요리를 하는 도중에). 당신은 어휘 혹은 문법의 사용법을 가르칠 수 있고, 글을 쓸 때 무엇에 대하여 쓸지 혹은 어떻게 구성하고 결론을 내릴지에 대하여도 가르칠 수 있다. 당신이 주제를 제공한 후 아이에게 어떤 방식으로 글을 써 나갈 것인지를 물어볼 수도 있으며, 또 아이가 읽은 주제에 대하여 질문하여 그 내용을 잘 이해하게 도와줄 수도 있다. 또한, '읽고 쓰기에 대하여 말하기' 방법을 통해 읽은 내용에 대해 여러 가지 질문을 함으로써 아이의 발달 상황을 평가하는 것도 가능하다. '읽고 쓰기에 대하여 말하기'를 하면서 계획적인 토론을 통해 생각할 시간을 만들어 주고, 그로 인해 아이가 계승어에 대한 지식을 쌓을 수 있도록 도와줄 수 있다.

계승어 읽고 쓰기 능력을 실생활 문제를 해결하는 데 적용하기

당신은 자녀가 실생활의 문제를 해결하는 데 계승어를 사용할 기회를 만들어 줄 수 있다. 예를 들어, 뉴욕의 플러싱 지역에 거주하는 시에 씨(Mrs. Xie)는 매우 흥미로운 일화를 들려주었다. 그녀는 종종 자신의 열한 살 난 딸을 지역 은행에 데리고 간다. 그 은행의 직원들은 중국어를 사용하며, 은행의 양식도 중국어로 만들어져 있다. 그녀는 은행에서 양식을 작성할 때 딸에게 도움을 청하곤 한다. 처음으로 아파트를 구입할 때도 그녀는 중국어로 된 계약서를 딸과 함께 읽었다.

시에 씨가 자녀의 계승어 활용을 돕기 위해 한 것은 단순히 그 언어를 사용하는 것을 넘어서는 것이었다. 딸이 중국어 읽고 쓰기를 실생활에서 문제를 해결하는 데 적용하도록 도운 것이다.[85]

계승어 읽고 쓰기 학습에 게임 이용하기

게임을 하는 것은 자녀가 계승어 읽고 쓰기 능력을 발달시키도록 돕는 아주 적극적인 방법이다. 인터넷을 통해 이미 만들어진 게임을 이용할 수 있고, 또 서점 등에서 다른 자료를 구하여 사용할 수도 있다. 호주에 살고 있는 마리안(Marian)은 자신의 일곱 살 난 아들과 저녁식사 후에 자석으로 된 프랑스 어 단어 게임을 즐긴다. 그들은 함께 자석으로 된 문자를 이용하여 여러 가지 재미난 문장을 만들어 낸다.

당신은 또한 자녀가 계승어 읽고 쓰기 발달에 관심을 가지도록 직접 게임을 만들어 낼 수도 있다. 예를 들어, 계승어로 된 글을 읽고, 자녀가 읽은 내용에 대해 복습할 수 있도록 여러 가지 게임(예를 들어, 빙고, 의자에 먼저 앉기, 어휘 게임, 연상 게임, 문법패턴 게임, 역할극, 카드 게임, 퍼즐 등)을 고안해 낼 수 있다.[86]

읽고 쓰기를 가족생활의 필수 요소로 만들기

가정에서의 읽고 쓰기 경험은 자녀로 하여금 읽고 쓰기가 실생활의 한 부분이라는 것을 알게 해 주고, 또 학교에서 배우는 것보다 훨씬 다양한 경험을 제공해 줄 수 있다.[87] 게다가 다른 가족 구성원과 함께 읽고 쓰는 것은 가족 간의 대화와 화합을 촉진시킨다. 계승어 읽고 쓰기를 가족의 활동으로 만드는 데에는 여러 가지 방법이 있다(예를 들어, 아침을 먹고 함께 계승어 신문 읽기, 저녁 식사 후에 함께 소설 읽기, 장보기 전에 계승어로 된 광고 읽기, 계승어 영화를 빌리기 전에 계승어로 된 설명 읽기 등). 모든 가족들이 이와 같은 활동을 함께 할 때 아이는 계승어 읽기의 의미와 타당성을 깨닫는다.

당신은 또한 계승어 쓰기를 하나의 가족 행사로 만들 수 있다. 린다 람(Linda Lamme)[88]은 몇 가지의 유용한 가정에서의 쓰기 활동을 제안하였으며 이러한 제안은 계승어 학습에도 도움이 될 것으로 예상된다. 람에 따르면 가정에서의 쓰기는 일반적으로 다음과 같이 세 가지로 분류할 수 있다.

- 보내거나 배달되는 데 필요한 쓰기: 카드나 편지 보내기, 감사장 보내기, 초청장 보내기 등(요즘은 인터넷을 이용하여 보내는 것도 포함)[89]
- 가족 간의 의사소통을 위한 쓰기: 일기, 스크랩북, 목록, 메시지 등
- 게임을 위한 쓰기: 라벨, 티켓, 쿠폰 등

인사장

인사장 쓰기는 훌륭한 쓰기 경험이다. 긴 메시지를 좁은 공간에 함축해서 표현하고 유머나 리듬 혹은 다른 재미난 기술을 이용하는 것은 상상력을 필요로 하며, 종종 초안 작성 및 여러 차례의 수정이 필요하다. 슈나이더 씨(Mrs. Schneider)는 중요한 유대교 휴일을 앞두고 이스라엘에 있는 친척에게 보낼 인사장을 가족과 함께 작성하고는 한다. 슈나이더 씨는 그녀의 두 자녀가 이러한 인사장 쓰기에 아주 열정적이라고 말한다.

편지

계승어로 편지를 쓰는 것은 모든 가족 구성원이 함께 할 수 있는 또 하나의 활동이다. 예를 들어, 폴리나(Polina) 씨는 자녀가 모스크바에 살고 있는 외할머니에게 매달 편지를 쓰게 한다. 인터넷의 발달로 이러한 편지는 매우 빠르게 전달되고 답장을 받을 수 있다. 이러한 편지나 이메일 이외에도 당신은 자녀에게 계승어 국가의 유명한 작가나 스포츠 선수 혹은 영화배우에게 글을 쓰도록 할 수도 있다.

초대장 및 감사장

당신은 많은 경우에 자녀에게 계승어로 초대장 및 감사장을 쓰도록 장려

할 수 있다. 자녀의 나이에 따라 초대장과 감사장은 간단할 수도 있고 복잡
할 수도 있다.

가족 구성원에게 노트 쓰기

가족에게 노트(또는 메시지)를 쓰는 것은 가족 간의 의사소통을 원활하게
하고 애정을 증대시키며 긴장된 분위기를 풀어 줄 뿐만 아니라 계승어 학습
에도 큰 도움이 된다. 예를 들어, 한 어머니는 그녀가 자녀의 점심 도시락에
넣는 노트가 상기시켜 주기, 농담, 수수께끼, 어휘 게임, 암호, 필기체 읽기,
칭찬하기, 제안하기, 즐거운 생각하기, 시, 노래 가사와 같은 역할을 해 왔다
는 것을 발견했다.[90]

가족이 함께 계승어로 쓸 수 있는 다른 기회도 많이 있다(예를 들어, 가족
스크랩북 만들기, 가족 달력 만들기, 가족 책 만들기 등). 게다가 짧은 글이나 기
고문을 계승어 신문사에 제출할 수도 있다. 예를 들어, 나는 실제로 계승어
학습 아동이 쓴 많은 재미난 계승어 글을 해외에 있는 중국어 신문(侨报)을
통해 읽고 있다. 부모가 계승어 읽고 쓰기를 재미난 가족 단위 활동으로 만
들 때 자녀는 좀 더 적극적으로 읽고 쓰게 될 가능성이 크다.

가정에서의 읽고 쓰기 학습과 과외 활동의 균형 맞추기

유년기의 아이들은 학업이나 운동 및 취미 생활 같은 과외활동에 많은 시
간을 보낸다. 이러한 활동에 사용하는 시간은 계승어 학습에 사용하는 시간
과 경쟁하기 마련이다. 따라서 이 두 가지 활동에서 균형을 찾는 것이 중요
하다.

다음은 이러한 문제를 해결하기 위한 두 가지 제안이다.

첫째, 당신은 자녀가 이러한 모든 과외활동을 하게 할지 혹은 몇 가지를 포기하여 그 시간을 계승어 학습에 사용하게 할지를 결정해야 한다. 과외활동을 줄이는 것은 계승어 학습에 사용할 시간을 만들어 준다. 또 다른 대안으로 과외활동의 시간을 줄이거나 다른 활동을 번갈아 가며 시킬 수도 있다 (예를 들어, 월요일 오후에는 음악, 화요일 밤에는 계승어 학습, 수요일 오후에는 체육 활동 등).

둘째, 당신은 자녀의 과외활동을 계승어 학습에 접목시킬 수 있다. 예를 들어, 자녀가 스포츠에 관심이 있다면 당신은 스포츠를 계승어 학습의 주요 방법으로 사용할 수 있다. 계승어로 된 스포츠 기사를 출력하여 자녀에게 읽게 할 수도 있고, 계승어 국가에 있는 친척에게 스포츠 기사에 관하여 써서 보내게 할 수도 있다. 또 당신은 아이가 스포츠 활동을 할 때에 그것에 대해 계승어로 이야기를 나눌 수도 있다.

가정과 학교의 협력 고려하기

유년기의 아이는 상당히 많은 시간을 학교 환경에서 보내게 된다. 주류언어의 압도적인 영향이 가정에서 사용하는 계승어에 위협이 되기도 하지만 전혀 염려할 필요는 없다. 가정에서의 계승어 읽고 쓰기 능력이 학교 언어와 함께 발달하는 것도 가능하다.

이러한 동시 발달을 가능하게 해 주는 한 가지 방법은, 계승어 읽고 쓰기 교육을 분리된 하나의 활동으로 만들어서는 안 된다는 것이다. 대신 이것을 자녀의 학교 학습 활동과 연결시켜야 한다. 또 다른 방법으로는 자녀의 학교에서의 읽고 쓰기 학습을 계승어 읽고 쓰기 학습에 버팀목으로 사용하거나 그 반대의 방법을 사용하는 것이다.[91] 야마모토 씨(Mrs. Yamamoto)의 예를 살펴보기로 하자. 그녀는 일주일에 세 번, 그녀의 열한 살 난 딸에게 독일어 숙제를 일본어로 써 보게 하거나 학교의 교과목을 하나 골라 일본어로

읽게 한다. 야마모토 씨는 이러한 활동이 도움이 되었다고 말한다.[92]

야마모토 씨의 활동은 자녀의 계승어 학습이 학교의 학습과 분리되지 않고 함께 통합되어 있다는 점에서 흥미롭다. 그렇게 함으로써 그녀는 계승어 학습을 자녀에게 보다 관련 있는 것으로 만들었다.

자녀가 다니는 학교의 교사와 의사소통을 하는 것 또한 자녀의 가정에서의 계승어 발달에 도움이 될 수 있다. 예를 들면, 조 씨는 딸의 선생님에게 학기 초에 편지를 써서 딸이 집에서 한국어를 배우고 있다는 사실을 알렸다. 가끔 그녀는 선생님에게 딸이 쓴 글을 보내기도 했다. 어떤 선생님은 딸의 글을 반에서 다른 아이들과 나누기도 했다. 조 씨는 선생님의 그러한 반응이 딸의 계승어 발달에 도움을 주었다고 믿는다. 교사가 아이의 계승어를 인정해 줄 때 아이는 학교 언어의 발달에도 많은 진전을 보이는 경향이 있다. 이와 유사하게 부모가 자녀의 학교에서의 언어학습을 이용하면 아이의 계승어 발달에 도움이 될 것이다.

다른 부모와 교류하기

다중언어를 구사하는 아이를 키우는 다른 부모와의 교류는 여러 가지 면에서 당신을 도울 수 있다. 우선 교수 방법과 경험을 함께 나눌 수 있고, 어려움이 생겼을 때 좌절을 극복하는 데 도움을 받을 수 있다. 또한 당신의 자녀에게 둘 이상의 언어를 배우고 구사하는 친구를 소개할 수 있으며, 당신의 자녀 혼자만이 둘 이상의 언어를 배우고 있는 것이 아니라는 점을 깨우쳐 줄 수 있다. 온라인으로 의사소통하기 위해서 아이들은 읽고 쓸 줄 알아야 하며, 이는 실행으로 배우는 일종의 학습 형태다. 인터넷과 스카이프 같은 과학 기술의 발달로 전 세계의 아이들 그리고 부모들과 교류하는 것은 점점 더 쉬워지고 있다.

당신의 과제

다음 단계인 평가 항목으로 넘어가기 전에 당신은 지금까지 읽은 것과 활동에 대해 다음과 같이 생각해 보기를 바란다.

> **Q** 활동 및 생각해 볼 문제

- 자녀에게 계승어로 된 글을 읽게 하라. 아이가 새로운 어휘를 만났을 때 어떠한 전략을 사용하는지 관찰하라. 스스로 새로운 어휘의 뜻을 찾아내고 있는가? 이번에는 계승어로 된 다른 종류의 글을 읽게 하고, 이 장에서 배운 전략을 활용해 보라. 이 두 활동에서 차이점을 발견할 수 있는가?
- 이 장에서 언급된 정보를 바탕으로 다양한 계승어 신문이나 잡지를 통해 100~500개 정도의 두 번째 층(tier-two) 계승어 단어를 찾아보라. 이 단어로 목록을 만들고 이를 바탕으로 자녀에게 계승어 어휘를 가르치라.
- 계승어 문법책을 찾아보라. 계승어 문법에서 어려운 부분을 찾아내어 목록을 만들라. 계승어로 된 글을 찾아보며 이러한 문법이 자주 사용되는지 파악하라. 만약 그렇다면 이 장에서 소개된 활동을 이용하여 이러한 문법을 어떻게 가르칠 것인지 계획을 세워 보라.
- 자녀에게 적당한 수준의 계승어 글을 찾아보라. '예시 5-1'을 바탕으로 질문 목록을 만들라. 아이가 글을 읽을 때 그것을 활용해 보라. 그러한 질문이 아이가 글을 이해하는 데 도움이 되는가? 이러한 활동의 이점을 찾을 수 있는가?
- 언어경험 접근법을 활용해 보라. 이 방법이 다른 방법과 차이가 있는지 비교해 보라. 아이가 이 방법을 통해 더 잘 읽고 쓰는가?
- 아이에게 단어 몇 개를 받아쓰게 하라. 단, 실수해도 괜찮다는 것을 반드시 알려 주라. 아이의 철자법을 확인하라. 아이가 받아쓴 철자법이 규칙에 의거하여 만들어졌는가? 아이가 만들어 낸 철자법을 이용하여 아이와 규정에 맞는 철자법에 관하여 이야기하라. 아이가 이러한 방식으로 더 잘 배우는가? 만약 그렇다면 그 이유를 설명할 수 있는가?

- 아이에게 빈 카드를 하나 주라. 그리고 계승어 국가에 살고 있는 친척에게 인사장을 만들게 하라. 무엇을 쓸 것인지 아이와 함께 생각하라. 아이에게 자신이 쓴 인사장을 다른 가족에게 읽어 주게 하고, 가족의 조언에 따라 내용을 수정하게 하라.
- 아이의 성격에 맞는 계승어 읽고 쓰기 교육 방법을 고안하라. 이 방법을 활용해 보고 아이의 반응을 관찰하라.
- 아이의 계승어 발달을 도와주는 과정에서 성찰 일지(reflective journal)를 작성하라. 주기적으로 일지에 적힌 아이의 행동과 당신의 생각을 점검하라. 성찰 일지를 다시 읽을 때 무엇을 발견할 수 있는가?

 # 가정에서의 계승어 읽고 쓰기 진전을 평가하기

평가의 초점

아이의 유년기 동안 당신은 다음과 같은 두 가지 주요 부분에서 자녀의 계승어 읽고 쓰기 발달을 평가해야 한다.

- 계승어 독해력: 읽은 내용을 이해하고 의미를 파악할 수 있는지의 여부
- 계승어 쓰기 활용 능력: 실생활에서 계승어를 적극적으로 사용할 수 있는지의 여부

독해력 평가하기

독해력을 평가하는 방법에는 여러 가지가 있다. 이 장에서는 아이의 독해력를 평가하기 위해서 도표로 된 조직도(graphic organizer)[93]를 사용하는 방

법을 소개하고자 한다(3장에서 소개한 여섯 가지의 평가 방법과 함께). 만약 당신의 자녀가 이 도표를 글로 채울 수 없다면 그림을 사용하게 하여도 좋다. 목적은 아이가 글을 이해하였는지를 파악하는 데 있다.

인물 평가도

인물 평가도(Character map)는 등장인물의 행동을 바탕으로 인물의 특징을 분석하는 데 사용되는 도표 조직도(graphic organizer)다. 이것의 목적은 아이가 등장인물의 행동에서 얻은 정보를 분석하고 특징을 유추하여 등장인물에 대해 잘 이해하였는지 확인해 보는 것이다. 인물 평가도는 소설, 비소설, 만화책 같은 종류의 책을 이해했는지 평가하는 데 적합하다. 예를 들어, 아이가 책을 읽은 후에 [그림 5-2]의 인물 평가도에 해당하는 정보를 적어 넣도록 할 수 있다. 아이가 말로 혹은 글로 이것을 완성할 수 있다면 아이는 그 책을 이해한 것이다.

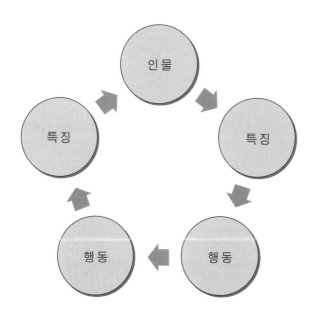

[그림 5-2] 인물 평가도(Character map)

주요 개념도

주요 개념도(main idea map)는 글의 주요 아이디어와 그 아이디어를 보충해 주는 내용의 관계를 그림으로 분석한 것이다. 이 평가 방법은 정보에 대한 이해나 비소설에 대한 이해를 평가하기에 적합하다. 이 평가 방법의 목적은 명백하게 드러난 글의 주요 개념 및 숨겨진 주요 개념을 보충해 주는 내용이나 사실을 통해 글을 이해하였는지를 평가하는 것이다. 아이가 글을 읽은 후 당신은 [그림 5-3]의 도표를 채우게 할 수 있다.

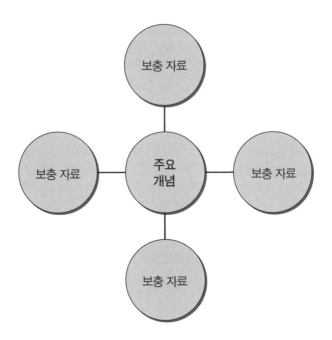

[그림 5-3] 주요 개념도(Main idea map)

줄거리 요약도

줄거리 요약도(Story map)는 이야기의 주요 특징에 대한 시각적 묘사다(예를 들어, 등장인물, 배경, 사건, 결말 등). 이 요약도는 줄거리를 가지고 있는 소설이나 비소설에 대한 이해를 평가하기에 적합하다. 이 요약도를 사용하는

목적은 아이가 글의 주요 특징을 이해하였는지 평가하는 것이다. [그림 5-4]
는 줄거리 요약도다.

[그림 5-4] 줄거리 요약도(Story map)

피라미드식 요약

피라미드식 요약(Pyramid summary)은 글의 핵심어를 피라미드식으로 배
열하는 것이다. 이 도표는 모든 종류의 글에 대한 이해를 평가하기에 적합하
다. 이 도표의 목적은 핵심 어휘를 통해 아이가 글의 요점을 파악하였는지를
평가하는 데 있다([그림 5-5] 참조).

[그림 5-5] 피라미드식 요약(Pyramid summary)

원인과 결과도

원인과 결과도(Cause-and-effect map)는 글에서 일어나는 사건의 중요한 관계에 대한 조직도다. 이 조직도는 아이가 글의 원인과 결과를 이해함으로써 결론을 도출해 낼 수 있는지를 평가하는 것이 목적이다. 이 조직도는 소설 및 비소설에도 사용될 수 있다([그림 5-6] 참조).

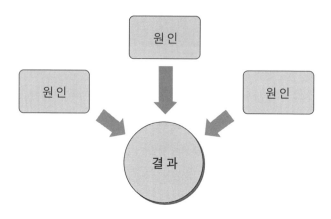

[그림 5-6] 원인과 결과도(Cause-and-effect map)

위에 설명한 그림으로 된 조직도를 사용하여 아이를 평가하기에 앞서, 반드시 아이에게 어떻게 사용하는지에 대하여 설명하여야 한다.

쓰기 능력 평가하기

아이의 계승어 쓰기 활용능력을 평가하는 방법에는 여러 가지가 있다. 그러나 가장 중요하고도 자연스러운 방법은 바로 일정 기간(일주일, 한 달, 분기 혹은 일 년) 동안 다양한 주제와 형식을 이용하여 아이가 만들어 온 실생활의 쓰기 견본(예를 들어, 일기, 이메일, 노트, 생일파티 초대장 등)을 사용하여 평가하는 것이다. 이러한 것을 비교·분석하며 아이가 계승어 쓰기에서 진전을 보이고 있는지 평가하라.

평가를 칭찬의 기회로 활용하기

아이의 읽고 쓰기 능력 성취를 평가할 때 가장 중요한 점은 이러한 발전을 축하해 주어야 한다는 것이다. 당신은 아이의 읽고 쓰기 발달을 아이와 함께 평가할 수 있다. 아이의 작품을 함께 보면서 평가할 수 있다. 아이의 진전을 직접 보여 주는 것이 보통 가장 좋은 동기부여의 방법이다. 조 씨는 자신의 딸인 제시가 네 살일 때부터 계속 그녀의 생일파티에 아이의 한국어 작품을 전시하고 있다. 그녀는 이러한 것이 아이의 한국어 읽고 쓰기 능력 발달에 도움이 되었다는 것을 발견했다.

 ## 요 약

유년기 동안의 가정에서 계승어 읽고 쓰기 능력 발달의 목표는 다음과 같다.

- 아이의 초기 계승어 읽고 쓰기 능력을 좀 더 규범적인 능력으로 전환하도록 돕는 것
- 학교에서의 주류언어 읽고 쓰기 기술을 계승어 읽고 쓰기 기술에 도움이 되도록 이용하는 것과 그 반대로 이용하는 것
- 아이의 학업, 과외활동, 계승어 읽고 쓰기 활동을 동시에 해 나가도록 지도하는 것

이러한 목표를 달성하기 위해서는 아이를 위한 올바른 종류의 계승어 읽고 쓰기 교재를 선정하는 것이 중요하다. 당신은 다음과 같은 요소를 고려하

면서 다양한 장르와 주제를 가진 읽기 교재를 선정하여야 한다. 즉, 정독과 다독의 균형, 학교와 가정에서의 읽기 교재 맞추기 그리고 일상생활에서의 상황적 읽기의 이점 이용하기 등의 요소를 고려하여 읽기 교재를 선정하여야 한다. 게다가 아이의 계승어 읽고 쓰기 발달을 촉진시키기 위해서는 아이가 양질의 그리고 발달단계에 적합한 아동문학을 자주 접하는 것이 중요하다. 또한 아이에게 읽기에 대한 동기부여를 하기 위해서는 아이에 의해 만들어진 읽기 교재 활용, 다중매체를 이용한 읽기, 대중문화 읽기 교재 등을 활용하는 것도 고려하여야 한다.

자녀의 계승어 읽기 능력을 발달시키기 위해서 당신은 아이가 독해 능력을 향상시키고 어휘를 늘리며 어려운 문법적 특징을 이해할 수 있도록 도와주어야 한다. 아이의 독해 능력 향상을 위해서는 아이가 함께 읽기에 참여하게 만들고, 읽을 수 있는 기회를 계속 제공해 주어야 한다.

자녀와 쓰기 활동을 할 경우에는 아이가 손글씨 유창성을 발달시키도록 도와주고, 아이에 의해 만들어진 철자법을 존중함으로써 쓰기의 과정을 이해하도록 도와야 한다. 당신은 아이와 함께 쓰기를 통해 예를 보여 주어야 한다. 아이가 쓰기에 애정을 가지도록 돕기 위해서는 당신은 자녀가 쓰기를 연습할 수 있는 충분한 기회를 제공해야 한다. 아이의 계승어 쓰기 능력 발달을 위해서는 다양한 활동(예를 들어, 이야기 다시 말하기, 읽고 쓰기에 대하여 말하기, 실생활에서의 읽고 쓰기 실행하기, 언어 게임, 가족 활동에 포함시키기 등)에 대해 고려해 보아야 한다. 여기에 더하여 다른 부모 및 아이와의 교류 및 학교와 가정에서의 언어 학습에 대한 협력 등은 자녀의 계승어 읽고 쓰기 발달에 도움이 될 것이다.

또한 자녀의 계승어 읽기 능력 발달의 진전을 평가할 때에는 독해 능력에 초점을 두고 다양한 그림으로 된 도표를 사용하여야 하며, 자녀의 계승어 쓰기 능력 발달의 진전을 평가할 때에는 일상생활에서 얻어지는 쓰기 견본에 초점을 맞추어야 한다. 그리고 가장 중요한 것은 아이의 진전에 대해 축하를

해 주고, 그들이 다음 단계인 청소년기가 되어서도 계속 계승어 읽고 쓰기 발달을 지속할 수 있도록 동기부여를 해 주어야 한다.

 ## 당신의 과제

Q 활동 및 생각해 볼 문제

- 그림으로 된 도표가 평가의 방법으로 소개되었지만 당신은 이것을 가르치는 데 사용할 수도 있다. 이 도표를 아이가 글을 이해하도록 돕는 데 사용해 보라. 이 방법이 아이의 독해 능력을 향상시키는 데 도움이 되었는가?
- 아이의 글쓰기 작품 하나를 평가하라. 창의성, 규범성(문법 등), 자신감에 초점을 맞추라. 아이에 대해 무엇을 발견하였는가? 아이가 글쓰기의 창의성과 자신감에는 강하고 철자법 및 문법에는 약하다고 가정할 때, 당신은 아이에게 계속 쓰기를 장려할 것인가? 아니면 그렇지 아니할 것인가? 각각의 이유에 대하여 생각해 보라.
- 아이의 계승어 쓰기 작품을 전시할 파티를 계획하라. 자신의 작품에 대한 다른 사람의 의견에 아이가 어떻게 반응하는지를 관찰하라.

🕮 주석 및 참고문헌

1) 유년기는 6세부터 11세까지의 발달단계를 다룬다. 이 시기는 스위스의 심리학자인 장 피아제(Jean Piaget)의 인지발달 3단계에 해당한다(구체적 조작기: 6/7세에서 11/12세까지).

2) DeHart, G.B., Sroufe, L.A. and Cooper, R.G. (2004) *Child Development: Its Nature and Course*. Boston, MA: McGraw-Hill Higher Education.

3) DeHart, G.B., Sroufe, L.A. and Cooper, R.G. (2004) *Child Development: Its Nature and Course*. Boston, MA: McGraw Hill Higher Education.

4) Brice, A.E. and Brice, R.G. (2009) *Language Development: Monolingual and Bilingual Acquisition*. Boston, MA: Allyn & Bacon.

5) Rogoff, B. (1990) *Apprenticeship in Thinking: Cognitive Development in Social Context*. Oxford: Oxford University Press.
Lave, J. and Wenger, E. (1991) *Situated Learning: Legitimate Peripheral Participation*. Cambridge: Cambridge University Press.

6) Rogoff, B., Turkanis, C.G. and Bartlett, L. (2001) *Learning Together: Children and Adults in a School Community*. Oxford: Oxford University Press.

7) 규범적인 읽고 쓰기 능력(conventional literacy skills)이란 어떤 언어에서건 성인이 보여 주는 그 언어의 읽고 쓰기 능력을 말한다.

8) Lamme, L.L. (1984) *Growing Up Writing: Sharing with Your Children the Joys of Good Writing*. Washington, DC: Acropolis Books.

9) Au, K.H., Mason, J.M. and Scheu, J.A. (1995) *Literacy Instruction for Today*. New York: Pearson.

10) 교재의 난이도를 평가하는 방법에 대해 더 많은 정보가 필요하다면 다음을 참조하라: Nuttall, C. (1996) *Teaching Reading Skills in a Foreign Language* (p. 26). London: Heinemann Educational Books.

11) 홍루몽(紅楼梦)은 중국 고전 소설 사대기서(四大奇書)의 하나로 청(清)나라 조설근(曹雪芹)이 지음.

12) 이 예는 이메일로 장 씨에 의해 2007년 7월 23일에 제공.

13) Nuttall, C. (1982) *Teaching Reading Skills in a Foreign Language* (pp. 30-32). London: Heinemann Educational Books.
저자는 외국어를 배우는 아이로 지칭하였지만 나는 이것이 계승어 읽고 쓰기를 배우는 아이에게 적용된다고 믿는다.

14) Nuttall, C. (1996) *Teaching Reading Skills in a Foreign Language* (p. 32). London: Heinemann Educational Books.

15) 이 예는 이메일로 조 씨에 의해 2009년 12월 12일에 제공.

16) 출처: http://www.amityfoundation.org/page.php?page=1435.

17) Nuttall, C. (1996) *Teaching Reading Skills in a Foreign Language*. London: Heinemann Educational Books.

18) McQuillan, J. (1998) The use of self-selected and free voluntary reading in heritage language program: A review of research. In S.D. Krashen and J. McQuillan (Eds.) *Heritage Language Development* (pp. 73-87). Culver City, CA: Language Education Associates.

19) Nuttall, C. (1982) *Teaching Reading Skills in a Foreign Language*. London: Heinemann Educational Books.

20) 이 예는 디야의 어머니에 의해 2005년 7월 3일에 제공.

21) Lewin, T. (2010) If your children are awake, then they're probably online(만약 당신의 아이가 깨어 있다면, 아마도 그들은 온라인에 접속해 있을 것이다). *The New York Times* (January 20).

22) Wang, X-L. (2010) A comparative study of how moral values are conveyed in Chinese, American English, and French children's comic literature. Paper presented at the 5th Conference of the Asia Pacific Network for Moral Education, Nagasaki, Japan, 13, June.

23) Fleet, A. and Lockwood, V. (2002) Authentic literacy assessment. In L. Makin and C.J. Diaz (Eds.) *Literacies in Early Childhood: Changing Views, Challenging Practices* (pp. 135-153). Sydney: MacLennan & Petty.

24) Ranker, J. (2007) Using comic books as read-aloud: Insights on reading instruction from an English as a second language classroom. *The Reading Teacher* 6 (4), 296-305.

25) Kinney, J. (2007) *Diary of a Wimpy Kid*. New York: Amulet Books.
Kinney, J. (2008) *Diary of a Wimpy Kid: Rodrick Rules*. New York: Amulet Books.
Kinney, J. (2009) *Diary of a Wimpy Kid: The Last Straw*. New York: Amulet Books.
Kinney, J. (2009) *Diary of a Wimpy Kid: Dog Days*. New York: Amulet Books.

26) Barratt-Pugh, C. and Rohl, M. (Eds.) (2000) *Literacy Learning in the Early Years*. Buckingham: Open University Press.

27) Miller, D. (2009) *The Book Whisperer: Awakening the Inner Reader in Every Child*. San Francisco, CA: Jossey-Bass.

28) McQuillan, J. (1998) The use of self-selected and free vocabulary reading in heritage language programs: A review of research. In S.D. Krashen, L. Tse and J. McQuillan (Eds.) *Heritage Language Development* (pp. 73-87). Culver City, CA: Language Education Associates.

29) Beck, I.L., McKeown, M.G. and Kucan, L. (2002) *Bring Words to Life: Robust Vocabulary Instruction* (pp. 27-28). New York: Guilford Press.

30) 이 예는 마리사에 의해 2008년 2월 3일에 제공. 아이를 위해 적합한 책을 찾기를 원한다면 다음의 안내를 참조하라: Gunning, T.G. (1989) *Best Books for Beginning Readers*. Boston, MA: Allyn and Bacon.

31) 이 예는 상해에 있는 칼의 아파트 방문을 통해 2009년 5월 제공.

32) 2005년 2월 12일 이메일 대화.

33) Bissex, G.L. (1980) *CNTS At Work: A Child Learns to Write and Read*. Cambridge: Harvard University Press.
Edwards, S.A., Maloy, R.W. and Verock-O'Loughlin, R-E. (2003) *Ways of Writing with Young Kids: Teaching Creativity and Conventions Unconventionally*. Boston, MA: Allyn Bacon.

34) Brice, A.E. and Brice, R.G. (2009) *Language Development: Monolingual and Bilingual Acquisition* (p. 11). Boston, MA: Allyn & Bacon.

35) Wang, M., Yang, C. and Cheng, C-X. (2009) The contributions of phonology, orthography, and morphology in Chinese-English biliteracy acquisition. *Applied Psycholinguistics* 30, 291-314.

36) Keung, Y-C. and Ho, C.S-H. (2009) Transfer of reading-related cognitive skills in learning to read Chinese (L1) and English (L2) among Chinese elementary school children. *Contemporary Educational Psychology* 34, 103-112.

37) Fitzgerald, J. (2003) Multilingual reading theory. *Reading Research Quarterly* 38 (1), 118-122.

38) Pajoohesh, P. (2007) A probe into lexical depth: What is the direction of transfer for L1 literacy and L2 development. *Heritage Language Journal* 5 (1), 117-146.

39) Edwards, V. (2009) *Learning to be Literate: Multilingual Perspective* (p. 70). Bristol: Multilingual Matters.

40) Pressley, M. (2006) *Reading Instruction that Works: The Case for Balanced Teaching*. New York: Guilford Press.

Pressley, M. (2001) *Learning to Read: Lessons from Exemplary First-Grade Classrooms*. New York: Guilford Press.

41) Koralek, D. and Collins, R. (1997) Tutoring strategies for the primary grades. 출처: http://www.readingrockets.org/article/113.

42) Beck, I.L., McKeown, M.G. and Kucan, L. (2002) *Bring Words to Life: Robust Vocabulary Instruction*. New York: Guilford Press.

43) Bear, D.R., Invernizzi, M., Templeton, S. and Johnson, F. (2008) *Words Their Way: Word Study for Phonics, Vocabulary, and Spelling Instruction*. Upper Saddle River, NJ: Pearson.

44) Beck, I.L., McKeown, M.G. and Kucan, L. (2002) *Bring Words to Life: Robust Vocabulary Instruction*. New York: Guilford Press.

45) 다음에서 예문 발췌: Beck, I.L., McKeown, M.G. and Kucan, L. (2002) *Bring Words to Life: Robust Vocabulary Instruction*. New York: Guilford Press.

46) Beck, I.L., McKeown, M.G. and Kucan, L. (2002) *Bring Words to Life: Robust Vocabulary Instruction*. New York: Guilford Press.

47) White, N.L., Anderson, N.L. and Carrico, H. (2009) *Linking Assessment to Reading Comprehension Instruction: A Framework for Actively Engaging Literacy Learners, K-8*. Boston, MA: Pearson.

48) Brice, A.E. and Brice, R.G. (2009) *Language Development: Monolingual and Bilingual Acquisition*. Boston, MA: Allyn & Bacon.

49) Ruddell, R.B. (2009) *How to Teach Reading to Elementary and Middle School Students: Practical Ideas from Highly Effective Teachers*. Boston, MA: Allyn & Bacon.

50) Beck, I.L., McKeown, M.G. and Kucan, L. (2002) *Bring Words to Life: Robust Vocabulary Instruction* (p. 19). New York: Guilford Press.

51) Beck, I.L., McKeown, M.G. and Kucan, L. (2002) *Bring Words to Life: Robust Vocabulary Instruction* (pp. 33-35). New York: Guilford Press.

52) Beck, I.L., McKeown, M.G. and Kucan, L. (2002) *Bring Words to Life: Robust Vocabulary Instruction*. New York: Guilford Press.
Beck, I.L. and McKeown, M.G. (2001) Text talk: Capturing the benefits of reading aloud experiences for young children. *The Reading Teacher* 55 (1), 10-20.

53) Morrow, L.M. (2001) *Literacy Development in the Early Years: Helping Children Read and Write* (p. 205). Boston, MA: Allyn & Bacon.

54) 이 방법은 다음을 바탕으로 제안되었다: Pressley, M. and Afflerbach, P. (1995)

Verbal Protocols of Reading: The Nature of Constructively Responsive Reading. Hillsdale, NJ: Erlbaum.

55) Alfassi, M. (1998) Reading for meaning: The efficacy of reciprocal teaching in fostering reading comprehension in high school students in remedial reading classes. *American Educational Research Journal* 35, 309-332.

Brown, A.L and Palincsar, A.S. (1987) Reciprocal teaching of comprehension strategies: A natural history of one program for enhancing learning. In J. Borkowski and L.D. Day (Eds.) *Cognition in Special Education: Comparative Approaches to Retardation, Learning Disabilities, and Giftness* (pp. 81-132). Norwood, NJ: Ablex.

Palincsar, A.S. and Brown, A.L. (1984) Reciprocal teaching of comprehension-fostering and comprehension-monitoring activities. *Cognition and Instruction* 1, 117-175.

56) 이 부분의 의견은 다음을 바탕으로 한다: McDevitt, T.M. and Ormrod, J.E. (2010) *Child Development and Education* (pp. 219-221). Upper Saddle River, NJ: Merrill.

57) 이 부분의 의견은 다음을 바탕으로 제안되었다: Tompkins, G.E. (2009) *50 Literacy Strategies: Step by Step* (pp. 109-110). Boston, MA: Allyn & Bacon.

58) Gambrell, L.B. (2009) Forward for morrow. In L. M., *Literacy Development in the Early Years: Helping Children Read and Write.* Boston, MA: Pearson.

59) Connelly, V., Gee, D. and Walsh, E. (2007) A comparison of keyboarded and hand written compositions and the relationship with transcription speed. *British Journal of Educational Psychology* 77, 479-492.

60) Graham, S. (2009-2010) Want to improve children's writing? *American Educator* 33 (4), 20-40.

Graham, S. and Weintraub, N. (1996) A Review of Handwriting Research: Progress and Prospects from 1980 to 1994. *Educational Psychology Review* 8, 7-87.

61) Graham, S. (2009-2010) Want to improve children's writing? *American Educator* 33 (4), 20-40.

62) 중국, 일본 및 한국에서 사용되는 옛날 중국어 글자를 '한자(Hanzi)'라고 부른다.

63) Cook, V. and Bassetti, B. (Eds.) (2005) *Second Language Writing System.* Clevedon: Multilingual Matters.

64) Peck, M., Askov, E.N. and Fairchild, S.H. (1980) Another decade of research in handwriting: Progress and prospect in the 1970s. *Journal of Educational Research* 73, 282-298.

65) Graham, S. (2009-2010) Want to improve children's writing? *American Educator* 33 (4), 20-40.

66) 2장의 주석 70번과 4장의 주석 1번 참조.

67) 호주, 뉴질랜드 그리고 영국의 2~4학년에 상응. 4장의 주석 1번 참조.

68) Graham, S. (2009-2010) Want to improve children's writing? *American Educator* 33 (4), 20-40.

69) 이 부분에 대해 좀 더 알고 싶다면 다음의 웹사이트를 방문하라: www.peabody.vanderbilt.edu/casl.xml

70) Connelly, V., Gee, D. and Walsh, E. (2007) A comparison of keyboarded and hand written compositions and the relationship with transcription speed. *British Journal of Educational Psychology* 77, 479-492.

71) Shanker, J.L. and Cockrum, W.A. (2009) *Locating and Correcting Reading Difficulties*. Boston, MA: Allyn & Bacon.
Gregory, E. (2008) *Learning to Read in a New Language* (pp. 166-167). Los Angeles, CA: Sage.

72) 관찰은 2009년 5월 19일 에드워드 씨의 집에서 이루어졌다.

73) Tompkins, G.E. (2009) *50 Literacy Strategies: Step by Step* (pp. 60-62). Boston, MA: Allyn & Bacon.

74) 이 장에 포함된 몇 가지 부분은 다음을 바탕으로 한다: Lamme, L.L. (1984) *Growing Up Writing: Sharing with your Children the Joys of Good Writing* (pp. 16-17). Washington, DC: Acropolis Books Ltd.

75) Ouellette, G. and Sénéchal, M. (2008) Pathway to literacy: A study of invented spelling and its role in learning to read. *Child Development* 79 (4), 899-913.

76) Sipe, L.R. (2001) Invention, conventions, and intervention: The teachers' role. *The Reading Teacher* 55 (3), 264-273.

77) Bissex, G.L. (1980) *GNTS at Work: A Child Learns to Write and Read*. Cambridge: Harvard University Press.

78) He, T-H. and Wang, W-L. (2009) Invented spelling of EFL young beginning writers and its relation with phonological awareness and grapheme-phoneme principle. *Journal of Second Language Writing* 18 (1), 44-56.

79) Richgels, D.J. (1995) Invented spelling ability and printed word learning in kindergarten. *Reading Research Quarterly* 30, 96-109.

80) Martins, M.A. and Silva, C. (2006) The impact of invented spelling on phonemic awareness. *Learning and Instruction* 16, 41-56.

81) Ouellette, G. and Sénéchal, M. (2008) Pathways to literacy: A study of invented spelling and its role in learning to read. *Child Development* 79 (4), 899–913.

82) Martins, M.A. and Silva, C. (2006) The impact of invented spelling on phonemic awareness. *Learning and Instruction* 16, 41–56.

83) Brown, H. and Cambournes, B. (1990) *Read and Retell.* Portsmouth, NH: Heinemann.

84) 이 용어는 다시 말하기 과정에서 아이에 의해 다시 들려지거나 읽혀지는 어떤 언어학적인 형태, 구조, 내용 및 문법 등을 나타내기 위해 Hazel Brown(헤이즐 브라운)과 Brian Cambournes(브라이언 캄본)에 의해 만들어졌다. 좀 더 자세한 내용은 다음을 참조하라: Brown, H. and Cambournes, B. (1990) *Read and Retell.* Portsmouth, NH: Heinemann.

85) 이 예는 2009년 3월 3일 부모 워크숍에서 제공.

86) 소개된 대부분의 게임 아이디어는 다음을 바탕으로 한다: Yao, T-C. and McGinnis, S. (2002) *Let's Play Games in Chinese.* Boston, MA: Cheng & Tsui Company.

87) Lamme, L.L. (1984) *Growing Up Writing: Sharing with Your Children the Joys of Good Writing* (p. 196). Washington, DC: Acropolis Books.

88) Lamme, L.L. (1984) *Growing Up Writing: Sharing with Your Children the Joys of Good Writing* (p. 196). Washington, DC: Acropolis Books.

89) 이 예는 저자에 의해 추가됨.

90) Lamme, L.L. (1984) *Growing Up Writing: Sharing with Your Children the Joys of Good Writing* (p. 196). Washington, DC: Acropolis Books.

91) Vihman, M.M. (1998) Later phonological development. In J.E. Bernthal and N.W. Bankson (Eds.) *Articulation and Phonological Disorders* (pp. 113–147). Boston, MA: Allyn & Bacon.

92) 이 예는 야마모토 씨에 의해 2007년 7월 24일에 제공.

93) 이 장에서 소개된 많은 아이디어는 다음에서 영감을 얻었다: White, N.L., Anderson, N.L. and Carrico, H. (2009) *Linking Assessment to Reading Comprehension Instruction: A Framework for Actively Engaging Literacy Learners, K-8.* Boston, MA: Pearson.

제6장
청소년기(12세부터 18세까지)[1]

이 장에서는 청소년기 아이의 학습 특성을 확인하고, 이 시기 동안의 계승어 발달의 중요한 초점에 대해 확인할 것이다. 자녀의 자율적 학습 습관을 길러 주기 위해 필요한 교재를 선택하고 활동을 실행하는 방법과 자신의 일생을 통해 다중언어 읽고 쓰기 발달에 지속적인 관심을 갖게 하기 위한 효과적인 전략을 제시할 것이다. 자녀의 발달을 확인할 수 있는, 발달단계에 맞는 평가 방법을 논의할 것이며, 당신의 실행을 돕기 위한 활동과 질문 또한 제시할 것이다.

전형적인 학습 특징

청소년기(adolescence)의 전형적인 인지적 특징은 가상적(과학적)이고 논리적인 사고를 위해 증가된 능력으로 설명할 수 있다. 청소년기의 아이는 생각의 대상으로서 구체적인 사물이나 사건을 더는 필요로 하지 않으며, 내부적인 사고를 통해 좀 더 새롭고 일반적인 논리적 규칙을 생각해 낸다.[2] 이 이전 단계의 아이들(영·유아기와 유년기 아이들)과는 다르게 청소년기 아이들은 먼저 가능성에 대해 생각한 후 실체로 접근함으로써 문제를 해결할 수 있다(이 시기의 아이는 문제를 해결하기 위해 다양한 방법을 고안해 내고 해결책을 체계적으로 점검하면서 점점 과학자처럼 생각하기 시작한다).[3]

청소년기 아이는 사고의 추상적인 질을 나타내기 시작한다. 즉, 단순히 말로 표현하는 것을 통해 논리적인 추론을 할 수 있다. 예를 들어, 청소년기 이전 단계의 아이는 'A가 B보다 크고 B가 C보다 크면 A는 C보다 크다.'와 같은 문장을 이해하려면 A, B, C의 구체적인 관계를 보아야 할 필요가 있었다. 하지만 청소년기에는 구체적인 단계에 의존하지 않고도 위와 같은 논리적인 결론을 내릴 수 있다.[4]

청소년기의 발달된 사고 능력은 새로운 인지적·사회적 지평을 열고, 아이로 하여금 관념(idealism)으로 이끈다. 그들은 개념(idea)에 대하여 확장된 가정을 하기 시작하며, 이것은 바로 그들이 자기 자신과 타인에게 바라는 성질(quality)이다. 이러한 사고는 이 시기의 아이들로 하여금 자신과 타인을 비교하게 만든다.[5] 이들은 자기의식이 강하고 자기중심적(self-focusing: 개인적인 독특함에 대한 과장된 감정)인 경향이 있다. 그 결과, 이들은 대중의 비판에 민감하며 위험을 감수하는 경향이 있다.

게다가 이 시기에는 또래의 영향(peer influence)이 중요한 역할을 한다. 청소년기 아이는 실제에서나 혹은 미디어에서 또래에 의해 용인되는 행동에 관여하는 경향이 있다.

따라서 당신의 십 대 자녀가 계속해서 가정 언어 읽고 쓰기 발달을 하도록 돕기 위해서는 효과적인 전략을 사용하는 것이 아주 중요하다. 당신이 고려해 볼 만한 제안은 다음과 같다.

- 가정에서의 계승어 학습 활동을 할 때 아이를 비판하지 말라. 다른 사람 앞에서는 특히 삼가라. 가능한 한 긍정적인 자세로 그들을 도우려고 노력하라. 비판 대신 유머를 사용하는 것이 더 나은 결과를 가져오기 쉽다.
- 자녀의 의견을 중시하고, 계승어 학습 활동을 할 때에 자녀에게 선택과 자유를 허락하라.
- 자녀가 계승어 읽고 쓰기 학습에 있어서 모험을 해 보게 하고, 스스로 탐구할 수 있도록 격려하라.
- 자녀가 자기주도 학습자(self-regulated[6] learners)가 되도록 동기부여하라.
- 자녀가 계승어를 배우고 있는 또래 혹은 계승어 지역에 살고 있는 또래와 교류하도록 독려하라.
- 자녀가 계승어로 읽고 쓸 때에 비판적인 사고 능력을 기르도록 지원하라.
- 자녀의 계승어 학습에 혁신적인 방법을 사용하라.
- 청소년기 자녀의 반항에 대해 긍정적인 사고를 가지라. 이것이 비록 힘들지라도 당신이 지속적으로 지원할 의향이 있다면 그들은 결국에는 자신의 길을 찾게 될 것이다.

 ## 계승어 읽고 쓰기 발달의 초점

청소년의 학습 특징을 고려할 때 계승어 읽고 쓰기 학습의 중점은 아이가 비판적·독립적으로 계승어를 읽고 쓰게 도와주기, 자기주도적인 학습 습관을 길러 주기 그리고 평생 학습자가 되도록 도와주기에 두어야 한다.

읽고 쓰기 교재 선택하기

당신의 청소년기 자녀를 위한 계승어 읽기 교재를 선택할 때 다음과 같은 전략을 사용하는 것이 긍정적인 결과를 달성하는 데 도움을 줄 수 있다.

발달단계에 적합한 읽기 교재 선택하기

많은 다중언어 자녀가 학교나 주류사회에서 배우는 언어에 비해 계승어를 잘 읽지 못한다. 결과적으로 부모는 종종 청소년기 자녀의 낮은 계승어 읽기 수준을 고려하여 어린이용 읽기 교재를 선택한다. 그러나 청소년기 자녀에게 아동을 위한 책을 권하는 것은 모욕이 될 수도 있다. 한번은 나의 십 대 아들에게 아동을 위한 중국어 책을 읽게 한 적이 있다. 그 글은 小朋友(어린 친구), 小树(작은 나무), 小动物(동물의 새끼) 같은 어휘와 구절을 포함하고 있었다. 그들은 내가 그들의 지식수준을 무시한다고 느꼈다[나의 큰아들인 레앙드르는 "你就這么小看我們(이런 식으로 우리를 수준 낮게 보시나요)?"라고 말했다.]. 그들은 아주 완강하게 아동용 읽을거리를 거절했다. 이와 같은 상황을 피하는 한 가지 방법은 어휘와 문법은 간단하지만 내용은 복잡한 교재를 선택하는 것이다. 어떻게 교재를 간단하게 만드는지에 대한 방법은 5장을 참조하기 바란다.

청소년을 위한 계승어 교재를 선택할 때 당신은 그들의 심리적 요구를 고려하여 다양한 분야의 읽을거리(예를 들어, 모험, 공상 과학, 위인전, 추리물, 판타지물, 연애물, 코미디, 비극, 희극, 공포 등)를 제공해야 한다. 이러한 고려는 자녀가 세계에서 자신의 위치를 발견하고, 자아 정체성을 발견하고, 자존감을 높이며, 건강한 자아를 갖도록 도와준다. 예를 들어, 미네소타에 살고 있는 알레가(Aaleigha)는 그녀의 열일곱 살 아들에게 자신이 청소년기에 좋아했던 독일 고전, 이를테면 토마스 만(Thomas Mann)의 『Tonio Kröger(토니오 크뢰거)』『Der Tod in Venedig(베니스에서의 죽음)』그리고 요한 볼프강 본 괴테(Johann Wolfgang Von Goethe)의 『Die Leiden des jungen Werther(젊은 베르테르의 슬픔)』을 읽어 주었다. 그녀는 자신의 아들이 이러한 독일 고전문학에 나타나는 청소년기의 문제가 시간과 역사를 초월한다는 것을 깨달았다고 말했다. 이러한 고전을 읽으면서 알레가의 아들은 점점 독일어 읽기에 관심을 가졌다. 최근에 알레가는 그녀의 아들이 대학에 입학해서 독일어와 독일 문학을 전공하기로 했다고 전해 왔다.[7]

이처럼 청소년기의 문제를 다루고 있는 계승어 읽기 교재를 선택하도록 노력하는 것은 자녀에게 동기부여를 할 수 있다.

다양한 읽고 쓰기 교재를 통하여 높은 수준의 사고력 기르기

높은 수준의 읽고 쓰기는 단순한 읽기나 관심 있는 분야만을 한정하여 읽는 것으로는 이루어지기 힘들며[8] 다양한 주제, 즉 금융, 수학, 스포츠, 텔레비전, 영화,[9] 역사 등과 같은 다양한 분야의 읽기를 통해서 발달시킬 수 있다. 다양한 분야와 주제에 대해 알게 되는 것은 청소년기 자녀로 하여금 높은 수준의 사고력을 발달시키게 도와준다.

예를 들어, 영화를 볼 때 높은 수준의 사고는 다음과 같은 기능을 하는 능력을 수반한다.

- 시청각 효과, 즉 카메라 줌, 전경, 페이드아웃(영상, 음향이 점점 사라지는 것), 깨진 화면 등을 통해 전달하고자 하는 메시지 혹은 의미를 이해하는 능력

• 장면, 등장인물의 행동과 대화를 통합하여 정확한 줄거리를 이해함으로
써 메시지의 내용을 파악하는 것[10]

이와 유사하게 공격성, 인종 및 성에 대한 고정관념 그리고 소비지상주의
와 같은 메시지를 비판적으로 평가하는 것은 높은 수준의 사고의 한 종류다.

따라서 자녀가 다양한 계승어 읽고 쓰기 정보를 사용하게 하는 것은 사고
력을 증진시키는 데 중요하다. 호주 시드니의 크리스티나(Christina)는 종종
폴란드 정치에 대한 뉴스와 그에 대한 자신의 생각을 이메일을 통해 자신의
열여섯 살 아들에게 보낸다. 그녀의 남편인 펠릭스(Feliks)는 아들을 위해 다
양한 멀티미디어 읽기 교재를 만들기 위하여 하이퍼미디어 기술(hypermedia
technology: 문자를 동영상, 음성 파일, 웹사이트 등과 연결시키는 시스템)을 사용
하거나, 자신이 관심 있는 사건을 촬영하여 폴란드 자막이나 음성을 연결하
여 하이퍼미디어 형태의 읽기 교재를 직접 만든다. 남편과 아들은 호주에 사
는 자신의 삶과 이러한 사건의 연결성에 대해 토의한다. 크리스티나와 그녀
의 남편은 이러한 다양한 읽기 교재를 통하여 아들의 사고력과 추론 능력이
점점 세련되고 정교해진다고 믿는다.[11]

연구에 따르면 청소년기 자녀는 가정환경에서 기술매개의 읽고 쓰기에 있
어 적극적인 역할을 한다.[12] 만약 당신이 자녀의 계승어 읽고 쓰기 주제를
확장하여 그들이 이미 해 오고 있는 것에 더하도록 독려한다면, 당신의 자녀
는 비판적인 사고력을 발전시킬 수 있을 뿐만 아니라 계승어 읽고 쓰기 능력
또한 발전할 것이다.

추론적인 읽기 교재 사용하기

읽기를 잘하는 사람은 종종 텍스트에서 빠진 부분을 채우면서 숨겨져 있
는 정보를 찾아낸다. 청소년이 계승어 교재와 관련하여 이러한 능력을 기르

게 하려면 추론이 풍부하게 담겨 있는 교재를 선택하는 것이 좋다. J. K. Rowling이 쓴 『해리포터와 아즈카반의 죄수(Harry Potter and the Prisoner of Azkaban)』[13]는 추론적인 글의 좋은 예다('예시 6-1' 참조).

예시 6-1

'해리포터는 여러 면에서 아주 이상한 아이였다. 한 가지 예로 그는 일 년 중 어떤 날보다도 여름방학을 싫어했다. 또 다른 예로 그는 정말 숙제하기를 원했지만 한밤중에 몰래 해야만 했다……' (p. 1)

이 책에서 독자는 왜 해리가 이상한 아이인지에 대한 단서와 정보를 찾으면서 해리가 누구인지를 파악해 나가야 하며, 그가 열세 살의 소년이라는 것과 마법사일지도 모른다는 사실을 추론해야만 한다.[14] 이와 같은 추론적인 책은 독자가 빠진 정보를 찾아 가며 추론 능력을 기르게 도와준다. 게다가 청소년은 추론적인 글이 생각하고 추측하게 만들기 때문에 대개 이러한 글을 좋아한다.[15]

성별에 따라 선호하는 읽기 교재를 허락하기

사춘기의 도래는 전형적으로 성별의 강화를 동반한다. 즉, 청소년기의 아이는 증가된 성적인 태도와 행동을 보이며 점점 더 전통적인 성 정체성으로 나아간다.[16] 당신은 아마도 초등학교 후반기와 중학교 시기[17]의 소년 소녀가 각기 다른 분야의 읽기에 관심을 갖기 시작하는 것을 보았을 것이다. 소년은 추리물과 실화에 관련된 주제에 강한 선호도를 보이는 반면, 소녀는 동물에 관한 이야기나 동화 그리고 사실 같은 소설에 강한 관심을 보인다.[18]

청소년기가 되면 이러한 성별에 따른 읽기 선호도는 보다 명백하게 드러난다. 수잔나(Suzanna)는 그녀의 열네 살 아들이 자신의 누나가 읽던 책이 너무 여성적이라며 읽기를 거부했다고 말했다. 마찬가지로 그녀의 열여섯 살 딸은 동생의 책이 흥미롭지 않다고 했다. 수잔나는 아이의 읽기 선호도에 민감하도록 노력했으며 각자의 관심 분야에 맞는 책을 선택하려고 노력했다. 그녀는 부모가 자녀가 싫어하는 책을 읽게 한다면 아이들은 더 이상 읽으려 하지 않을 것이라고 생각했다.[19]

자녀가 성별에 대한 고정관념을 극복하도록 도와주는 것도 중요하지만 청소년기 동안 자녀의 읽기 선호도를 존중하는 것이 그들의 지속적인 계승어 읽기에 도움이 된다. 만약 당신이 그러한 고정관념에 대한 문제를 우려하고 있다면 자녀의 개인적인 읽기 선호도를 강요하지 않으면서 그들과 토론할 수 있는 방법을 찾아보라.

시, 은유, 속담, 격언 탐구하기

계승어로 된 시, 은유, 속담, 격언 등을 어린 나이에도 소개할 수는 있지만 청소년기에 이것을 소개하는 것이 좀 더 효과적이다. 이는 청소년기에는 보다 발달된 추상적 · 가정적인 사고 능력으로 인해 이러한 언어적인 특징을 더 잘 이해할 수 있기 때문이다. 예를 들어, 영어 단어 'blue'는 색을 나타내기도 하지만 동시에 감정(우울한)을 나타내기도 한다. 'red'도 마찬가지로 색 외의 다른 것을 나타내기도 한다. 예를 들어, 당신이 red하게 보인다면 당신은 화가 났다는 뜻이다. Red는 또한 특정한 정치적인 성향(공산주의 등)을 나타내기도 한다. 청소년기의 아이는 이러한 단어의 기본적인 뜻뿐만 아니라 좀 더 확장된 의미도 알아볼 수 있다.

게다가 은유, 속담, 격언은 문화적인 지혜도 담고 있다. 이러한 것을 어떻게 사용하는지 알고 이해하는 것은 청소년기 아이의 계승어 발달을 좀 더 높은 단계까지 끌어올릴 수 있다.

TV 프로그램 혹은 영화를 자막과 함께 보기

핀란드는 다른 선진국에 비해서 국제교육평가시험(international education achievement test), 즉 PISA[20]와 같은 시험에서 높은 읽기 성적을 나타낸다고 보고되어 왔다. 핀란드 어린이의 성공에 대한 이유 중 하나는 그들이 자막을 읽는다는 사실에 있다. 이는 핀란드가 많은 외국 TV 프로그램과 영화를 수입하기 때문이다. 따라서 핀란드 아이들은 TV 프로그램이나 영화를 볼 때 핀란드 어 자막을 보는 것에 익숙하다. 이러한 추측을 증명할 연구가 필요하기는 하지만 자막을 읽는 것은 읽고 쓰기 능력 발달을 촉진시키는 경향이 있다.

게다가 전형적인 청소년기의 아이는 시청각 양상을 통하여 정보를 처리하는 능력이 발달되어 있다. TV를 보면서 동시에 읽는 것은 심지어 다감각 정보 처리 능력을 자극하기도 한다.

대중문화를 존중하기

이전 장에서 언급한 것처럼 대중문화는 아이가 자신의 계승어에 관심을 가지게 하는 하나의 방법이 될 수 있다. 청소년기 동안에 이러한 읽기 교재를 사용하는 것은 당신으로 하여금 자녀가 어떻게 자신의 개인적인 관심에 근거하여 의미를 찾아가는지를 이해하게 도와주며, 어떻게 그들이 자신의 정체성을 찾아가는지에 대한 이해를 돕는다. 게다가 대중문화는 청소년이 계승어도 읽을 때에 비판적으로 읽고 쓰는 능력을 발달시키도록 도와줄 수 있다.

일본 오사카에 거주하는 제레미(Jeremy)는 자신의 열다섯 살 쌍둥이 자녀가 자신들의 이중언어, 이중인종 그리고 쌍둥이라는 정체성에 대하여 생각

하도록 돕기 위해서 그의 계승어인 영국식 영어로 된 대중문화 자료를 자주
사용한다. 이러한 자료는 그들의 삶과 가깝게 연관되어 있기 때문에 제레미
의 두 딸은 예전보다 더 영어 읽기를 즐긴다.[21]

전통명절에 대한 글 고려하기

전통명절에 대한 읽기 교재를 사용하는 것은 청소년의 문화적 지식을 넓
혀 주며 자신의 전통에 대해 자부심을 갖게 도와준다. 어린 나이의 아이에게
도 이러한 교재를 사용할 수 있지만 청소년기의 아이는 명절 문화에 내재된
상징적 의미를 더 잘 이해하는 경향이 있다. 예를 들어, 중국의 설 명절에 차
리는 음식은 다음과 같은 상징적인 의미를 지니고 있다. 年糕(설떡)은 올해가
작년보다 나을 것을, 饺子(만두)는 운이 잘 둘러싸여서 사라지지 않을 것을,
鱼(물고기)는 풍족할 것(예를 들어, 많은 은행 잔고)을, 杏仁(아몬드)는 새해에
는 행복할 것을 상징한다.[22]

학교 교과목에 도움이 되는 계승어 읽기 교재 활용하기

5장에서 우리는 자녀의 가정언어 읽기 교재를 그들의 학교 읽기 교재와
통합시키는 방법에 대해 논의했다. 청소년기 동안에 당신은 이것을 계속 실
행할 수 있다. 그러나 이번에는 자녀에게 책임을 지우고, 그들이 직접 자신
이 관심 있으면서 학교 교과목에도 연관이 있는 계승어 읽기 자료를 찾게 하
라. 학교 교과목의 이해를 돕기 위한 계승어 읽기 자료를 아이가 직접 찾도
록 책임감을 갖게 하는 것은 앞으로 독립적인 계승어 읽기에 유용한 기술을
발달시키도록 동기를 준다.

네덜란드에 살고 있는 세마핫(Semahat)은 자신의 열여섯 살 딸에게 네덜
란드 세계사 숙제를 위해 터키 어로 된 웹사이트에서 정보를 찾도록 했다.

그녀의 딸은 터키 어로 과제를 수행한 경험을 즐겼으며, 결과적으로 좀 더 많은 정보를 찾을 수 있었다.[23]

당신의 과제

활동 및 생각해 볼 문제

- 2장에서 언급한 '가정에서의 계승어 읽고 쓰기 지도법에 대한 교수법 이론의 틀(home literacy teaching framework)'과 3장에서 언급한 4단계의 '가정에서의 읽고 쓰기 계획 과정(four-step home literacy planning process)'을 다시 한번 검토하라. 종이를 한 장 준비하여 이 장에서 소개한 전략과 앞서 말한 교수법 이론의 틀 그리고 계획 과정과의 연관성을 적어 보라.

- 자신의 청소년기를 회상해 보라. 당신이 즐겨 읽던 책은 무엇인가? 그러한 책이 당신의 청소년기의 문제를 해결하고 세계를 이해하는 데 도움을 주었는가? 그렇다면 그러한 책을 자녀에게 소개하기를 고려하겠는가? 또는 계승어로 쓰인 현재의 책을 찾아보고 그것을 자녀에게 소개하라. 만약 아이가 스스로 읽을 수 없다면 아이에게 책을 읽어 주거나 혹은 책을 단순화시켜라. 이에 대한 아이의 반응은 어떠한가? 아이가 이러한 경험과 연관이 있다는 증거를 발견할 수 있는가?

- 계승어로 된 교재를 훑어보고, 이 장에서 소개한 정보를 이용하여 어떠한 교재가 추론적인지 분석하라. 아이에게 글을 읽게 하고, 다음과 같은 숨겨진 정보를 찾아보게 하라.
  - 누가 행위를 하고 있는가? (행위자)
  - 누구에게 이러한 일이 행해지는가? (대상)
  - 이것을 위해 무엇이 사용되는가? (도구)
  - 누가 이러한 감정이나 생각을 경험하는가? (경험자)
  - 이것은 어디에서 왔는가? (출처)
  - 이것의 결과 혹은 목적은 무엇인가? (목적)

- 자녀의 경험을 살펴보라. 이러한 추론적인 글이 자녀의 독해력 향상에 도움

을 주고 더 깊게 읽도록 독려했다고 생각하는가?

- 은유와 속담을 포함하고 있는 계승어 읽기 교재를 찾아보라. 그것에 표시를 하고, 자녀에게 의미를 해석해 보도록 요청하라. 그들이 은유와 속담의 의미를 찾기 위해 사용하는 전략을 살펴보라. 이를 통해 자녀가 문제해결 전략에 있어서 지적으로 성장해 왔다는 것을 발견할 수 있는가?

- 자신의 전통 명절에 관한 글을 찾아보라. 문화적인 의미와 개념을 담고 있는 부분에 표시를 하고, 자녀에게 그것의 상징적인 의미를 추론하게 하라. 무엇을 발견하였는가?

- 자녀의 학교 교과목에 관련된 정보를 담고 있는 계승어 웹사이트를 찾아보라. 이러한 사이트를 자녀에게 소개하고, 자주 이용하도록 독려하라. 자녀가 이 사이트를 이용하는가? 만약 그렇다면 당신은 이러한 사이트를 이용하여 자녀의 학교에서의 학습과 관심 증대를 위해 무엇을 해 주어야 하는가?

 ## 읽고 쓰기 활동 실행하기

읽기

읽기감상일지 사용하기

읽기감상일지란 글을 읽고 난 후 자신이 읽은 글에 대한 반응이나 의견을 적은 일지다. 이것의 목적은 청소년기 아이가 자신이 읽은 것에 대해 되돌아보고 글의 더 깊은 의미를 찾아보도록 하는 데 있다. 게다가 읽기감상일지는 아이의 쓰기 유창성 발달에도 도움이 된다.[24]

처음에는 아이에게 읽기감상일지에 무엇이 포함되어야 하는지를 소개하는 다음과 같은 견본을 제공하라(당신의 필요에 따라 부가적인 정보를 더할 수 있다).

만약 당신의 자녀가 완전한 문장으로 표를 완성하지 못한다면 그들의 수

글의 요점, 생각, 문제점을 찾아라.	
이러한 요점, 생각, 문제점에 대한 여러분의 반응이나 의견을 적어라.	
이러한 것과 여러분이 과거에 읽은 글을 연관지어 보라.	
이러한 것과 여러분의 경험을 연관지어 보라.	
여러분이 이해하지 못하는 어휘, 구절, 정보를 찾아라.	
글에 대한 또 다른 생각이나 의견을 적어라.	

준에 맞게 정보를 채우도록 격려하라. 혹은 당신이 자녀와 함께 표를 채워도 좋다. 실제로 많은 청소년기 아이는 이미 학교에서 이와 같은 활동을 해 왔다. 따라서 주류언어에서 가정 언어로의 기술 전이도 가능하다. 게다가 계승어를 사용한 이러한 활동을 독려하는 것은 학교 수업에 도움이 된다. 나의 대학원생 중 한 명은 자신의 열네 살 딸과 함께 이 활동을 실행하였고, 이것이 자녀의 가정 언어인 스페인 어와 학교 언어인 영어의 독해력 향상에 도움이 되었다는 것을 발견했다. 그녀는 또한 그녀의 딸이 읽은 책에 대해서 토론할 때 생각이 더 깊어졌다는 점도 강조했다.[25]

글을 넘어 읽기

청소년이 글을 넘어 읽도록 하는 것은 그들이 독립적이고 적극적인 계승어 사용자가 되도록 돕는다. 자녀가 계승어 글을 읽을 때 단순히 행을 따라 글을 읽는 것에서 점차로 행간의 의미를 파악하고, 결국에는 행을 넘어서 읽도록 도와주라. 다시 말하면, 이것의 목적은 자녀가 단순히 정보를 얻기 위해 읽는 것에서 지식을 얻기 위해 읽는 것으로의 이동을 준비시키는 데 있다. 이와 같은 읽기와 관련된 혜택은 자녀가 자신들의 의미 이해에 대해 개인적인 책임감을 갖게 도와주며, 나아가 그들이 평생 동안 계승어를 읽게 만드는 데 도움을 준다.

다음은 당신이 고려해 보아야 할 몇 가지 제안이다.[26]

- 비판적인 응답과 질문을 요청하고, 자녀의 해석을 지원하고, 당신의 생각을 강요하는 것을 피하라.
- 자녀의 호기심을 장려하고 받아들이라.
- Devil's advocate(활발한 토론을 위해 일부러 반대 입장을 취하는 것)을 사용하여 자녀가 다른 각도에서 해석을 하도록 유도하라.
- 창의적인 비판을 주고받는 방법을 가르치라.
- 반대되는 견해를 받아들이라(후광효과를 제거하라. 즉, 글에 써 있다고 해서 무조건 따르는 것을 피하라).
- 비판적이고 건설적인 피드백을 제공하라.

당신의 자녀는 학교에서 이미 이와 같은 방식으로 답변하는 법을 배웠을 것이다. 만약 그렇다면 자녀가 계승어로 글을 읽을 때에도 행간을 읽으면서 좀 더 깊은 의미를 찾아 나가게 독려하기가 좀 더 쉬울 것이다.

비문맥 정보에 주의를 기울이기

당신의 청소년기 자녀가 비문맥 정보를 인식하도록 하는 것은 그들의 독립적인 계승어 읽기 학습에 도움이 된다.[27] 이러한 정보의 많은 부분은 의식적으로 지도하여야 한다. 특히 계승어의 활자 규칙이 자녀의 주류언어와 다른 경우에는 더욱 중요하다. 당신은 다음과 같은 것을 시도해 볼 수 있다.[28]

활자체　당신은 의도적으로 자녀에게 다른 활자체를 가르치며 이러한 정보가 글의 이해에 중요한 역할을 한다는 것을 가르칠 수 있다. 예를 들어, 표제와 각주는 서로 다른 서체를 가지고 있다. 볼드체와 이탤릭체는 대개 서로 다른 종류의 강조를 나타낸다. 게다가 다른 종류의 서체는 어휘를 찾기 쉽게 만들고, 기술적인 용어를 설명하고, 어떠한 것을 강조하고, 나머지 부분과 다른 한 부분을 지적하기도 한다. 학교 언어의 서체와 계승어의 서체가 다른 경우도 있다.

구두점　여러 언어에서 구두점을 사용하는 방법은 다양하며, 계승어에서 이들의 기능을 이해하는 것은 중요하다. 예를 들어, 영어에서 마침표는 '.'(온점)인 반면, 중국어에서 마침표는 '。'(고리점)이다. 영어에서 다른 사람을 인용할 때에는 " " 혹은 ' '을 사용하지만, 독일어에서는 „ " 혹은 , '을 사용한다. 구두점의 기능과 같은 정보를 자녀에게 의식적으로 가르치는 것은 자녀의 계승어 이해에 도움이 될 것이다.

부호　글에서 사용되는 부호는 언어마다 다른 기능을 한다. 예를 들어, 불어에서《　》는 따옴표로 사용되는 반면, 같은 부호가 중국어에서는 책의 제목을 나타내는 데 사용된다. 계승어에서 사용되는 이러한 규칙을 자녀에게 가르치는 것은 아주 유용하다.

참고자료[29]　당신은 또한 자녀가 제목, 책 표지의 선전 문구, 저자의 전기적 정보, 글의 요약 및 목차와 같은 참고자료에 주의를 기울이게 만들 수 있다. 다음과 같은 연습이 도움이 될 것이다.

- 자녀에게 무작위로 나열된 일련의 광고 문구와 책의 제목을 바르게 연결하게 한나.
- 자녀에게 일련의 광고 문구와 책의 제목을 글에서 발췌한 것과 바르게 연결하게 한다.
- 자녀에게 한 작가의 정보를 읽게 하고, 그에 해당하는 책의 제목, 목차,

요약을 찾아보게 한다.

도형   삽화, 그래프와 테이블 등의 도형은 글을 이해하고 해석하는 데 중요한 정보를 제공한다. 당신은 많은 자녀가 글을 읽을 때 이러한 정보를 그냥 지나쳐 넘어간다는 사실에 놀랄 것이다. 당신은 도형을 하나 고르고, 이에 대해 여러 가지 설명을 나열하여 자녀로 하여금 올바른 설명을 찾아보게 함으로써 도형에 주의를 기울이게 할 수 있다. 혹은 설명을 제공하고 여러 가지의 도형 중 올바른 것을 찾게 할 수도 있다. 아니면 여러 가지 질문을 만들어 아이에게 도형을 이용하여 이에 대한 답을 찾게 할 수도 있다.

색인   글에 담긴 정보를 찾기 위해 색인을 이용하는 것은 자녀의 독해력을 향상시키는 중요한 기술이다. 많은 아이가 스스로 색인을 사용하지는 않는다. 당신은 약어, 정의표, 용어풀이 같은 특징이나 색인의 기능을 의식적으로 자녀에게 알려 주어야 한다.

학문적인 읽고 쓰기 능력의 발달을 촉진하는 전략 이용하기

학문적인 읽고 쓰기 능력은 학교 교과목을 분석하고 이해하는 데 사용되는 읽고 쓰기 기술을 말한다. 전통적으로 학문적인 읽고 쓰기 유창성은 학교의 영역이다. 그러나 가정환경에서 학문적인 읽고 쓰기 능력 관련 기술을 촉진시키는 것은 자녀의 학교에서의 성공을 도와준다. 나이가 있는 학생도 여전히 학문적인 읽고 쓰기 능력을 발달시키는 데에는 도움이 필요하다. 자녀가 계승어 글을 읽을 때 당신은 다음과 같은 접근방법을 고려해 보기를 원할 것이다.

다양한 종류의 글을 식별하고 해석하기   계승어 글의 다양한 유형은 목적과 요점에 따라서 서로 다른 조직구조로 구별된다. 자녀가 이러한 다양한 글

의 종류를 식별하고 해석하도록 돕는 것은 계승어 독해력을 향상시킬 뿐만
아니라 학문적인 읽고 쓰기 능력도 발달시킨다. 다음은 학문적인 글의 일곱
가지 유형이다.[30]

- 설명문(무엇에 대해 설명하는 것)
- 열거문(관련된 주제에 대한 목록을 제시하는 것)
- 순차문 혹은 절차문(어떤 일을 하는 방법에 대한 개요나 사건이 일어난 순서
  를 제공하는 것)
- 비교문 및 대조문(두 개 이상의 대상이 어떻게 같고 어떻게 다른지에 대한 비
  교 및 대조를 제공하는 것)
- 설득문(어떠한 주제에 대해 견해를 밝히고 그것을 옳다고 증명하는 것)
- 원인과 결과문(어떠한 일이 왜 일어났는지에 대한 이유를 제시하는 것)

당신은 이런 종류의 계승어 글을 자녀에게 소개할 수 있고, 또한 자녀가
글에 사용되고 있는 구조를 분석하고 글 전체의 아이디어와 구조를 연결하
는 밀접한 연결고리를 찾아내게 함으로써 글의 차이점을 식별하게 도울 수
있다.[31]

글을 읽을 때 다양한 전략을 통합하기　훌륭한 전략을 사용하여 글을 분석
하는 능력은 학문적인 글을 읽고 이해하는 데 아주 중요하다. 글을 잘 읽고
이해하는 사람이라면 다음과 같은 것을 할 수 있어야 한다.[32]

- 기존의 지식을 활성화시키고 그것을 수어진 글에 연관 짓기
- 지식을 바탕으로 하여 주어진 글에서 무엇이 언급될지 예측하기
- 글에 대해 중요한 질문을 제시하기
- 이해력을 향상시키기 위해 시각적 형상화(visual imagery)를 사용하기

- 읽은 내용을 요약하고, 다른 말로 바꾸어 표현하기
- 이해하지 못한 부분을 주시하고 수정하기
- 이러한 다양한 전략을 통합하기

당신은 자녀가 계승어 글을 읽을 때 이러한 전략을 발달시키도록 도울 수 있다.

소리 내어 읽어 주기

소리 내어 읽어 주기는 전통적으로 어린아이를 위한 활동이다. 하지만 나이가 있는 학생을 지도하는 교사들은 최근에 소리 내어 읽어 주기 활동을 청소년기 학생이 여전히 선호한다는 것을 발견했다.[33] 계승어를 배우는 청소년기 아이를 위한 소리 내어 읽어 주기 방법은 다음과 같은 많은 이점이 있다.

첫째, 소리 내어 읽어 주기는 아이가 스스로 읽지 못하는 어려운 계승어 글을 접할 수 있게 도와준다. 예를 들어, 공 씨(Mrs. Gong)의 열여섯 살 딸은 혼자서 중국 고전 시를 읽지 못하기 때문에 공 씨는 이것을 자녀에게 소리 내어 읽어 주었다. 만약 공 씨의 도움이 없었다면 그녀의 딸은 이러한 아름답고 심오한 시를 그녀의 계승어로 즐기지 못했을 것이다.[34]

둘째, 청소년기 아이에게 소리 내어 읽어 주는 것은 자신이 직접 계승어를 읽도록 동기부여할 수 있다. 자녀가 부모가 읽어 주는 것을 좋아한다면 직접 읽으려고도 노력할 것이다. 앞에서 언급한 알레가의 경우를 생각해 보면 그녀의 독일 고전 읽어 주기는 자녀로 하여금 대학에서 독일어와 독일문학을 전공하게끔 고무시켰다.

셋째, 소리 내어 읽어 주기는 자녀로 하여금 학교의 언어와 계승어 읽고 쓰기 발달을 위한 배경지식을 습득하도록 돕는다. 자녀가 만약 한번 들은 것이라면 글로 된 것을 읽었을 때 이해가 훨씬 쉬울 것이다. 예를 들어, 내 남편은 자녀에게 많은 고전 작품을 불어로 읽어 주었다. 첫째 아들인 레앙드르는 고등학교 영어 시간에 이러한 작품을 읽으면서 그가 가진 기존의 지식이 글을 훨씬 쉽게 이해하도록 도와준다는 것을 발견했다.

넷째, 소리 내어 읽어 주기는 계승어로 읽는 것에 대한 모범이 될 수 있다. 즉, 어디에서 끊어 읽어야 하고 쉬어야 하는지 등을 들으면서 계승어 읽기에 대한 올바른 방식을 배우게 된다.

다섯째, 자녀에게 소리 내어 읽어 주기는 그들의 계승어 어휘 실력을 향상시킬 수 있다.

청소년기 자녀에게 소리 내어 읽어 주기를 할 때는 다음과 같은 사항에 주의를 기울여야만 한다.[35]

- 언어의 사용, 내용, 문체 등이 모범이 될 수 있는 계승어 글을 선택하라.
- 배경을 설명하고 흥미를 불러일으키면서 자녀를 글로 안내하라. 글 읽기의 즐거움을 방해하지 않으면서 어려운 어휘와 배경 지식을 설명하라.
- 당신이 목소리를 어떻게 내는지에 주의하라. 자녀의 흥미를 불러일으키도록 전념을 다하고 명확한 발음을 하라. 당신의 읽기 능력을 향상시키기 위해서 선분가에 의해 녹음된 것을 듣는 것도 좋은 방법이나.
- 글을 읽어 주면서 자녀와 눈을 자주 맞추어라. 이것은 자녀의 표정을 관찰하며 자녀가 글에 집중하고 있는지 혹은 이해를 하고 있는지를 측정하는 좋은 방법이다.

계승어 읽기를 일상생활의 일부로 만들기

계승어 읽기가 자녀의 일생의 습관이 되도록 하기 위해서 자주 읽어 주는 것은 아주 중요하다. 자녀를 위해 계승어로 된 잡지나 신문(온라인 버전을 추천한다)을 구독하는 것도 좋은 방법이다. 계승어 읽기 자료가 자녀에게 쉽게 노출되도록 하는 것도 도움이 된다. 나는 식탁에 항상 계승어 신문을 놓아 두는 것이 내 자녀의 계승어 읽기에 도움이 된다는 것을 발견했다. 매일 아침 자녀가 아침식사를 할 때 그들은 습관적으로 신문에서 자신이 좋아하는 부분을 읽는다. 처음에는 광고에만 관심을 보이다가 점차로 자신의 시선을 끄는 기사를 읽기 시작했다.

쓰기

비격식체를 통한 또래 네트워크 장려하기

청소년기의 자녀는 자기 부모 혹은 교사보다 또래에 더 집중하는 경향이 있다. 또래의 영향을 이용하는 것은 자녀의 계승어 읽고 쓰기 발달에 도움을 줄 수 있다. MySpace, Facebook, Twitter 등의 소셜네트워크 사이트의 이용을 통해 청소년기 자녀는 다른 또래와 사회적으로 교제할 기회를 더 많이 갖게 된다. 당신은 자녀가 이러한 온라인 소셜 네트워크를 통해 하고 있는 활동을 이용하여 그들이 계승어 국가 및 지역사회의 또래와 교류하도록 독려할 수 있다.

실비야(Silvija)의 경우를 예로 들어 보자. 그녀는 크로아티아(Croatia) 출신이며 현재는 뉴저지에 살고 있다. 실비야는 그녀의 열세 살 딸이 크로아티아 자그레브(Zagreb)에 살고 있는 한 크로아티아 소녀와 교류하는 것을 도와주었다. 두 소녀는 거의 2년째 교류를 하고 있다. 그들은 종종 자신의 사진을 올리기도 하고 학교나 일상의 일을 나누기도 한다.[36] 당신의 자녀가 실비야의 딸처럼 친구를 찾을 수 있다면 그들은 계승어 사용을 즐기게 될 것이다.

하지만 당신은 자녀가 온라인으로 괴롭힘을 당하거나 다른 종류의 나쁜 일에 연루되지 않도록 잘 감시하여야 한다.

게다가 당신은 자녀가 좋아하는 의사소통 수단을 이용하여 그들의 계승어 쓰기를 장려할 수 있다. 예를 들어, 인터넷을 통한 실시간 문자 메시지는 십대 사이에서 가장 인기가 많은 의사소통 방식이다. 이러한 문자 메시지가 자녀의 격식체 사용을 방해한다는 주장에도 불구하고, 현재 많은 읽고 쓰기 전문가는 이러한 것도 전반적인 읽고 쓰기 능력 발달에 도움이 된다고 주장한다. 더욱이 실시간 문자 메시지를 통한 의사소통은 청소년에게 중요한 우정, 친밀감 그리고 소셜네트워킹을 지원해 준다.[37] 또한 다른 언어에서의 문자 메시지에 사용되는 어휘는 언어학적으로 흥미로우며, 이러한 것은 자녀가 다른 언어의 특징을 배울 기회를 제공한다. 예를 들어, 영어의 lol(laugh out loud: 크게 소리 내어 웃기), brb(be right back: 금방 돌아올게), gg(gotta go: 가야 해), mwah(kiss: 키스), pos(parents over shoulder: 부모님이 뒤에서 보고 있어), Gr8(great: 좋아), Db8(Debate: 토론), 중국어의 电我(给我打电话: 나한테 전화해), 短我(请给我回短信: 나한테 메시지 남겨 줘), 88(再见: 잘 가), 불어의 PTDR(pété de rire: 크게 소리 내어 웃기), ab1to(à bientôt: 곧 보자) 등은 매우 규칙적이다. 당신은 이러한 축약어의 흥미로운 언어적 특징에 대해 자녀와 이야기하고, 또 그들에게 계승어 혹은 주류언어를 통해 이러한 규칙을 말해 보게 할 수 있다. 더욱 중요한 것은, 이러한 문자 메시지를 정당한 의사소통 방식으로 대함으로써 당신은 문자 메시지 같은 비격식체와 규범에 정해진 격식체가 다른 목적을 가지고 사용된다는 것을 자녀에게 이해시킬 수 있다.

당신은 또한 문자 메시지 혹은 트위터를 이용하여 자녀와 계승어로 정보를 교환할 수 있다(예를 들어, 자녀에게 해야 할 일을 알려 주거나 단순히 질문 혹은 확인하는 것 등을 통해). 자녀가 무엇을 하고 무엇을 느끼는지 이해하려고 노력하지 않는다면, 당신은 그들의 일상에서 크고 작은 많은 부분을 놓치고 있다는 것을 느낄 것이다.

당신은 자녀가 계승어로 된 인터넷 웹페이지를 만들도록 독려할 수도 있다. 만약 자녀가 주류 언어로 된 페이지를 이미 가지고 있다면 그 페이지를 다중언어로 된 페이지로 만들게 할 수도 있다. 런던에 거주하는 영어와 벵골어(Bengali: 인도의 벵골 주와 방글라데시의 공용어) 이중언어를 사용하는 십 대에 대한 연구는 두 개의 언어로 된 웹페이지를 만드는 것이 그들의 영어와 벵골 어 모두의 쓰기 발달에 도움이 된다는 것을 보여 준다.[38]

가족사진을 이용한 쓰기

가족사진을 이용하는 것은 청소년기 자녀가 계승어로 글을 쓰게 만드는 혁신적인 방법이다.[39] 가족사진에 대하여 글을 쓰는 것은 다중언어 자녀가 자기의 정체성을 탐구할 수 있는 좋은 기회를 제공한다. 그들은 가족사진(구세대의 사진도 포함하여)을 이용하여 다양한 분야(예를 들어, 역사적 사건에 대한 주석, 회고록, 자서전, 짧은 에세이)의 글을 쓸 수 있다. 청소년기 자녀에게 이러한 기회를 제공한다면 그들은 이러한 글쓰기에 흥미를 느낄 것이다. 물론 처음에는 이것이 어려울 수 있다. 따라서 처음에는 사진에 제목을 붙이는 것으로 시작해서 문장을 쓰고, 점차로 문단 그리고 에세이로 진행해 나갈 수 있다.

열네 살인 미트라(Mitra)는 자신이 아기일 때부터 현재까지 찍어 온 사진을 순서대로 정리하는 것이 흥미롭다는 것을 발견했다. 그는 페르시아 어(Persian)로 자신의 육체적 정신적 변화 과정을 심도 있게 작성하였고, 그것을 이란에 있는 조부모에게 자랑스럽게 보냈다. 미드라의 어머니는 가족사진이 그가 페르시아 어로 글을 쓰게 만든 자극제가 되었다고 말했다.[40]

영화를 보거나 만드는 것을 통해서 쓰기

2년 전 여름, 나는 캐나다 작가인 데이비드 길모어(David Gilmore)의 『The Film Club』이라는 책을 읽고 있었다.[41] 나는 작가가 자신의 십 대 아들에게 자신이 고른 영화를 매주 세 편씩 보게 함으로써 아들의 삶을 변화시키는 방법을 보고 감명을 받았다. 그 책은 내게 청소년이 그들의 내적인 삶을 이해하는 방식과 그들이 계승어를 배우도록 동기부여하는 방법에 대한 많은 깨달음을 주었다.

당신은 청소년과 관련이 있는 계승어 영화를 선택하여 그 영화에 담겨 있는 메시지나 문제를 그들과 함께 토론할 수 있다. 그들이 관심을 갖기 시작하면 자연스럽게 그 문제에 대해 이야기하고 싶어 할 것이다. 그 순간을 이용하여 그 문제와 관련된 자신의 의견이나 생각을 계승어로 쓰도록 요청하라. 당신은 자녀가 그 영화에서 사용된 어휘나 문구를 실제로 사용하는 것을 보며 놀라게 될 것이다. 따라서 영화를 이용하는 것은 계승어 읽고 쓰기 학습을 위한 아주 강력한 도구다.

당신은 자녀에게 비디오카메라를 이용하여 직접 영화를 제작해 보게 할 수도 있다. 그들은 하나의 주제를 정해 영화를 만들고, 그것에 계승어 자막을 삽입하는 식으로 편집할 수 있다. 당신은 자녀와 함께 작업할 수도 있다. 그리고 완성된 작품을 친구와 가족이 함께 즐길 수 있도록 온라인에 게시할 수도 있다.

의사소통 수단과 글쓰기 방식을 가르치기

청소년기의 아이들은 이미 논리적이고 분석적인 능력을 가지고 있기 때문에 이 시기는 아마도 부모가 자녀와 함께 계승어와 주류언어의 문체상의 차이점을 토의할 수 있는 가장 좋은 시기일 것이다.

다른 문화에는 다른 의사소통 방식이 있다는 것이 연구를 통해 증명되고 있다. 예를 들어, 중국, 한국, 일본 등의 유교적 문화, 즉 고맥락 문화(high-context cultures: 의사소통을 위해 사회적 단서에 의존해야 하는 문화)에서는 북미 혹은 유럽 등의 저맥락 문화(low-context cultures: 의사소통을 위해 사회적 단서에 의존하지 않는 문화)에서보다 간접성이 중요시된다.[42] 그 결과, 고맥락 문화권의 사람이 저맥락 문화권의 사람에 비해 간접성을 더 잘 해석하는 경향이 있다.[43] 당신은 자녀의 관심을 문자를 통한 의사소통으로 돌릴 수 있다. 예를 들어, 중국의 어른은 중국의 새해 축제기간 동안 아이들에게 '행운의 돈(压岁钱: 세뱃돈)'을 나누어 준다. 이러한 관습을 알고 난 후, 열다섯 살의 진진(Jim)은 중국에 있는 자신의 조부모에게 "今年过年你们要给我多少压岁钱 (올해 설날 때 할아버지 할머니께서는 저에게 얼마만큼의 세뱃돈을 주실 건가요)?" 라고 편지를 썼다. 웨이 씨(Mrs. Wei)는 자신의 아들에게 중국문화에서는 어른에게 그렇게 직접적으로 글을 쓰는 것이 아니라 간접적으로 표현해야만 한다고 알려 주었다.[44]

또한 다른 문화에는 다른 글쓰기 방식이 있다. 예를 들어, 연구에 따르면 그리스의 공학도생과 미국의 공학도생은 비록 같은 분야의 학문을 하지만 공손함을 표현하는 방식에 있어서 차이가 있다. 미국 학생은 자신의 의견을 남에게 강요하는 것을 피하는 반면, 그리스의 학생은 동의를 구하는 방식을 통해 좀 더 권위적이고 공감적이며 읽는 사람의 추론을 조정하려는 경향이 있다.[45]

당신의 자녀는 현재 거주하고 있는 주류사회의 학교 수업을 통해 주류언어의 글쓰기 방식에 영향을 받을 가능성이 크다. 따라서 자녀와 함께 계승어 문화와 주류사회 언어의 글쓰기 방식 차이에 대하여 토론하여야 한다. 아이가 다른 언어로 두 가지 혹은 세 가지 이상의 글쓰기 방식을 발달시키지 못할 이유는 없다. 문화적 차이에 대한 신중한 비교는 자녀가 한 언어에서 다른 언어로 전환하는 데 익숙해지도록 도울 수 있다.

읽기와 쓰기를 넘어서기

읽고 써야 할 진정한 이유를 만들어서 동기부여하기

모든 것을 고려해 볼 때, 동기부여는 청소년이 그들의 일생을 통해 계승어 읽고 쓰기를 계속하게 하는 가장 중요한 요소다. 연구결과는 동기부여가 꾸

준한 학습에 필수적이라는 사실을 강조하고 있다. 이것은 노력과 활기를 증가시키고 자발성을 늘려 주며 성과를 향상시킨다.[46] 따라서 당신의 자녀에게 계승어로 읽고 써야 할 이유를 만들어 주는 것은 그들이 글의 힘을 발견하게 해 주고, 그들을 열정적인 계승어 사용자로 만든다.

부모는 자녀의 계승어 쓰기가 자기 감정표현(예를 들면, 감정, 생각, 염려, 걱정 표현하기 등)을 위한 훌륭한 수단이라는 것을 깨닫게 도와줄 수 있다. 규칙적으로 계승어로 일기나 일지를 쓰는 습관을 길러 주는 것은 청소년기 자녀가 자기를 표현할 수 있는 안전한 공간을 발견하게 하는 좋은 방법이다. 자신이 선택한 주제에 대한 반응을 글로 쓰는 것 또한 자기를 표현하는 또 하나의 방법이다. 당신은 자녀에게 본보기를 제공할 수도 있다.

스웨덴에 살고 있는 줄리(Julie)는 자신의 열여섯 살 딸인 캐서린(Catherine)이 처음에는 불어로 글쓰기를 원치 않았다고 말했다. 그녀에게 불어로 글을 쓰게 하는 것은 고통스러운 일이었다. 가끔 캐서린이 시도할 때도 한 문단을 넘기지 못했다. 줄리는 글쓰기가 사람에게 무엇을 해 줄 수 있는지를 보여 주며 딸에게 동기부여를 하기 시작했다. 예를 들어, 그녀의 딸이 남자친구의 배신으로 괴로워할 때, 줄리는 캐서린에게 그녀의 상한 감정을 불어로 써 보라고 했다. 이것이 캐서린으로 하여금 그녀의 개인적인 상황을 다루는 데 큰 도움을 준 듯 보였다. 그 이후로 캐서린은 거의 매일 불어로 글을 쓰고 있다. 줄리는 그녀의 딸이 불어로 일기나 일지를 작성할 때 거의 2~3페이지 분량을 쓴다고 말했다. 문법이나 철자법을 틀리고 스웨덴 어를 섞어서 씀에도 불구하고 캐서린은 현재 불어로 쓰는 것을 즐거워하고, 불어로 읽고 쓴다는 것이 자기를 표현하는 새로운 가능성을 열어 준다는 것을 이해하고 있다.[47]

감정을 확인하고 이름을 붙이기 위해 읽고 쓰기를 사용하기

청소년기에는 많은 변화와 감정을 경험한다. 낸시 더프리스 구스와 타미 프랫 파트로[48]는 다음과 같이 말한다.

청소년은 어떠한 특별한 순서로 나타낼 수 없는 어른스러운 자질과 아이 같은 자질의 이상하면서도 훌륭한 혼합이다. 그들은 말 한마디에 진지해지고, 근심 많은 시민에서 짓궂은 아이로 변하고, 친구나 선생님의 눈빛 한 번에 입을 다물거나 울기도 한다. 이러한 부담이 크지만 만약 누군가 생동감 있는 아이들과 함께 성공적으로 일하려면 청소년기의 이러한 가변성을 이해하고 도전을 즐기는 것은 중요하다.

계승어 학습 경험을 청소년 자녀를 이해하고 그들의 감정을 표현하게 도와주는 통로로 사용하는 것은 그들의 발달에 도움이 될 수 있다. 아이들은 자신의 감정을 인식하고 표현하는 데 언어를 사용하도록 도움을 받을 필요가 있으며, 그 감정을 식별하고 이름을 붙이는 방법을 배워야 한다고 주장되어 왔다.[49] 따라서 당신은 자녀가 감정을 식별하고, 계승어를 사용하여 그것에 이름 붙이는 것을 의도적으로 돕기를 원할 것이다. 예를 들어, 당신의 자녀가 '절망' '기쁨' '분노'를 표현할 때 그러한 감정을 계승어로 표현해 보게 하고 올바르게 표현하고 있는지 확인하라. 만약 자녀가 정확하게 표현하지 못한다면 당신이 도와줄 수 있다. 자녀를 위해 계승어 읽기 교재를 준비할 때 당신은 의도적으로 감정을 표현하는 어휘 혹은 구문이 있는 부분으로 자녀의 이목을 끌 수도 있다. 당신은 또한 자녀에게 어떠한 방식으로 왜 그렇게 느끼는지 표현하게 하고, 그러한 감정을 쓰게 하여 그것에 대하여 자녀와 토론할 수 있다.

단어의 힘을 느낄 때 아이는 감정을 표현함에 있어 그러한 단어를 좀 더 정확하게 사용할 것이다[예를 들어, moody(기분 변화가 심한)라는 단어가 반드시 depressed(우울한)의 의미는 아니다]. 언어를 통하여 감정을 식별하는 것은 아이와 부모 모두가 그들의 감정을 이해하는 데 도움을 주며, 이러한 것이 청소년기에 있어서 중요한 부분을 차지한다.

동생을 가르치도록 독려하기

만약 당신의 청소년 자녀에게 어린 동생이 있다면 당신은 자녀에게 동생의 계승어 읽고 쓰기를 가르칠 수 있는 기회를 제공할 수 있다. 처음부터 자녀가 능숙한 교사가 될 수는 없으므로 당신이 본보기를 보여 줄 수 있다. 자녀에게 동생을 가르치는 책임감을 갖게 하는 것은 자녀 스스로 계승어 읽고 쓰기 능력을 키울 수 있을 뿐 아니라 가르치는 기술도 향상된다는 이점이 있다. 더욱 중요한 것은 청소년 자녀들은 자신의 어린 동생을 지도하면서 자신감을 발달시킨다는 점이다.

비판적인 읽고 쓰기 능력 향상시키기

이 장의 앞부분에서 우리는 대중문화 자료 및 영화 등을 사용하여 청소년의 계승어 읽고 쓰기 능력을 향상시키는 방법에 대해 논의했다. 이러한 논의를 계속하기 위해 이 부분에서 나는 이러한 자료를 활용하여 자녀가 계승어에서 비판적인 읽고 쓰기 능력을 기르는 방법에 대하여 논의해 보고자 한다.

비판적인 읽고 쓰기 능력이란 글을 읽는 사람이 글 안의, 글에 숨겨진, 혹은 글 사이에서 발견되는 입장 및 태도에 대하여 적극적으로 의문을 가지고 질문하는 것이다. 비판적인 읽고 쓰기 능력은 아이가 글에 나타난 묘사 혹은 의견 표시, 이점, 소외 및 한계 그리고 관심 등에 대하여 질문하게 독려하는 해방적인 노력을 의미한다.[50] 계승어 학습자는 다른 문화적 이념과 연관된 다른 언어를 읽기 때문에 비판적인 읽고 쓰기 능력을 기르는 것이 중요하다.

아이가 도덕적 딜레마와 같은 계승어 글을 분석하도록 도와주는 것은 그들로 하여금 글에 담겨진 복잡한 메시지에 대해 생각하고 질문을 하게 만든다. 런던에 살고 있는 모하메드(Mohamed) 씨는 그의 두 십 대 아들이 아랍어(Arabic)에서 비판적인 읽고 쓰기 능력을 발달시키도록 자신이 도와준 방법을 공유했다. 아이가 아랍 어로 된 종교적인 글을 읽을 때 모하메드 씨는 종종 그들에게 단순히 글자 그대로만 읽지 말고 글에 담겨진 뜻을 스스로 해석하게 했다. 모하메드 씨는 가정에서 아이의 질문을 절대로 가볍게 여기지 않으며, 그들이 제기하는 모든 질문에 대하여 진지하게 대답한다.[51]

계승어 문화 지역사회에 참여하기

청소년기 자녀가 계승어 학습에 지속적인 관심을 가지도록 도와주기 위해서 그들이 자신의 계승어 문화에 직접 혹은 온라인으로 참여하는 것은 중요하다. 자녀가 계승어 읽고 쓰기를 홀로 고립된 채 배우고 있는 경우에는 더 이상 부모의 지원이 없다면 계승어 학습을 지속하지 않을 가능성이 크다.

뉴저지에 살고 있는 이 씨(Mrs. Lee)는 자신의 열여섯 살 아들이 지역 한인 교민사회 활동, 예를 들어, 쿠키 판매 및 지역사회 야유회 조직, 지역사회 신문 기사 쓰기, 교민 교회 성가대 등에 참여하도록 독려했다. 이러한 계승어 지역사회 활동은 이 씨의 아들이 계승어를 의미 있는 방식으로 사용할 수 있는 풍부한 기회를 제공했다.[52]

가정과 학교의 협동 강화하기

5장에서는 가정에서 자녀의 계승어 읽고 쓰기 능력 발달을 도울 때 학교와 가정의 연결을 강조했다. 이 장에서 나는 이러한 연결 및 협력이 사춘기 동안에 어떻게 일어나도록 만들어야 하는지에 대한 의견을 나누고자 한다.

예를 들어, 당신은 자녀에게 학교에서 배운 내용을 계승어로 다시 말하거나 쓰도록 요청할 수 있다.[53] 자녀는 학교에서 배운 내용을 계승어를 이용하여 글의 장르를 변환시키며(예를 들어, 연극을 에세이로 변환) 다시 말하거나 쓸 수도 있다. 또는 학교에서 배운 내용을 바탕으로 계승어로 새로운 이야기를 하거나 쓸 수 있다. 이와 유사하게, 당신은 자녀에게 학교에서 배운 내용을 계승어 문화의 입장에서 다시 말하거나 쓰게 할 수 있다.

이렇게 하는 데에는 적어도 다음과 같은 두 가지의 장점이 있다. 이러한 실행은 가정과 학교의 읽고 쓰기 협력을 장려할 수 있고, 자녀는 읽고 쓰기를 배울 때 문화적인 관점에 대해서도 고려하게 된다는 것이다.

평생의 계승어 사용자 되기

궁극적으로 청소년기 자녀가 계속해서 계승어 발달을 원하게 하는 가장 적절한 방법은 그들이 자기감시를 하도록 도와주는 것이다. 자기감시는 자기관리라고도 한다. 자기관리란 스스로 기준과 목표를 세우고 동기를 부여한 학습에 참여하는 것이다. 이러한 자기관리는 금방 이루어지는 것은 아니다. 그러나 당신이 이러한 목표를 자녀의 계승어 읽고 쓰기 교수계획에 잘 융합시킨다면 당신의 자녀는 평생의 계승어 사용자가 될 것이다.

우선 자녀에게 선택의 권한을 주면서 자신의 계승어 읽고 쓰기 학습목표를 결정하게 하라. 예를 들어, 나의 큰아들 레앙드르는 종종 중국어 숙제하기를 거절했다. 나는 그에게 강요하는 대신, 다른 대안이 있는지 물었다. 그는 종종 여러 가지 대안을 제시했고, 놀랍게도 그중 대부분이 아주 합리적이었다. 나는 대개 그의 의견을 존중해 준다. 한번은 그에게 중국어 학교에서 내준 숙제를 하라고 하였다. 그는 그 숙제를 하는 대신에 한 학기 동안 중국어 학교에서 배운 어휘로 문장을 만들고자 하였다. 나는 그 선택에 동의했고, 레앙드르는 자신이 제안한 과제를 끝내려고 노력했다. 이 경우 레앙드르가 세운 목표는 중국어 학교 선생님이 내 준 과제에 비해 수준이 낮았지만 자신이 선택한 목표였기 때문에 의무감을 가지고 그것을 끝내려고 하였다.[54]

일단 자녀가 자신의 학습목표를 결정하면 당신은 그들이 진행상황을 스스로 감시 혹은 관찰하도록 도와주어야 한다. 자기감시는 학습에 있어서 변화를 가져다준다고 연구는 말한다.[55] 앞에 언급한 레앙드르의 예를 보면, 그는 자신이 스스로 선택한 목표를 잘 실행해 나가고 있는지 확인할 필요가 있었다. 물론 아이는 자기 자신의 행동을 관찰하는 데 익숙하지 못하고, 또 자신이 실수를 하고 있는지의 여부도 잘 알지 못한다. 여기서 당신이 할 수 있는 것은 자녀가 자신의 행동에 대해 다시 돌아보게 하고, 스스로의 학습 활동을

관찰하도록 질문을 해 주는 것이다. 앞에 말한 예에서, 나는 레앙드르에게
그가 만든 문장의 구두점과 형용사가 바르게 사용되었는지 확인하도록 제안
했다. 이러한 안내로 그는 점차 자기감시라는 것이 무엇을 수반해야 하는지
깨달았다.

아이가 스스로 감시하도록 돕기 위해서 당신은 자녀의 계승어 학습에서
자기교수 능력을 발달시키도록 도와야 한다. 이 과정에서 당신은 자녀에게
계승어 학습방법의 전략을 직접 보여 주어야 한다. 즉, 당신이라면 주어진
상황에서 어떻게 대처할 것인지를 직접 말하면서 보여 주어야 한다. 앞의 예
에서 나는 레앙드르에게 단어를 조합하여 문장을 만들 때는 글의 순서와 논
리에 주의를 기울여야 한다는 것을 보여 주었다. 자기교수 능력 개발은 올바
른 전략의 사용을 강화시킬 수 있다. 앞의 경우 나는 레앙드르에게 그가 무
엇을 옳게 하고 있는지를 다음과 같이 설명했다.

> 잘 했구나. 因为(왜냐하면)와 연결된 구에는 쉼표를 찍는 것이 맞아. 아
> 하! 이 문장에서는 같은 의미를 가진 다른 어휘를 사용하려고 했구나(예
> 를 들어, 立刻, 敢紧, 连忙: 즉시, 금방, 급히 등). 훌륭하네, 이번에는 문
> 장의 끝에 마침표를 찍어야 한다는 것을 잘 기억하고 있었구나. ……

자녀의 계승어 학습에서 자기감시를 하는 방법을 길러 주기 위해서, 당신
은 자녀가 스스로 평가하는 방법(자기평가)을 가르쳐야 한다. 이때 다음과 같
은 질문이 도움이 될 것이다.

- 이번 과제에 충분한 노력을 기울였다고 생각하니?
- 만약 스스로에게 점수를 준다면 몇 점을 주고 싶니?
- 스스로 세운 학습목표를 달성했다고 생각하니?

자기강화를 장려하는 것은 자기관리를 장려하는 좋은 방법이다. 예를 들어, 레앙드르가 그의 중국어 숙제를 성실하게 마쳤다면 그는 스스로에게 자기가 하고 싶은 것(컴퓨터 게임)을 하게 함으로써 보상을 할 수 있다. 반대로 노력 부족으로 인해 과제를 못 마쳤다면 스스로 게임하는 시간을 줄이도록 한다. 아이 스스로 자기강화를 하기 시작한다면 그들의 학습 습관은 향상될 것이다.

게다가 자녀가 계승어 평생 학습자가 되도록 도우려면 당신은 그들에게 구체적인 읽고 쓰기 전략을 가르쳐야 한다. 5장에서 나는 정독과 다독 전략에 대해 논의했다. 아이에게 정독과 다독을 위한 읽기 교재를 선택하는 방법을 가르치기 위해 당신은 신중하게 교재를 살펴보아야 하고, 자녀에게 어떠한 것이 정독과 다독에 각각 좋을지를 물어보아야 한다.

또한 모든 교재가 동등한 주의를 받을 필요는 없기 때문에 당신은 자녀가 읽기 교재에 우선순위를 정하는 방법을 가르쳐야 한다. 어떤 교재는 단순히 훑어보는 것만으로도 요지를 파악할 수 있고, 어떤 교재는 제목을 읽는 것만으로도 글의 내용을 알 수 있다. 그리고 또 다른 교재는 전체를 세심하게 읽어 보아야 하는 것도 있다. 읽기 교재에 우선순위를 정하는 방법을 배우는 것은 아이가 책을 끝내지 못하는 것에 대한 죄책감을 줄여 줄 수 있다. 나의 남편은 어렸을 때 한 권의 책이 끝나지 않으면 다른 책을 읽지 않았다. 이러한 습관은 그가 보다 많이 읽게 하는 데 방해가 되었다. 아이들은 어떤 종류의 책은 단순히 정보를 찾기 위한 것이고, 또 어떤 책은 즐거움을 주기 위한 것이라는 것을 배워야 한다. 만약 책이 이러한 역할을 하지 못한다면 그들은 그 책을 포기하고 다른 책을 읽기 시작할 수 있다.

자녀가 연구의 자료 활용 기술을 발달시키고 학습에 어려움을 겪을 때 어디에서 도움을 구해야 하는지를 알게 도와주는 것도 좋은 방법이다. 당신은 자녀가 다양한 인터넷 검색 엔진을 사용하는 법과 동의어·반의어 사전과 사전의 참고자료 등을 찾는 법을 배우게 해야 한다. 또한 자녀가 다양한 참고 도구의 다른 목적도 알게 해야 한다. 예를 들어, 사전은 어휘의 뜻과 철자법 등을 찾기 위한 것이고, 동의어·반의어 사전은 같은 생각을 다르게 표현하고자 할 때 사용하는 것이다.[56] 그리고 중국어처럼 알파벳 문자가 아닌 경우에는 알파벳 사전과 배치가 다르기 때문에 사전을 찾는 방법도 가르쳐야 한다. 아이들은 또한 언제 사전을 찾고 언제 문맥에서 뜻을 발견해야 하는지도 배워야 한다. 모르는 모든 단어를 사전에서 찾는 것은 읽는 속도를 줄일 뿐 아니라 읽는 즐거움도 빼앗아 간다.

또한 자녀에게 다중언어 사전을 사용하는 방법을 가르치는 것도 도움이 된다. 내가 영어를 배울 때 선생님은 오직 영어사전만을 사용하게 하였다. 이는 중국어사전을 찾는 것이 나의 영어 학습에 도움이 되지 않는다는 근거 때문이었다. 하지만 이러한 근거가 더 이상 옳지 않다는 것은 명백하다. 실제로 많은 연구결과는 아이의 강한 언어로 사전을 찾게 하는 것이 그들의 약한 언어(종종 계승어) 학습에 도움이 된다는 것을 증명해 왔다.

 당신의 과제

 활동 및 생각해 볼 문제

- 계승어 글을 자녀와 함께 읽으면서 글로 나타나 있지 않은 정보를 찾도록 도와주어라. 이러한 활동을 당분간 수행하라. 아이가 글로 나타나 있지 않은 정보에 집중하는 것을 통해 독해력이 향상되었는지를 발견하였는가?
- 아이의 수준보다 높은 수준의 흥미로운 계승어 글을 선택하라. 아이가 편안한 상태일 때 그 글을 읽어 주어라. 읽을 때 흥미를 불러일으키는 목소리를 사용하고(읽기 전에 연습을 하는 것도 좋다), 가끔씩 멈추어 질문을 하여 아이가 이해했는지 확인하라. 이 방법에 대해 어떻게 생각하는가? 당신은 이 방법이 아이의 계승어 읽고 쓰기 학습 참여를 독려하는 좋은 방법이라고 느

끼는가? 청소년기 동안에 이 방법을 수행하는 것에서 다른 이점을 발견할 수 있는가?

• 만약 계승어로 읽고 쓰기가 당신 자녀의 일상생활의 일부분이 아니라면 이것을 그들의 일상생활의 일부로 만들기를 원하는가? 만약 그렇다면 어떻게 시작을 할 것인가? (힌트: 자녀의 일상에서 가장 자연스러운 활동이 무엇인지 생각해 보라. 예를 들어, 메모 남기기, 관련 기사 읽기, 컴퓨터 문제를 해결하기 위해 매뉴얼 읽기 등)

• 자녀가 계승어 글을 읽은 후에 이 장에서 소개한 틀을 이용하여 독후감을 쓰도록 동기부여를 할 수 있는 방법이 있는가? 처음에는 자녀가 이것을 힘들어 할 수도 있다. 당신은 자녀가 학교의 읽기 과제를 통해 이러한 것을 배우게 할 수 있다. 독후감의 구조에 대해 친숙해지고 편안해지게 만드는 것이 중요하다. 그런 다음, 자녀에게 계승어로 독후감을 작성하게 할 수 있다. 혹은 당신이 직접 예를 보여 줄 수도 있다. 처음에 그들은 몇 가지 핵심 어휘만을 쓸 수도 있다. 그러나 점차 문장에서 문단으로 글을 쓰기 시작할 것이다. 아이에게 갑자기 모든 것을 요구하기보다는 점차적으로 발전시켜 나가도록 하라. 특히 자녀에게 독후감이 주는 이점에 대해 많이 알려 주는 것이 좋다.

• 자녀가 일상에 대한 자신의 감정, 생각, 반응을 기록하도록 개인적인 일기를 작성하게 도와줄 방법이 있는가? 이를 위해 아이는 당신의 충고와 의견이 필요할 것이다.

• 자녀가 글을 이해하기 위한 힌트 혹은 단서를 찾는 기술을 익히도록 돕는 방법은 여러 가지가 있다. 다음과 같은 활동을 시도해 보라.[57]

  – 특정한 주제를 주고 다섯 개의 요약문을 제시하라. 그중 어떤 것이 주어진 주제와 가장 연관성이 있는지 찾아보도록 하라.

  – 자녀에게 책의 목차를 주고 일련의 질문을 제공하라. 각 질문에 대해 정답을 찾을 수 있는 장을 찾게 하라.

  – 자녀에게 각 장의 표제를 보여 주고 일련의 질문을 제공하라. 아이에게 이 장에서 다루고 있는 문제가 무엇인지 찾아보게 하라.

  – 주제를 적어 주고, 자녀에게 글의 어떤 부분에서 그 주제를 다루고 있으며 또 어떤 부분이 주제와 관련 있는 정보를 포함하고 있는지 찾아보게 하라.

• 계승어 국가에서 문자 메시지를 주고받을 때 사용하는 어휘를 조사하고 자녀에게 소개하라. 자녀와 계승어로 '잘 지내?' '저녁은 무엇을 먹을래?' '이번 주말에 무엇을 하고 싶니?' 등의 문자 메시지를 매일 주고받으라.

- 소개한 방법을 시도하는 것 이외에 당신만의 혁신적인 방법을 발견할 수 있는가? 당신은 자녀의 비판적인 읽고 쓰기 능력 발달과 계승어 학습 그리고 전반적인 비판적 사고 능력 사이의 연관성을 볼 수 있는가?
- 이 장에서는 자녀가 평생의 계승어 사용자가 되도록 동기부여를 해 줄 여러 가지 전략을 소개했다. 이 중 몇 가지를 당신의 상황에 맞게 실행해 보라. 이러한 방식으로 자녀를 도울 방법을 찾을 수 있는가?
- 만약 당신이 당신의 계승어 국가를 방문할 기회가 있다면 자녀를 도서관 혹은 서점에 데리고 가서 다른 종류의 사전과 참고서를 보여 주라. 혹은 인터넷을 통해 자녀와 함께 찾아볼 수도 있다. 이러한 사전과 참고서의 다른 점에 대해 자녀에게 설명하라. 자녀의 반응에 따라 그들에게 몇 가지 어휘를 찾게 하고, 각기 다른 사전에 나오는 다양한 정의에 대해 비교해 보게 하여 각 사전의 서로 다른 기능에 대하여 알게 하라. 이러한 활동의 목적은 자녀에게 어떤 사전 및 참고서는 다른 것에 비해 더 유용하며, 경우에 따라서는 둘 이상의 사전을 참조해야 하는 경우도 있다는 것을 알려 주는 데 있다.[58]

가정에서의 계승어 읽고 쓰기 진전을 평가하기

평가 요점

청소년기 동안의 주요한 평가 요점은 다음과 같다.

- 아이가 의미를 만들어 내고 실생활의 문제를 해결하는 데 계승어를 활발하고 적극적으로 사용할 수 있는지에 대한 평가
- 아이가 계승어를 읽고 쓸 때에 고차원적인 사고 능력을 보여 줄 수 있는지에 대한 평가
- 아이가 자신의 계승어 학습 행동을 스스로 점검할 수 있는지에 대한 평가

따라서 자녀의 계승어 발달에 대하여 평가할 때에 당신은 다음과 같은 분야에서 증거를 찾아야 한다.

- 당신의 자녀는 계승어로 읽고 쓸 때에 자기의 생각과 감정을 효과적으로 표현할 수 있는가? (의미 만들기)
- 당신의 자녀는 계승어 글에서 이해하지 못하는 부분이 있을 때 어디에서 정보를 찾아야 하는지 알고 있는가? (문제해결)
- 당신의 자녀는 그들의 계승어를 사용할 때 비판적인 사고 능력을 보여줄 수 있는가? (고차원적 사고)
- 당신의 자녀는 자신의 지식과 능력 및 기술에서 부족한 부분을 찾아내는 것을 통해 자신의 계승어 학습 발달을 스스로 점검할 수 있고 또 부족한 부분을 채우기 위한 적절한 자료를 찾을 수 있는가? 당신의 자녀는 계승어 사용에 있어서 자신의 실수를 수정하는가? (자기점검)

자녀의 계승어 발달은 스스로하고만 비교를 해야지 다른 아이, 특히 계승어 국가의 아이와 비교를 해서는 안 된다.

혁신적인 평가 방법 사용하기

당신은 청소년기 자녀의 계승어 읽고 쓰기 능력 향상을 평가하기 위해서 3장에서 소개한 여섯 가지 평가 방법을 계속해서 사용할 수 있고, 5장에서 소개한 도표 조직도를 사용할 수도 있다. 게다가 당신은 다음과 같은 혁신적인 평가 방법을 통하여 자녀의 발달 증거(의미 만들기, 문제해결, 고차원적 사고, 자기점검 등)를 평가할 수도 있다.

음악

많은 청소년기 아이는 대중음악에 관심을 가지고 있다. 남자아이는 전자악기를 연주하는 데 관심을 보이는 반면 여자아이는 그것을 듣는 데에 관심을 보이는 경향이 있다. 그들은 스스로를 표현하는 자유를 즐기기 때문에 대중음악에 공감을 하는 경향이 있다. 따라서 당신은 계승어로 노래 가사를 작성해 보라고 권유함으로써 아이의 관심을 융합시킬 수 있다. 가끔 그들은 일상적인 회화 환경에서는 볼 수 없었던 뛰어난 재능을 보이기도 한다. 예를 들어, 만약 당신이 나의 둘째 아들인 도미니크에게 불어로 에세이를 작성하라고 한다면 그는 좋은 글을 쓰지는 못할 것이다. 하지만 자신의 기타 연주를 위한 곡에 불어로 가사를 작성해 보라고 한다면 그는 화려한 불어 표현을 사용할 것이다. 자녀의 계승어 능력 향상을 평가할 때 그들에게 자신이 관심 있는 분야에서 무엇을 할 수 있는지 요청해 보고 그들의 작품을 일정 기간 동안 수집해 보라.

아이들의 관심

동일한 맥락에서 자녀의 계승어 능력 향상을 평가할 때 당신은 그들에게 관심이 있는 것에 대해 읽거나 쓰게 요청하거나 혹은 그들이 이미 써 놓은 것을 이용할 수 있다. 다시 도미니크의 예를 들자면, 만약 당신이 도미니크에게 축구에 대해 글을 쓰라고 한다면 그 동기부여는 아주 강할 것이며, 그가 관심이 없는 주제에 대해 쓰는 것보다 훨씬 잘 쓸 수 있을 것이다.

실생활의 글쓰기 견본

실생활의 글쓰기(예를 들면, 이메일 혹은 편지 등)는 계승어를 사용하는 자녀의 실제적인 능력을 반영한다. 당신은 그들이 직접 쓴 견본을 함께 읽어 보자고 요청할 수 있다. 이것은 그들의 실제 계승어 능력 향상을 평가할 수 있는 좀 더 믿을 만한 방법이다. 예를 들어, 당신은 견본을 자녀와 함께 읽은 다음, 긍정적인 피드백을 주면서 실수가 있는 부분에 표시를 해 줄 수 있다. 그러나 자녀의 견본은 반드시 그들이 자발적으로 제공하여야 한다. 어떤 상황에라도 그들의 이메일 등을 허락 없이 읽어서는 안 된다.

자기평가

3장에서 나는 자기평가의 개념에 대해 간략하게 소개했다. 당신은 3장에서 배운 자기평가 틀을 사용하여 자녀들이 스스로 평가할 수 있게 도와줄 수 있다. 자녀가 매번 스스로 평가하는 습관을 가지게 되면 그들은 스스로 장점과 단점을 찾아 나갈 것이며, 무엇보다도 아이는 자신의 평가에 대한 권한을 부여받음을 느끼며 앞으로의 계승어 발달에 더 힘을 낼 것이다.

 ## 요 약

이 장에서 나는 자녀의 가장 힘든 시기인 청소년기 동안에 그들의 계승어 읽고 쓰기 발달을 도와줄 다양한 전략을 소개했다. 이 전략의 중점은 청소년기 자녀가 일생 동안 활발한 계승어 사용자가 되도록 어떻게 도와주어야 하는지에 있다.

계승어 읽기 교재를 선택하고 계승어 읽고 쓰기 활동을 할 때에 청소년기 자녀의 발달단계와 심리적 필요에 주의를 기울이는 것은 중요하다. 이를 위해서는 대중문화와 관련 있는 읽기 교재를 포함시키고, 또래 간의 교류를 권장하고, 자아성찰을 하게 하는 것이 중요하다. 또한 청소년기 자녀에게 동생을 가르칠 기회를 제공하는 것은 그들에게 자신감을 심어 준다. 자녀의 고차원적 사고 능력을 촉진시키기 위해서는 추론적인 읽기 교재, 나양한 구세를 포함하고 있는 교재, 그들의 비판적이고 학문적인 읽고 쓰기 능력의 발달을 도와줄 수 있는 교재를 선택해야만 한다. 자녀가 좋은 문학 작품에 관심을 갖게 하기 위해서는 그들에게 소리 내어 읽어 주어야 한다. 자녀의 계승어 독해 능력을 향상시키기 위해서는 자녀에게 독후감 쓰는 방법을 가르치고, 비문맥적 정보에 주의를 기울이면서 단순히 글에 적혀 있는 내용 이상의 단서를 찾게 하는 것이 중요하다. 자녀의 문화적 지식 및 이해를 증진시키기 위해서 전통 명절에 관한 글을 읽어 주고 계승어 문화권의 의사소통 방식을 가르치는 것을 고려하라. 자녀의 학교에서의 읽기와 가정에서의 계승어 읽기를 연결시키고 자기주도 학습능력을 향상시키는 것 또한 중요하다.

마지막으로 향상 정도를 평가하기 위해서는 실제의 목적을 가지고 글을 쓰게 하라(예를 들어, 음악, 자녀의 관심사, 실생활에서의 글쓰기 등). 자녀가 스스로 평가하게 힘을 실어 주고 지속적인 계승어 학습자가 되도록 독려하라.

만약 당신이 자녀의 필요에 주의를 기울이고 올바른 전략을 사용하는 적극적인 지지가가 된다면 그들은 일생 동안의 계승어 사용자가 될 가능성이 크다.

 ## 당신의 과제

 활동 및 생각해 볼 문제

- 자녀의 계승어 발달을 평가할 때 그들의 계승어 발달의 성장 기준은 무엇인가? 특정 분야의 읽고 쓰기 기술을 가르치기 전에 가능한 평가 분야의 목록을 작성하라. 처음에는 이 목록을 당신의 교수방법의 기준으로, 나중에는 평가의 기준으로 삼으라.
- 당신의 다음 단계의 지도를 위해 이러한 평가 결과를 어떻게 사용할 것인가?
- 자녀의 취미와 관심분야에 관한 목록을 작성하라. 당신은 이 목록을 이용하여 자녀의 계승어 읽고 쓰기 발달을 장려할 수 있으며 그들의 계승어 능력 향상을 평가할 수 있는가?
- 3장에서 언급한 자기평가 틀을 점검하라. 표에 있는 질문을 자녀의 쓰기 향상을 평가하는 질문으로 활용해 보라.
- 당신의 평가 과정에 대해 되돌아보는 일지를 작성하라. 당신은 성공적이었는가? 만약 그렇지 않다면 무엇이 문제라고 생각하는가?

주석 및 참고문헌

1) 청소년기(사춘기)의 범위를 결정하는 방법은 여러 가지가 있다. 최근 발달심리학자는 이 시기를 이십 대 초반까지 연장하여 간주하는 경향이 있다. 이 장에서 다루는 청소년기의 범위는 열두 살에서 열여덟 살까지다[참조: Berk, L.E. (2009) *Child Development*. Boston, MA: Allyn & Bacon.]. 이 장에서 청소년기를 열여덟 살까지 제한하는 이유는 바로 대부분의 자녀가 열여덟 살까지는 부모와 함께 살기 때문에 가정환경, 특히 부모에 의한 가정 교육이 자녀의 다중언어 읽고 쓰기 발달에 중요한 영향을 주기 때문이다.

2) Berk, L.E. (2009) *Child Development*. Boston, MA: Allyn & Bacon.

3) Santrock, J.W. (2007) *Adolescence*. Boston, MA: McGraw Hill.

4) Santrock, J.W. (2007) *Adolescence*. Boston, MA: McGraw Hill.

5) Santrock, J.W. (2007) *Adolescence*. Boston, MA: McGraw Hill.

6) 자기주도(Self-regulation)라는 말은 심리학, 특히 교육심리학에서 사용되는 용어다. 이것은 배움의 과정에 있어서 스스로 조절하고 확인하는 형태를 말하며, 스스로 기준과 목표를 세우고 스스로 동기부여 하는 등의 전략으로 구성되어 있다.

7) 2010년 1월 12일 이메일 대화.

8) Manzo, A.V., Manzo, U.C. and Estes, T.H. (2001) *Context Area Literacy: Interactive Teaching for Active Learning*. New York: John Wiley & Sons.

9) 텔레비전과 영화는 정보를 전달하는 특별한 코드를 가지고 있다. 연구자들은 이러한 코드를 해석하는 일을 읽기 위해서 배우는 것에 비유하며, 이를 텔레비전 리터러시(television literacy)라고 부른다. Berk, L.E. (2006) *Child Development*. Boston, MA: Allyn & Bacon.

10) Berk, L.E. (2006) *Child Development*. Boston, MA: Allyn & Bacon.

11) 2008년 2월 20일 이메일 대화.

12) Cruickshank, K. (2004) Literacy in multilingual contexts: Change in teenagers' reading and writing. *Language and Education* 18 (6), 459-473.

13) Rowling, J.K. (1999) *Harry Potter and the Prisoner of Azkaban*. New York: Scholastic Inc.

14) Herrell, A. and Jordan, M. (2002) *50 Active Learning Strategies for Improving Reading Comprehension*. Upper Saddle River, NJ: Merrill.

15) Herrell, A. and Jordan, M. (2002) *50 Active Learning Strategies for Improving Reading Comprehension*. Upper Saddle River, NJ: Merrill.

16) Galambod, N.L., Almeida, D.M. and Petersen, A.C. (1990) Masculinity, femininity,

and sex role attitude in early adolescence: Exploring gender intensification. *Child Development* 61, 1904-1914.

17) 31개 국가에서 상응하는 교육 시스템은 4장의 주석 1번 참조.

18) Galda, L., Ash, G.E. and Culllina, B.E. (2000) Children's literature. In M.L. Kamil, P.B. Monsenthal, P.D. Pearso and R. Barr (Eds.) *Handbook of Reading Research: Volume III* (pp. 361-379). Mahwah, NJ: Lawrence Erlbaum.

19) 2009년 3월 11일 이메일 대화.

20) The Programme for International Student Assessment(PISA)는 열다섯 살 학생의 학업 성취도를 평가하는 세계적인 시험이며, 2000년도에 처음 시행되었고 그 후 매 3년마다 시행되고 있다. 이 시험의 목적은 학교가 학생의 향후 직업을 위해 효과적으로 준비시키고 있는지를 확인하는 데 있다. 시험은 Organisation for Economic Co-operation and Development(OECD)에 의해 주관되며, 그 목적은 교육 정책과 결과를 향상시키는 데 있다.

21) 2009년 11월 8일 이메일 대화.

22) Wang, X-L. (2005) *Exploring the Meaning of Chinese New Year: Some Ideas for Teachers.* Cheshire: Trafford Publishing.

23) 2009년 8월 27일 이메일 대화.

24) Tompkins, G.E. (2009) *50 Literacy Strategies: Step by Step.* Boston, MA: Allyn & Bacon.

25) 2009년 9월 7일 개인적인 대화.

26) 이 부분의 많은 아이디어는 다음을 바탕으로 만들어졌다: Manzo, A.V., Manzo, U.C. and Estes, T.H. (2001) *Context Area Literacy: Interactive Teaching for Active Learning.* New York: John Wiley & Sons.

27) Nuttall, C. (1982) *Teaching Reading Skills in a Foreign Language.* London: Heinemann Educational Books.

28) 이 부분의 많은 아이디어는 다음을 바탕으로 만들어졌다: Nuttall, C. (1982) *Teaching Reading Skills in a Foreign Language.* London: Heinemann Educational Books.

29) 일부 사람은 이를 reference apparatus라고도 한다: Nuttall, C. (1982) *Teaching Reading Skills in a Foreign Language.* London: Heinemann Educational Books. 참조

30) Westby, C.E. (1994) The effects of culture on genre, structure, style of oral and written texts. In G. Wallach and K. Butler (Eds.) *Language Learning Disabilities in School-Age Children and Adolescents* (pp. 180-218). New York: Macmillan. 이 아이디어는 다음을 바탕으로 하였음을 밝혀 둠: Brice, A.E. and Brice, R.C. (2009) *Language Development: Monolingual and Bilingual Acquisition.* Boston, MA:

Allyn & Bacon.

31) Brice, A.E. and Brice, R.C. (2009) *Language Development: Monolingual and Bilingual Acquisition.* Boston, MA: Allyn & Bacon.

32) Ehren, B.J. (2005) Looking for evidence-based practice in reading comprehension instruction. *Topics in Language Disorders* 25 (4), 310-321.

33) Zehr, M.A. (2010) Reading aloud to teens gains favor among teachers. *Education Week*: edweek.org, 4 January.

34) 2009년 3월 15일 개인적인 대화.

35) 이 부분에서 제안된 아이디어들은 다음을 바탕으로 한다: Dwyer, E.J. and Isbell, R. (1990) Reading aloud to students. *Educational Digest* 56 (1), 70-71.

36) 2010년 2월 4일 이메일 대화.

37) 출처: http://www.eurekalert.org/pub_releases/2009-12/uoia-tto121009.php.

38) Anderson, J. (2001) Web publishing in non-Roman scripts: Effects on the writing process. *Language and Education* 15 (4), 229-249.

39) 이 부분에서 제안된 아이디어들은 다음을 바탕으로 한다: Van Horn, L. (2008) *Reading Photographs to Write with Meaning and Purpose, Grade 4-12.* Newark, DE: International Reading Association.

40) 2010년 2월 2일 이메일 대화.

41) Gilmore, D. (2008) *The Film Club.* New York: Hachette Book Group USA.

42) Hall, E. (1983) *The Dance of Life.* New York: Anchor Press.

43) Sanchez-Burk, J., Lee, F., Choi, I., Nisbett, R. and Zhao, S-M. (2003) Conversing across cultures: East-West communication styles in work and nonwork contexts. *Journal of Personality and Social Psychology* 85 (2), 363-372.

44) 2009년 3월 3일 이메일 대화.

45) Koutsantoni, D. (2004) Relations of power and solidarity in scientific community: A cross-cultural comparison of politeness strategies in the writing of native English speaking and Greek engineers. *Multilingual* 23, 111-143.

46) Wang, X-L. (2009) Ensuring sustained trilingual development through motivation. *Bilingual Family Newsletter* 26 (1), 1-7.

47) 2009년 9월 23일 이메일을 통한 인터뷰

48) De Vries Guth, N. and Pratt-Fartro, T. (2010) *Literacy Coaching to Build Adolescent Learning: Five Pillars of Practice* (p. 13). Thousand Oaks, CA: Corwin.

49) Greenspan, S.I. (2007) *Great Kids: Helping Your Babies and Children Develop the Ten Essential Qualities for a Healthy, Happy Life.* Philadelphia, PA: Da Capo

Press.

50) Stevens, L.P. and Bean, T.W. (2007) *Critical Literacy: Context, Research, and Practice in the K-12 Classrooms.* Thousand Oaks, CA: Sage.

51) 2007년 9월 27일 이메일 대화.

52) 2008년 1월 중의 이메일 교환 내용.

53) 이 부분에서 제안된 대부분의 아이디어들은 다음을 바탕으로 한다: Ada, A.F. (2003) *A Magical Encounter: Latino Children's Literature in the Classroom.* Boston, MA: Allyn & Bacon.

54) 이 예시는 다음에서 발췌하였다: Wang, X-L. (2009) Ensuring sustained trilingual development through motivation. *The Bilingual Family Newsletter.*

55) McCombs, B.L. and Marzano, R.J. (1990) Putting the self in self-regulated learning: The self as agent in integrating skill and will. *Educational Psychologist* 25, 51-70.

56) Johnson, D.D. (2001) *Vocabulary in the Elementary and Middle School* (pp. 75-93). Boston, MA: Allyn & Bacon.

57) 이 부분에서 제안된 대부분의 아이디어는 다음을 바탕으로 한다: Nuttall, C. (1982) *Teaching Reading Skills in a Foreign Language.* London: Heinemann Educational Books.

58) 이 부분에서 제안된 대부분의 아이디어는 다음을 바탕으로 한다: Johnson, D.D. (2001) *Vocabulary in the Elementary and Middle School* (pp. 75-93). Boston, MA: Allyn & Bacon.

제7장

부모의 실행, 의견
그리고 맺음말

이 장에서는 이 책에 등장한 부모가 보여 준 가정에서의 다중언어 읽고 쓰기 실행을 되돌아본다. 부모의 전략과 자기반성을 분석함으로써 그들의 성공에 대한 중요한 부분과 특별한 차이점 등을 분석해 보고자 한다. 이 장을 통해 책에서 언급하였던 중요한 요소를 다시 한번 정리하고, 다음과 같은 긍정적인 메시지를 당신에게 남기며 이 책을 마무리하고자 한다.

"비록 가정에서 다중언어 읽고 쓰기 능력을 발달시키는 것이 어렵긴 하지만 당신의 지원, 헌신 그리고 효과적인 전략이 있다면 충분히 가능하다."

부모의 실행과 의견

이 책을 통해 당신은 많은 부모를 만나고 그들 가정에서의 다중언어 읽고 쓰기 실행에 대한 여러 사항에 대해 읽었다. 비록 이 책에 등장한 부모는 문화와 언어적 배경이 다르고 그들의 교육 수준과 사회경제적 위치도 다르지만, 그들은 모두 자녀가 두 가지 이상의 언어와 문화를 배우며 자라나게 양육하려는 동일한 신념을 가지고 있다. 이들은 많은 어려움이 있었지만 자녀를 다중언어자로 키우는 데 대부분 성공했다. 다음에서 나는 일부 부모의 가정에서 다중언어 읽고 쓰기 교육에 대한 교육 전략을 살펴보고 가정에서 다중언어 읽고 쓰기 교육에 대한 그들의 의견을 나누어 보고자 한다. 이들의 실행과 의견을 통해 당신은 스스로의 실행을 다시 한번 확인하고 다중언어 자녀양육에 대한 좀 더 깊은 통찰력을 갖게 될 것이다.

 가정에서의 읽고 쓰기 교육 전략

다중언어 자녀 양육 계획

3장에서 언급한 것처럼 학교에서의 읽고 쓰기 교육과 달리 가정의 읽고 쓰기 교육(계승어 읽고 쓰기 교육 포함)은 대개 비계획적이고 비정규적으로 여겨진다. 문헌에서조차 가정에서의 읽고 쓰기 교육 계획의 과정은 대개 성공의 중요한 단계로서 언급하지 않는다. 당신이 3장에서 만난 앤더슨 씨는 그녀의 성공적이지 못했던 다중언어 자녀 양육 경험을 바탕으로 계획의 중요성을 명확하게 깨달았다. 이 책에 나오는 부모와의 인터뷰 내용을 통해, 모든 부모가 효과적인 계승어 읽고 쓰기 교육을 위한 계획은 필수적이라는 것을 인정했다. 예를 들어, 조 씨(2, 5장에 언급)는 다음과 같은 말을 했다.

처음에 내 딸 제시에게 한국어 읽고 쓰기를 가르치기 시작했을 때 나는
아무런 계획이 없었다. 초창기에는 나는 정신없는 파리처럼 방향을 잡지
못하고 여기저기 부딪히며 헤맸다. 딸을 교육시키면서 점차로 나는 계획
의 중요성을 깨달았다. 내가 제시와 함께 하고자 하는 것을 미리 계획했
더라면 보다 계획적이고 성공적이었을 것이라는 사실을 깨달았다. 나는
제시의 한국어 교육을 위해 월간 계획을 세웠고, 내 달력에 중요한 단계
를 적어 놓고 그것을 따랐다.

시간과 빈도

이 책에 등장한 모든 부모는 그들이 자녀의 계승어 학습에 투자한 시간과
빈도가 자녀의 학습 성과에 영향을 주었다고 말한다. 이에 대해 5장에 등장
했던 야마모토 씨는 다음과 같이 말했다.

의심의 여지가 없이 우리는 실행해야 한다! 나는 내 딸이 다섯 살 때부
터 그녀와 함께 열심히 읽고 쓰기를 해 왔다. 가끔 이것이 힘들고 고독하
기도 했다. 하지만 긍정적인 면을 보면 내가 딸의 일본어 학습에 투자한
시간은 모두 보상을 받았다. 그녀는 지금 잘해 나가고 있으며 만약 그녀
가 일본에 살게 되더라도 일본어 사용에 아무런 문제가 없을 것이라고 확
신한다.

지원

이 책에 등장하는 가족은 모두 자녀의 다중언어 발달을 적극적으로 지지한다. 당신은 또한 많은 아버지가 자녀의 다중언어 교육에 적극적으로 참여하는 것을 보았다. 예를 들어, 카빌(4장)의 아버지는 카빌에게 터키 어로 된 책을 자주 읽어 주었다. 벨린스키 씨(5장)는 딸이 인터넷을 통해 러시아 어 읽기를 배우도록 도와주었다. 칼(5장)은 아들이 독일어 잡지를 이용하여 자신만의 독일어 책을 만들도록 도와주었다. 제레미(6장)는 자신의 두 쌍둥이 딸이 그들의 계승어인 영어로 읽기를 배우도록 영어 대중문화 자료를 자주 이용하였다. 펠릭스(6장)는 아들을 위해 멀티미디어용 읽기 교재를 만들어 주고 그것을 읽으며 함께 토론했다. 모하메드(6장)는 자신의 자녀가 비판적인 시각을 가지고 아랍 어로 된 글을 읽도록 도와주었다.

우리는 또한 이 책에서 일부 가족의 경우 대가족 구성원의 지원을 받는 사례도 보았다. 예를 들어, 애슐리(2장)의 할머니는 일상생활에서 애슐리가 중국어를 배우는 데 중요한 역할을 하였다.

우리는 또한 계승어 지역사회에서의 지원도 보았다. 예를 들어, 김 씨(2장)의 경우 거주하고 있는 지역의 한인 지역사회에서 딸이 한국어와 문화를 배울 수 있는 다양한 기회(예를 들어, 한국어 성경 공부, 한국어학교, 한국어를 사용하는 아이들과의 일상적인 만남의 기회 제공 등)를 제공하였다.

계승어를 사용할 기회

이 책에 등장하는 모든 부모는 자녀에게 실생활의 다양한 상황에서 계승어 읽고 쓰기를 활용할 기회를 많이 제공하는 것이 중요하다는 사실을 믿는다. 예를 들어, 이샤(5장)는 자신의 열 살 아들이 펀자브 어로 읽고 쓸 수 있는 많은 실질적인 기회(생일 초대 카드 및 노트 쓰기, 파키스탄에 있는 친척과 이메일 교환하기 등)를 제공했다. 5장에 나오는 시에 씨는 자신의 딸을 지역사회의 중국 은행에 데리고 가서 중국어로 계좌 거래를 하는 것을 직접 경험하게 했다. 실비야(6장) 씨는 자신의 딸이 온라인을 통해 크로아티아 친구들과 교제하도록 독려했다. 슈나이더 씨(5장)는 자녀가 친척에게 히브리 어(Hebrew)로 인사장을 쓰는 것을 가정의 일상 습관으로 만들었다. 폴리나(5장) 씨는 자녀가 할머니에게 러시아 어로 매달 편지를 쓰도록 독려했다.

아이의 요구에 주의 기울이기

이 책에 등장하는 대부분의 부모는 자녀의 각 발달단계에 따른 아이의 요구에 주의를 기울이려고 노력했다. 예를 들어, 알레가(6장)는 자신의 아들에게 사춘기와 연관된 독일 고전문학 작품을 읽어 주고 이와 관련된 문제에 대해 생각하도록 했다. 수잔나(6장)는 자신의 아들과 딸에게 그들의 요구에 맞추어 각각 다른 책을 선택하게 했다. 그녀는 다음과 같이 말했다.

> 아이의 삶의 다른 모든 부분처럼, 부모는 자녀의 다중언어 발달을 도울 때에도 그들의 감정적 · 심리적 요구와 발달단계별 필요에 대해 고려해야만 한다. 아이는 부드러운 풀과 같아서, 그들의 자라나는 요구에 부모가 주의를 기울이고 알맞은 양의 비료와 물을 공급해 준다면 그들은 더 잘 자랄 것이다.

동기부여

이 책에 등장하는 많은 부모는 자녀에게 다중언어 발달에 대한 동기부여를 위해 다양한 방법을 찾았다. 줄리(6장)의 예를 들어 보자. 그녀는 자신의 딸인 캐서린이 일기장에 자신의 감정을 쓰게 하였고, 또 이를 통해 캐서린으로 하여금 글로 어떻게 복잡한 감정을 표현하는지에 대해 알게 하였다. 줄리는 다음과 같이 말하였다.

> 특별한 이유 없이 그냥 딸에게 불어로 글을 써 보라고 한다면 그녀는 절대로 불어로 글을 쓰지 않으리라는 것을 나는 알았다. 따라서 그녀가 남자친구의 배신으로 절망하고 있을 때 나는 그녀에게 그녀의 감정을 불어로 써 보라고 제안했다. 그렇게 하면 스웨덴 친구들이 읽을 수 없기 때문에 감정을 훨씬 자유롭게 표현할 수 있을 것이라고 설득했다.

줄리는 자녀가 구사력이 부족한 언어로 글을 쓸 때는 반드시 이유 혹은 목적이 있어야 한다고 믿는다. 만약 부모가 그러한 순간을 포착하여 동기부여할 이유를 찾는다면 아이는 부모의 권유에 따라 협조할 가능성이 크다.

계승어 읽기 교재와 활동에 있어서의 창의성

우리는 또한 이 책에 등장한 부모 중의 일부는 가정에서 계승어 읽고 쓰기 활동에 있어서 상당히 창의적이고 혁신적이라는 것을 발견했다. 예를 들어, 카렌(5장)은 자신의 세 자녀와 함께 가족사진과 아이가 그린 삽화를 이용하여 스와힐리 어로 된 책을 만들었다. 마리타(6장)의 엄마는 마리타가 가족사진을 이용하여 페르시아 어를 사용하게 하였다. 렉 씨(4장)는 그녀의 자녀에게 태국식품점에서 산 물품과 태국어로 된 구입 목록을 확인하도록 했다. 쇼키레브 씨(4장)는 유아기의 자녀에게 계승어로 인쇄된 매체를 보여 주기 위해 시리얼 박스에 러시아 어로 이름표를 붙였다.

계승어 문화와 계승어 학습의 결합

이 책에 등장한 많은 부모는 또한 자녀의 계승어 읽고 쓰기 교육과 함께 계승어 문화 교육에도 관심이 많았다. 예를 들어, 웨이 씨(6장)는 자녀가 문화에 맞는 방식으로 조부모님에게 편지를 쓰도록 가르쳤다. 이 씨(6장)는 자신의 열여섯 살 아들이 지역 한인사회 활동(쿠키 판매, 성가대, 지역신문 만들기, 지역사회 야외 행사 등)에 참여하도록 독려하였고, 그러한 한인 지역사회에서 한국어를 배우도록 도와주었다.

가정에서의 읽고 쓰기 학습과 학교에서의 읽고 쓰기 학습의 연결

이 책에 등장한 몇몇 부모는 자녀의 계승어 읽고 쓰기 학습과 학교에서의 학습을 연결시키려고 노력하였다. 예를 들어, 세마핫(6장)은 그녀의 십 대 딸이 터키 어로 된 웹사이트를 이용하여 그녀의 네덜란드 어(Dutch) 세계 역사 숙제를 하도록 독려했다. 조 씨는 딸인 제시의 선생님에게 가정에서의 제시의 한국어 학습에 대해 편지를 보냈다. 그 결과 제시의 선생님은 제시가 한국어를 더 잘 배우도록 지원을 해 주었다. 예를 들어, 제시의 선생님은 수업 시간에 가끔 제시의 한국어 학습에 대해 다른 학생에게 소개하고는 했다. 조 씨는 또한 영어로 된 학교 수업 내용을 한국어로 된 자료를 읽으면서 이해하도록 도와주었다. 야마모토 씨(5장)는 자신의 딸이 일본어로 독일어 과제를 하게 하거나 독일어로 일본어 숙제를 하게 하는 방식으로 딸에게 도움을 주었다.

평 가

이 책에 등장한 많은 부모는 자녀의 발진을 짐작하기 위해 각각의 평가 방식을 사용하였으며, 그들은 또한 자녀의 성취를 축하하기 위해 평가를 사용하기도 하였다. 예를 들어, 조 씨(5장)는 딸의 생일파티에 딸이 쓴 한국어 글을 전시하여 그녀의 성취를 축하하였다.

실행에 대한 반영

이 책에 등장하는 상당수의 부모는 자녀의 계승어 읽고 쓰기 학습 과정에 대하여 일기 혹은 관찰일지를 작성하였다. 그들의 관찰일지에 몇몇 부모는 자신들의 경험과 생각을 정리하여 적기도 하였다. 소냐(4장)는 다음과 같이 말하였다.

나는 내 아들의 네덜란드 어 능력 발달에서 중요한 단계뿐만 아니라 실수까지도 기록하려고 노력한다. 나는 또한 나의 교수방법에 대한 의견도 기록한다. 나는 내가 무엇을 잘했고 무엇을 잘못했는지를 기록한다. 이러한 일지를 작성하는 것은 내가 무엇을 하고 있는지를 더 잘 알게 해 준다. 나는 이러한 방식을 다른 부모에게도 추천하고 싶다.

긍정적인 태도 유지하기와 인내하기

어려움과 좌절 그리고 사회적 지원의 부족에도 불구하고 이 책에 등장하는 부모의 공통된 특징은 긍정적이고 확고한 태도다. 그 누구도 포기하지 않았다. 실비야(6장)는 다음과 같이 정리했다.

나는 긍정적이어야만 했다. 내가 아무것도 하지 않거나 중간에 포기한다면 아무 일도 일어나지 않을 것이라고 나는 항상 생각했다. 따라서 만약 내 딸이 크로아티아 어로 읽고 쓰는 능력을 발달시키길 원한다면 나는 그녀를 도와야만 한다. 아무것도 하지 않으면서 무엇인가 그녀에게 일어나기를 바랄 수는 없다.

부모의 차이점

이 책에 등장하는 모든 부모가 다중언어 및 다중언어 읽고 쓰기 능력을 갖춘 자녀를 양육하고자 하는 동일한 목적을 가지고 있기는 하지만, 그들 모두가 읽고 쓰기 능력 발달의 목적에 대해 동일한 신념을 가지고 있는 것은 아니다.

부모들의 신념의 차이

유교적인 문화를 가진 부모, 즉 김 씨(2장), 슈 씨(4장), 이 씨(6장), 웨이 씨(6장), 시에 씨(5장), 공 씨(6장), 미나미 씨(4장), 야마모토 씨(5장), 장 씨(4장) 그리고 조 씨(2, 5장)는 모두 계승어(중국어, 일본어, 한국어) 읽고 쓰기 능력 발달의 주요 목적은 계승어 문화를 지키는 것 이외에 앞으로 자녀의 학문적인 발전과 사회에서의 성공을 위한 것이라고 믿는다. 그들은 모두 계승어 읽고 쓰기는 체계적이고 명확하게 가르쳐야 한다고 믿는다. 그들은 2장의 이브 그레고리[1]의 연구에 나온 토니의 할아버지의 신념처럼 읽고 쓰기는 진지하게 노력해야 하는 것이라고 믿는다. 그들은 모두 계승어 읽고 쓰기 학습이 자녀에게 훗날 학문적이고 경제적인 성공을 가져다 준다고 생각한다. 예를 들어, 웨이 씨는 다음과 같이 말한다.

> 만약 내 자녀가 중국어에 능숙해지고 싶어 한다면 중국어 공부를 열심히 해야 한다. 나는 아들에게 중국의 고대 성현이 좋은 결과를 얻기 위해 얼마나 열심히 노력했는지에 대해 여러 차례 이야기했다. 어떤 분야에서건 성공하기 위해서는 헌신과 근면이 필요하다. 나는 노력이 없으면 얻는 것도 없다고 믿는다.

그에 반해서 유럽과 북미의 문화적 배경을 가지고 있는 부모, 예를 들어, 줄리(6장), 소냐(4장), 칼(5장), 에드워드 씨(5장), 알레가(6장), 마리안(5장), 한나(4장) 그리고 제레미(6장)는 자녀의 계승어 읽고 쓰기 학습은 아이의 필요와 요구에 의하여야만 한다고 믿는다. 그들은 가정에서의 계승어 읽고 쓰기 학습은 즐겁고 재미있어야 한다고 주장한다. 부모는 아이가 원하지 않으면 강요하지 않는다. 모든 부모는 계승어 학습이 아이에게 지적으로, 문화적으로 도움이 된다는 데 의견을 같이한다. 소냐는 다음과 같이 말한다.

> 나는 아들의 네덜란드 어 학습이 즐거운 활동이 되도록 노력한다. 나는 그에게 말을 걸고, 재미있는 책을 읽어 주며 함께 놀아 준다.

이 책에 등장하는 또 다른 부모, 예를 들어, 모하메드(6장), 이샤(5장), 오마르의 아버지(4장), 세마핫(6장), 미트라의 어머니(6장), 에디의 어머니(4장) 그리고 아야티의 어머니(4장)는 자녀의 계승어 학습의 가장 중요한 목적은 자녀가 그들의 종교를 공부하고 이해하는 데 있다고 믿는다. 그들 대부분은 반복과 암기가 종교적인 글을 배우는 데 적합한 방법이라고 생각한다. 예를 들어, 오마르의 아버지는 다음과 같이 말한다.

> 나는 내 아들이 종교적인 글을 읽을 수 있도록 아랍 어를 배우기를 원한다. 그가 배운 것을 기억하기 위해서 그는 반복하고 반복하여 모든 문장을 암기하여야 한다. 반복도 학습의 한 방법이다.

마지막으로 크리스티나 씨(6장), 실비야 씨(6장), 폴리나 씨(5장), 쇼키레브 씨(4장) 그리고 벨린스키 씨(5장)와 같은 부모는 가정에서의 읽고 쓰기 교수 학습에 관한 신념에 관해서 위에서 언급한 부모의 의견의 중간쯤에 위치한다. 그들은 한편으로는 읽고 쓰기는 철저한 학습이라는 생각에 동의하면서도 다른 한편으로는 아이가 읽고 쓰기를 즐겨야 한다는 생각도 가지고 있다. 벨린스키 씨는 다음과 같이 말한다.

> 이것은 균형의 문제라고 생각한다. 나는 열심히 학습하는 것과 즐거움
> 을 느끼는 것 둘 다 고려해야 한다고 생각한다.

읽고 쓰기 교수 방법의 차이점

이 책에 등장하는 많은 부모는 교수 방법에 있어서 매우 창의적이고 혁신적이었다. 그들은 자녀에게 계승어 읽고 쓰기를 가르치기 위해 다양한 방법을 사용하였다. 다른 어떤 방법보다 좋은 유일한 방법은 없는 것처럼 보인다. 대신 자신의 자녀에게 효과적인 방법이 최고의 방법이다. 예를 들어, 에디(4장)의 어머니는 아들에게 영어로 책을 읽어 주고 아랍 어로 그것에 대해 토론했다. 조 씨는 딸에게 매주 다른 장르의 다양한 글을 읽게 했다. 디야의 부모는 딸이 힌디 어로 되어 있는 청첩장이나 인사장의 아름다운 문구를 외워 계승어를 배우게 하였다. 마리안(5장)은 아들과 저녁식사 후에 전자 단어 게임을 사용하여 우습고 재미있는 문장을 만들었다. 제레미(6장)는 대중문화 재료를 사용하여 자신의 쌍둥이 딸이 계승어인 영어를 배우도록 도와주었다. 공 씨(6장)는 중국의 고전 시를 딸에게 읽어 주었다. 수 씨(4장)는 집안의 물건들에 중국어로 이름표를 붙였다. 미나미 씨(4장)는 일본식품점에서 장을 보고 온 후, 자신의 다섯 살 딸에게 일본어로 되어 있는 물품을 정리하는 것을 돕도록 했다. 한나(4장)는 의도적으로 독일어 신문을 크게 읽어서 자신의 세 살짜리 아들이 재미있는 사진이나 글에 흥미를 갖도록 했다. 오마르의 아비지(4장)는 오마르에게 영어 신문과 아랍 어 신문을 가지고 오도록 요청했다.

우리는 또한 몇몇 부모의 가정에서의 계승어 교수법이 학교의 것과 유사하다는 것도 발견했다. 예를 들어, 에드워드 씨(5장)는 아들에게 쓰기를 가르

치기 위해 언어경험접근법(language experience approach: LEA)을 사용했다. 다른 부모의 교수법은 일상에 맞춰 상황별로 달랐다. 예를 들어, 렉 씨(4장)는 자신의 딸에게 계승어를 가르칠 때 일상의 환경을 이용했다. 그녀는 딸과 함께 태국식품점에서 쇼핑을 할 때 태국어로 적은 쇼핑 목록과 사야 할 물품을 맞춰 보게 했다.

또한 우리는 부모가 계승어 읽고 쓰기 활동에 각기 다른 중점을 두고 교육한다는 것을 발견했다. 예를 들어, 조 씨와 야마모토 씨는 자녀의 계승어 학습과 학교 수업의 학습을 혼합시켰다. 모하메드 씨는 자녀의 계승어 학습의 중점을 종교적 관습에 두었다. 알레가 씨는 자녀의 계승어 학습을 그의 정신적인 필요에 두었다. 공 씨는 고전문학 작품을 읽어 주면서 자녀의 계승어 읽고 쓰기 발달을 도왔다. 크리스티나 씨와 그녀의 남편 펠릭스 씨(6장)는 폴란드의 정치와 멀티미디어 자료를 사용하여 자녀의 비판적인 사고 능력을 키워 주려고 노력했다.

 맺음말

이 책에 등장한 부모의 다양한 가정에서의 교수학습 방법을 다시 검토해 보고 가정환경에서의 학습에 대한 의견을 점검해 보면서, 나는 이 책에서 제시한 다중언어 자녀 양육에 대한 요점을 다음과 같이 다시 한번 기술하고자 한다.

가정에서의 교수 계획과 일정을 가지고 시작하는 것은 중요하다

연구에 따르면 다중언어 자녀 양육에 있어서 신중한 계획을 세우는 것은 성공의 촉진을 도와준다.[2] 이 책에 등장한 모든 부모는 자신의 다중언어 자녀 양육 경험을 바탕으로 계획을 가지고 있는 것이 계획 없이 시행하는 것보다 낫다는 것을 입증했다. 비록 모든 부모가 처음부터 구체적인 계획을 가지고 시작한 것은 아니지만 시간이 지남에 따라 점차로 계획의 중요성을 깨달았다. 나는 내 자녀의 중국어 읽고 쓰기 학습에 있어서 계획의 효과를 직접 경험했다. 계획의 과정은 내가 가르치는 활동을 실행하는 것에 확신을 가질 수 있는 지침을 제공해 주었다.

하지만 이것은 내가 계획을 전혀 수정하지 않았다는 것을 의미하지는 않는다. 사실 나는 특정한 상황에 맞게 내 계획을 자주 수정하였다. 예를 들어, 올해 중국 설날 이전에 나는 자녀로 하여금 내가 직접 작성한 짧은 글을 읽게 하여 25개의 중국어 문자(字)와 구(词)를 소개할 계획을 세웠다. 하지만 계획을 실행하는 중에 나는 자녀가 내가 제공한 중국과자의 포장지에 있는 음식 이름에 더 관심을 보인다는 것을 발견했다. 나는 내가 계획한 문자와 구 대신에 내가 쓴 글의 일부를 중국 음식의 포장지에 나오는 것으로 대체했다. 나는 비록 계획한 모든 것을 가르치지는 못했지만 중국의 설날 행사와 관련된 문자와 표현을 가르칠 수 있었기 때문에 본래의 계획은 여전히 효과가 있었다.

게다가 나는 계승어 읽고 쓰기 활동을 위해 일정한 시간을 정하는 것이 중요하다는 것을 발견했다. 예를 들어, 내 가정에서는 오후 5시가 바로 자녀를 위한 계승어 학습 시간이다. 아이들은 학기 중 일주일에 세 번, 오후 5시가 중국어 읽고 쓰기 학습 시간이라는 것을 알고 있다. 이러한 일정을 정립하기는 쉽지 않았다. 실제로 나의 자녀가 이러한 습관을 갖기까지는 몇 년의 시간이 필요했다.

자녀의 가정에서의 계승어 읽고 쓰기 능력 향상을 평가하는 것은 다음 단계의 학습에 도움을 준다

자녀의 가정에서의 계승어 읽고 쓰기 능력 향상을 평가하는 것은 당신의 교수 방법이 성공적이었는지를 확인하는 것과 다음 단계의 목표를 세우는 데 도움이 된다. 따라서 학습 활동을 계획할 때 당신의 자녀가 무엇을 달성해야 하는지, 언제 그것을 마쳐야 하는지 그리고 자녀가 당신이 계획한 목표를 달성할 수 있는지를 항상 점검해야 한다. 자녀의 향상 평가를 위해서는 3~6장에서 소개한 다양한 전략을 사용하고, 다음 단계의 학습 계획을 위해서는 그들의 학습 결과물을 이용하라.

현실적인 기대치를 설정하는 것은 당신을 긍정적으로 만든다

계승어 학습자의 특정한 상황(이를테면 시간적 제약, 비계승어 학습 환경 등)을 고려할 때 그들의 발달에 대한 기대치는 현실적일 필요가 있다. 우리의 자녀와 계승어 환경에서 계승어를 배우는 아이들을 비교하는 것은 공정하지 못하다. 심지어 한 아이를 다른 아이와 비교하는 것도 공정하지 않다.

계승어 학습자의 학습 환경과 필요는 독특하기 때문에 그들에 대한 기대 또한 특별한 학습 환경에 맞게 설정되어야 한다. 우리는 아이의 작은 향상에도 감사해야 한다. 하지만 이것이 목표를 낮게 설정하라는 의미는 아니다. 예를 들어, 조 씨의 딸과 야마모토 씨의 딸의 계승어 수준은 다른 계승어 학습자의 수준보다 높을 것이다. 그들의 특정한 상황에서 이 두 가정은 높은 수준의 계승어 학습 목표를 달성할 수 있다. 반면에 우리는 렉 씨의 딸인 타마린(Tamarine)의 태국어 읽고 쓰기 능력(중학생임에도 초등학교 1학년 수준)과 같은 낮은 수준에도 똑같이 기뻐해야 한다. 그들은 주어진 환경에서 최선을 다했기 때문이다.

자녀의 필요가 가장 중요하다

각기 다른 발달단계와 서로 다른 능력을 가진 아이들은 저마다 다른 요구를 가지고 있다. 이 책에 등장한 많은 부모는 아이의 요구를 아는 것의 중요성을 강조한다.

부모는 아이의 다양한 종류의 필요에 주의를 기울여야 한다. 우선, 우리는 자녀의 육체적 필요를 고려해야 한다. 학교의 고단한 수업 후에 아이는 쉬고 놀 시간이 필요하다. 그러므로 당신은 자녀의 휴식 시간과 계승어 학습에 투자해야 할 시간의 균형을 맞추어야 한다. 또한, 우리는 자녀의 감정적인 필요에 주의를 기울이며 그들이 성취에 대한 즐거움과 부진한 학습에 대한 절망도 표현하게 해야 한다. 또한 우리는 자녀가 계승어 문화와 감정적으로 연결될 수 있는 기회를 만들어야 한다. 자녀가 계승어 문화와 감정적인 교류가 없다면 그들에게 계승어 읽고 쓰기를 가르치는 것은 어렵다. 마지막으로 우리는 자녀의 나이와 지적 성장에 적합한 가정에서의 계승어 학습 활동을 단계적으로 준비해야 한다. 아이들의 필요가 고려될 때 그들은 더 효과적으로 배울 수 있다.

무조건적인 지원 제공하기

자녀의 계승어 읽고 쓰기 발달을 위해 당신의 지원은 필수적이다. 자녀는 어려운 과정을 통과할 때 당신에게 도움을 청한다. 당신은 이러한 상황에서 그들에게 무조건적인 지원을 제공해야 한다. 자녀는 안전하다고 느낄 때 위험을 감수하려고 하는데, 부모의 부조건적인 지원은 자녀에게 안정감을 제공해 준다. 위험을 감수하는 것은 학습에 있어서 필수적인 요소다.

동기부여를 해 주는 것은 자녀가 평생의 계승어 학습자가 되는 데 필수적이다

연구 문헌과 부모의 증언은 동기부여가 가정에서의 계승어 읽고 쓰기 학습에 중요한 역할을 한다는 것을 증명해 왔다. 자녀가 학습에 대한 동기를 갖기 위해서 그들은 계승어 학습의 의미와 관련성을 깨달을 필요가 있다. 따라서 자녀에게 동기부여를 하는 것은 자녀를 위한 계승어 학습 계획의 중요한 요소가 된다. 계승어 학습을 위한 계획을 세울 때 당신은 항상 '어떻게 해야 이 계획이 자녀의 관심을 끌고 동기부여를 할까?'와 같이 질문하여야 한다. 6장에 소개된 동기부여의 전략이 도움이 될 것이다.

게다가 당신은 자녀가 계승어 읽고 쓰기 능력은 노력에 의해 성장할 수 있다는 마음가짐을 갖도록 도와주어야 한다.[3] 자녀의 동기부여를 위한 좀 더 많은 정보를 위해서는 캐럴 드웩(Carol Dweck: 동기부여 전문가)이 쓴 책 『Mindset: The New Psychology of Success』를 소개하고 싶다.[4] 이 책은 자녀가 자신의 재능(이 경우 다중언어에 대한 재능)을 발견해 내도록 동기부여하는 데 있어서 새로운 통찰력을 줄 것이다.

절충적이고 다방면에 걸친 접근법을 택하는 것이 단 하나의 접근법을 택하는 것보다 효과적이다

이 책을 통해 당신은 2장에서 소개된 가정에서의 읽고 쓰기 교수 체계뿐만 아니라 가정에서의 읽고 쓰기 학습에 대한 다양한 전략과 접근법을 접해 왔다. 이 책에 등장하는 부모의 실행을 살펴볼 때 우리는 이들이 서로 다른 목적의 달성을 위해 다양한 접근법과 다른 방법을 사용했다는 것을 알 수 있다. 따라서 한 가지의 방법을 사용하는 것보다는 자녀의 필요에 맞게 절충적이고 다방면에 걸친 접근법을 택하는 것이 더 효과적이다. 가장 좋은 학습 방법은 바로 아이들에게 적합한 방법이다.

당신의 문화적 신념과 자녀의 주류문화 신념을 절충 및 협상하라

2장에서 우리는 읽고 쓰기의 목적에 대해 문화마다 다른 신념을 가지고 있다고 논의했다. 우리는 이 책에서 등장한 부모가 가정에서의 계승어 읽고 쓰기 교육을 다양한 방법으로 시행하는 것을 발견했다. 당신의 문화적 기준을 유지하는 것은 중요하지만 자녀의 독특한 위치를 고려하는 것 또한 중요하다.[5] 따라서 당신의 문화적 신념과 자녀의 주류문화 신념을 절충하고 협상하는 것은 협상해야 한다. 조 씨의 예를 다시 들어 보자. 대부분의 경우 그녀는 매우 동양적인 방식의 교육을 했다. 그러나 자녀의 학교 선생님과 교류할 때에는 주류문화도 포함하였다. 조 씨는 부모가 여러 문화 사이에 절충을 하는 것은 자녀의 다중언어 발달에 도움이 된다고 믿는다.

회상은 가정에서의 계승어 교육을 돕는다

3장에서 회상(Reflection)의 중요성은 이미 언급되었다. 이 책에 등장한 일부 부모 또한 이 방법이 효과적이라는 것을 인정했다. 회상하는 일지를 작성하는 것은 활동적이고 인지적인 사고 과정이다. 이것은 당신에게 거리를 두고 당신의 교육과정을 바라볼 수 있는 기회를 제공한다. 웨이 씨의 다음과 같은 비유는 이 점을 잘 설명한다.

당신은 무엇을 히느긔 비쁠 때 종종 무엇을 히고 있는지 잊는다. 이것은 마치 당신이 숲속을 걸을 때 오직 주변의 길만 보는 것과 같다. 그러나 만약 당신이 산의 정상에 올라선다면 좀 더 넓은 시야를 갖게 되고, 더 많은 길을 보게 될 것이다.

회상은 당신과 자녀의 상호작용에서 필요했던 당신의 장점과 향상을 식별하게 도와주며, 이로 인해 당신이 실수를 반복하지 않고 성공적인 전략을 계속 이어 나갈 수 있게 해 준다. 효율적인 교사(부모 포함)는 생각 없이 교육을 진행하지 않는다. 그들은 항상 교육의 전과 후를 생각한다. 게다가 회상 일지는 일정 기간 당신이 해 온 일, 방법, 자녀가 얻은 것 등을 되돌아볼 수 있게 도와준다.

회상은 길고 완벽한 문장일 필요는 없다. 예를 들어, 소냐는 아주 짧은 메모를 사용했다. 그녀는 이러한 메모가 자신이 무엇을 하고 있는지 잘 알게 해 주었다고 믿는다.

다른 부모와 교류하는 것은 당신의 다중언어 자녀 양육을 지속시킨다

야마모토 씨가 말한 것처럼 다중언어 자녀 양육은 때때로 힘이 들고 외로운 일이다. 따라서 같은 상황에 있는 다른 부모와 교류하는 것은 중요하다. 오늘날에는 인터넷 덕분에 다른 부모와 공유하는 것이 쉬워졌다. 실제로 나도 이 책에 등장하는 많은 부모와 인터넷을 통해 연결되었다. 다른 부모와 교류하는 것의 이점은 당신은 혼자가 아니라는 점이다. 힘들고 지칠 때 당신은 다른 부모로부터 도움을 받을 수 있다.

자녀에게 확신 갖기

다중언어 자녀를 양육하는 부모라면 가끔씩 혹은 자주 자녀(특히 사춘기의 자녀)의 저항을 경험할 수 있다. 이러한 상황은 절망적이고 실망스럽다. 그러나 우리가 긍정적인 태도를 유지한다면 그들의 부정적인 태도를 긍정적으로 바꿀 수 있다. 그렇게 하기 위해서 우리는 부모의 의지가 있는 한 자녀가 계승어를 계속 학습할 수 있다는 믿음과 신념을 가져야 한다.

다중언어 자녀를 위한 지지자가 되기

아프리카 속담에서 말한 것처럼, 아이를 한 명 기르기 위해서는 온 마을이 필요하다. 다중언어 자녀를 양육하는 것도 단순히 부모만의 역할은 아니다. 다중언어 자녀의 필요를 채우기 위해서는 전반적인 사회적 지원(재정적 지원 및 교육 기회의 제공 등)이 필요하다. 현재 많은 부모가 자녀의 다중언어 발달에 주요한 책임을 맡고 있다고는 해도 이것만으로는 부족하다. 점차로 세계화되어 가는 과정에서, 다중언어의 필요성을 모두 함께 주장해 나가야 한다. 당신은 우선 지역 학교에서 학부모와 교사의 모임이나 지역사회의 모임 등에 당신의 주장을 알릴 수 있다. 당신은 점차로 당신의 주장을 국가적 그리고 세계적 수준으로 펼칠 수 있다. 모든 사람이 함께 모여 다중언어 자녀를 지원할 때에만 그들의 필요성이 적절하게 충족될 수 있다.

 ## 더 아는 것은 장점이다

당신이 이 책을 끝내면서 자녀의 교육을 위해 투자해 온 것 그리고 투자해야 할 것에 대해 생각한다는 것은 긍정적이다. 이중언어 전문가인 엘렌 비알리스토크(Ellen Bialystok)는 이렇게 말했다.

> 더 많이 아는 것은 덜 아는 것과 비교할 때 절대로 단점이 될 수 없다.[6] 궁극적으로 다중언어 자녀는 더 깊은 초인지전략과 초인지능력을 배우게 될 것이다.[7]

나는 다중언어 구사자가 될 기회를 잃어버린 많은 이들의 한탄을 들어 왔다. 그들은 부모가 자신에게 다중언어 구사자가 될 기회를 주기를 진심으로 원했다. 당신은 자녀로부터 이러한 말을 듣지 않기를 바란다.

 요 약

이 장은 이 책에 등장한 부모의 가정에서의 계승어 읽고 쓰기 학습 활동의 요점을 개괄했다. 이들에 의해 사용된 다양하고 넓은 범위의 효과적인 전략은 충분히 고려해 볼 만한 가치가 있다. 이러한 효과적인 전략은 다음과 같다.

- 가정에서의 읽고 쓰기 교육을 위한 계획을 세우기
- 아이의 다양한 필요에 주의를 기울이고 지원하기
- 아이를 참여시키고 동기부여하기 위해 다양한 혁신적인 방법 사용하기
- 일상생활에서 계승어 읽고 쓰기를 사용할 기회 제공하기
- 학교 수업과 계승어 수업을 연결하기
- 향상을 점검하기 위해 발달단계에 맞는 평가 방법 사용하기
- 차후의 개선을 위해 교육 전략 돌아보기

또한 이 장은 부모들 사이의 차이점, 예를 들어 읽고 쓰기의 목적에 대한 신념의 차이 및 다양한 교육의 중점 내용 등을 다루었다.

그리고 이 장은 가정에서의 계승어 읽고 쓰기 교육에 대한 다음과 같은 중요한 과제를 제시하며 마무리한다.

- 가정에서의 교수 계획 및 일정을 가지고 시작하는 것은 중요하다.
- 자녀의 가정에서의 계승어 읽고 쓰기 능력 향상을 평가하는 것은 다음

단계의 학습에 도움을 준다.

- 현실적인 기대치를 설정하는 것은 당신을 보다 긍정적으로 만든다.
- 자녀의 필요가 가장 중요하다.
- 무조건적인 지원을 제공하라.
- 동기부여를 해 주는 것은 아이가 평생의 계승어 학습자가 되는 데 필수적이다.
- 절충적이고 다양한 접근법을 택하는 것이 단 하나의 접근법을 택하는 것보다 효과적이다.
- 당신의 문화적 신념과 자녀의 주류문화 신념을 절충하라.
- 회상은 가정에서의 계승어 교육을 돕는다.
- 다른 부모와 교류하는 것은 당신이 다중언어 자녀 양육을 지속하게 한다.
- 자녀에게 확신을 가지라.
- 다중언어 자녀를 위한 지지자가 되라.

둘 이상의 언어를 아는 것과 그것을 읽고 쓰는 능력을 가지는 것은 장점이다. 다중언어 자녀 양육이 힘들고 때로는 포기하고 싶기도 하지만, 이것은 흥분되는 일이며 큰 보상을 주는 일이다. 충분한 지원, 헌신, 올바른 전략 그리고 당신이 그것에 투자하는 시간은 충분한 가치가 있다.

당신의 다중언어 자녀 양육에 큰 성공이 있기를 희망한다!

🔖 주석 및 참고문헌

1) Gregory, E. (2008) *Learning to Read in a New Language.* Los Angeles, CA: Sage.

2) Cuero, K. and Romo, H. (2007) Raising a multilingual child. Paper presented at the Annual Meeting of the American Sociological Association, 10 August, New York. Wang, X-L. (2008) *Growing Up with Three Language: Birth to Eleven* (pp. 40–55). Bristol: Multilingual Matters.

3) Dweck, C.S. (2006) *Mindset: The New Psychology of Success.* New York: Random House.

4) Dweck, C.S. (2006) *Mindset: The New Psychology of Success.* New York: Random House.

5) Cruickshank, K. (2004) Literacy in multilingual context: Change in teenagers' reading and writing. *Language and Education* 18 (6), 459–473.

6) Bialystok, E. (2002) Acquisition of literacy in bilingual children: A framework for research. *Language Learning* 52 (1), 159–199.

7) Gregory, E. (2008) *Learning to Read in a New Language: Making Sense of Words and Worlds* (p. 25). Los Angeles, CA: Sage.

부록 A

인지 및 언어 학습에 어려움을 겪는 아동을 위한 유용한 참고문헌

Armon-Lotem, S. (2010) Instructive bilingualism: Can bilingual children with specific language impairment rely on one language in learning a second one? *Applied Psycho-linguistics* 31 (2), 253-260.

Beukelman, D.R. and Mirenda, P. (2005) *Augmentative and Alternative Communication: Supporting Children and Adults with Complex Communication Needs*. Baltimore, MD: Brooks Publishing Co.

Bird, E.K.-R., Cleave, P., Trudeau, N., Thordardottir, E., Sutton, A. and Thorpe, A. (2005) The language abilities of bilingual children with Down Syndrome. *American Journal of Speech-Language Pathology* 14 (3), 187-199.

Cheuk, D.K.L., Wong, V. and Leung, G.M. (2005) Multilingual home environment and specific language impairment: A case-control study in Chinese children. *Paediatric & Perinatal Epidemiology* 19 (4), 303-314.

Communication Disorders Quarterly: A Journal of the Hammill Institute on Disabilities. New York: Sage.

Gebesee, F., Paradis, J. and Crago, M.B. (2004) *Dual Language Development and Disorders: A Handbook on Bilingualism and Second Language Learning*. Baltimore, MD: Brookes.

Girbau, D. and Schwartz, R.G. (2008) Phonological working memory in Spanish-

English bilingual children with and without specific language impairment. *Journal of Communication Disorders* 41 (2), 124–145.

Greenspan, S.I. (2005) Working with the bilingual child who has a language delay. *Early Childhood Today* 20 (3), 27–28.

Guendouzi, J., Loncke, F. and Williams, M.J. (2010) *The Handbook of Psycholinguistic and Cognitive Processes: Perspectives in Communication Disorders*. London: Psychology Press.

Guiberson, M.M. (2005) Children with cochlear implants from bilingual families: Considerations for intervention and a case study. *Volta Review* 105 (1), 29–39.

Gutierrez-Clellen, V.F., Simon-Cereijido, G. and Wagner, C. (2008) Bilingual children with language impairment: A comparison with monolinguals and second language learners. *Applied Psycholinguistics 29* (1), 3–19.

Gutiérrez-Clellen, V.F., Simon-Cereijido, G. and Leone, A.E. (2009) Code-switching in bilingual children with specific language impairment. *International Journal of Bilingualism* 13 (1), 91–109.

Jacobson, P. and Livert, D. (2010) English past tense use as a clinical marker in older bilingual children with language impairment. *Clinical Linguistics & Phonetics* 24 (2), 101–121.

Lee, S-Y. and Gorman, B.K. (2009) Production of Korean case particles in a Korean-English bilingual child with specific language impairment: A preliminary study. *Communication Disorders Quarterly* 30 (3), 167–177.

McCauley, R.J. and Fey, M.E. (Eds.) (2006) *Treatment of Language Disorders in Children*. New York: Brookes.

Nickels, L. and Croot, K. (2009) *Progressive Language Impairments: Intervention and Management*. London: Psychology Press.

Norbury, C.F., Tomblin, J.B., Dorothy, V.M. and Bishop, D.V.M. (Eds.) (2008) *Understanding Developmental Language Disorders: From Theory to Practice*. New York: Psychology Press.

Paradis, J. (2010) The interface between bilingual development and specific language impairment. *Applied Psycholinguistics* 31 (2), 227–252.

Paradis, J., Crago, M. and Genesee, F. (2005/2006) Domain-general versus domain-specific accounts of specific language impairment: Evidence from bilingual children's acquisition of object pronouns. *Language Acquisition* 13 (1), 33-62.

Paradis, J., Crago, M. and Genesee, F. (2010) *Dual Language Development and Disorder.* Baltimore, MD: Brookes.

Paul, R. (2006) *Language Disorders from Infancy through Adolescence: Assessment and Intervention.* New York: Mosby.

Raman, I. and Weekes, B.S. (2005) Acquired dyslexia in a Turkish-English speaker. *Annals of Dyslexia* 55 (1), 79-104.

Rinaldi, C. and Péez, M. (2008) Preschool matters: Predicting reading difficulties for Spanish-speaking bilingual students in first grade. *Learning Disabilities - A Contemporary Journal* 6 (1), 71-86.

Salameh, E.K., Nettelbladt, U. and Gullberg, B. (2002) Risk factors for language impairment in Swedish bilingual and monolingual children relative to severity. *Acta Paediatrica* 91 (12), 1379-1384.

Schwartz, R.G. (2008) *Handbook of Child Language Disorders.* New York: Psychology Press.

Swanson, H.L., Sáez, L. and Gerber, M. (2006) Growth in literacy and cognition in bilingual children at risk or not at risk for reading disabilities. *Journal of Educational Psychology* 98 (2), 247-264.

Toppelberg, C.O., Munir, K. and Nieto-Castañon, A. (2006) Spanish-English bilingual children with psychopathology: Language deficits and academic language proficiency. *Child & Adolescent Mental Health* 11 (3), 156-163.

Westman, M., Korkman, M., Mickos, A. and Byring, R. (2008) Language profiles of monolingual and bilingual Finnish preschool children at risk for language impairment. *International Journal of Language & Communication Disorders* 43 (6), 699-711.

William, A.L., McLeod, S. and McCauley, R.J. (2010) *Interventions for Speech Sound Disorders in Children.* Baltimore, MD: Brookes.

Wydell, T.N. and Kondo, T. (2003) Phonological deficit and the reliance on orthographic approximation for reading: A follow-up study on an English-Japanese bilingual with monolingual dyslexia. *Journal of Research in Reading* 26 (1), 33-48.

부록 B

영유아기 및 유년기 아동을 위한 영어 도서

    다음의 도서 목록은 당신이 영유아 및 유년기 자녀를 위한 계승어 도서를 찾을 때, 이중언어 도서를 만들고자 할 때 그리고 영어 단어를 계승어로 바꾸어 사용하고자 할 때 유용할 것이다.

Aliki (1986) *Feelings*. New York: Greenwillow Books.

Aylesworkth, J. (1995) *Old Black Fly*. New York: Henry Hold.

Berenstain, S. and Berenstain, J. (1971) *Berenstain's B Book (Bright and Early Books for Beginning Beginners)*. New York: Random House Books for Young Readers.

Boynton, S. (1997) *Snoozers*. New York: Little Simon.

Bridwell, N. (1985) *Clifford and the Grouchy Neighbors*. Logan, IA: Perfection Learning.

Bridwell, N. (2010) *Clifford the Big Red Dog*. New York: Cartwheel Books.

Carle, E. (1989) *The Very Busy Spider*. New York: Philomel Books.

Carle, E. (1996) *The Grouchy Ladybug*. New York: HarperCollins.

Carle, E. (2009) *The Very Hungry Caterpillar*. New York: Plilomel Books.

Cousins, L. (1999) *Maisy's Colors*. Somerville, MA: Candlewick Press.

Ehlert, L. (1989) *Color Zoo*. New York: Harper Collins.

Gilman, P. (1993) *Something from Nothing*. New York: Scholastic Press.

Hill, E. (1994) *Spot Goes to a Party*. New York: Puffin Books.

Hill, E. (2003) *Spot Goes to the Farm*. New York: Puffin Books.

Hill, E. (2003) *Spot's Birthday Party*. New York: Puffin Books.

Hill, E. (2003) *Where's Spot*. New York: Puffin Books.

Marzollo, J. (1998) *Do You Know Now?* New York: Harper Festival.

McGrath, B.B. (1999) *Pepperidge Farm Goldfish Fun Book*. New York: Harper Festival.

McGrath, B.B. (2000) *Kellogg's Fruit Loops! Counting Fun Book*. New York: Harper Festival.

Pieńknoski, J. (1995) *Animals*. New York: Little Simon.

Potter, B. (2009) *The Tale of Benjamin Bunny*. Mankato: Child's World.

Prater, J. (1997) *Oh Where, Oh Where?* New York: Scholastic.

Rescek, S. (2006) *Hickory, Dickery Dock: And Other Favorite Nursery Rhymes*. Wilton: Tiger Tales.

Seeger, V. (2006) *Black? White? Day? Night? A Book of Opposites*. New York: Roaring Brook Press.

Dr. Seuss (1957) *The Cat in the Hat*. New York: Random House Books for Young Readers.

Dr. Seuss (1960) *Green Eggs and Ham*. New York: Random House Books for Young Readers.

Dr. Seuss (1954) *Horton Hears A Who*. New York: Random House Books for Young Readers.

Stanley, M. (1998) *Baby*. New York: Barron's Educational Series.

Taback, S. (1999) *Joseph had a Little Overcoat*. New York: Viking Children's Books.

Tucker, S (1994) *Toot Toot*. New York: Little Simon

Tucker, S. (1994) *Quack Quack*. New York: Little Simon.

Tucker, S. (1994) *Rat-A-Tat-Tat*. New York: Little Simon.

Tucker, S. (1994) *Yum Yum*. New York: Little Simon.

Wade, L. (1998) *The Cheerios Play Book*. New York: Simon & Schuster.

| 찾아보기 |

〈인명〉

〈내용〉

저자 소개

Xiao-lei Wang

현재 뉴욕에 있는 페이스대학교(Pace University) 교육학부(School of Education)의 종신교수로 재직하고 있다. 그녀의 최근 저서인 『Growing Up with Three Languages: Birth to Eleven』에서는 자신의 두 자녀의 3개 국어 동시 발달에 대해 기록했다. Wang 박사는 아동발달 및 자녀 양육에 관하여 지역사회를 비롯한 국내외의 부모협회와 국제 학술대회에서 정기적으로 강연을 하고 있다.

역자 소개

박성만(Park, Seong Man)

중앙대학교에서 영어영문학 학사학위를, 캐나다 몬트리올의 매길대학교(McGill University)에서 제2외국어 교육학으로 석사 및 박사학위를 취득하였다. 또한, 캐나다 한인 이민자녀의 다중언어 및 다문화 사회에서의 모국어 및 정체성 유지에 관한 연구로 박사학위를 취득하였다. 현재는 단국대학교에서 학생을 가르치며 한국 및 캐나다의 다문화와 다중언어 발달에 대한 연구를 계속하고 있다.

다중언어 가정에서의 효과적인 언어학습

Learning to Read and Write in the Multilingual Family

2017년 1월 10일 1판 1쇄 인쇄
2017년 1월 20일 1판 1쇄 발행

지은이 • Xiao-lei Wang
옮긴이 • 박성만
펴낸이 • 김진환
펴낸곳 • (주) **학지사**
　　　　04031 서울특별시 마포구 양화로 15길 20 마인드월드빌딩
대표전화 • 02)330-5114　　　팩스 • 02)324-2345
등록번호 • 제313-2006-000265호

홈페이지 • http://www.hakjisa.co.kr
페이스북 • https://www.facebook.com/hakjisabook

ISBN 978-89-997-1110-7 03370

정가 16,000원

역자와의 협약으로 인지는 생략합니다.
파본은 구입처에서 교환해 드립니다.

이 책을 무단으로 전재하거나 복제할 경우 저작권법에 따라 처벌을 받게 됩니다.

이 도서의 국립중앙도서관 출판시도서목록(CIP)은 서지정보유통지
원시스템 홈페이지(http://seoji.nl.go.kr)와 국가자료공동목록시스템
(http://www.nl.go.kr/kolisnet)에서 이용하실 수 있습니다.
(CIP제어번호: CIP2016027057)

교육문화출판미디어그룹 학지사
심리검사연구소 **인싸이트** www.inpsyt.co.kr
원격교육연수원 **카운피아** www.counpia.com
학술논문서비스 **뉴논문** www.newnonmun.com